CURRICULUM FOR EARLY CHILDHOOD EDUCATION

영유아 교육과정

김현정 · 서성미 · 홍희주 · 고정리 · 변선주 · 구혜현 · 이경혜 · 이가경 · 남현주 · 김현애 · 김숙자 공저

양성원

머리말

유아교육에 입문하여 유아교사가 되기 위하여 본격적인 영유아교육과정 공부를 시작하는 예비유아교사들이 꼭 필요한 내용만을 중심으로 영유아교육과정을 접근하게 하는데에 목적을 두고 이 책을 집필하게 되었습니다.

본 책의 구성은 모두 10장입니다. 1장 영유아교육과정의 기초, 2장 영유아교육과정의 구성, 3장 우리나라의 영유아교육과정, 4장 놀이와 영유아교육, 5장 영유아교육환경, 6장 영유아교육과정의 통합적 운영, 7장 영유아교육프로그램, 8장 영유아교육평가, 9장 유 · 초연계교육과정으로 구성되었습니다. 각 장에는 예비유아교사로서 꼭 알아야 하는 내용만을 정선하기 위하여 노력하였고 필요한 부분은 활동의 예시와 사진으로 부연 설명하였습니다. 11명의 공동저자가 작업하는 과정에서 많은 토의와 논의를 거쳐 토대와 내용을 구성하고 작업하였음에도 불구하고 부족한 부분은 다시 보완할 것을 말씀드립니다.

그리고 본 책이 나오기까지 끝까지 기다려주시고 늘 힘을 북돋아주신 양성원 사장님과 임직원 분들에게도 감사의 말씀을 드립니다.

마지막으로 공동저자이시자, 공동저자들의 지도교수님이신 김숙자 교수님께 감사의 말씀을 드립니다. 유아교육 외길 인생을 걸어오시면서 당신의 무한한 열정을 유아교육에 쏟아 부으시는 모습을 늘 보아왔기에 오늘 이 책의 공동저자들이 이 자리에 서있을 수 있었기 때문입니다. 표지 그림에서처럼 수련의 주변에서 자유로이 노니는 24개의 생명체를 찾는 탐구의 마음으로 영유아들을 바라보는 유아교육자가 되도록 노력하는 모습 보여드리겠습니다.

2017년

저자 일동

차례

Chapter 1

영유아교육과정의 이론적 기초

핵심개념

| 철학적 기초 | 심리적 기초 | 사회적 기초 |

1. 철학적 기초

1) 코메니우스

코메니우스는 성악설의 관점을 토대로 유아를 어른의 축소판이라 생각했던 사상에서 탈피하여 영유아의 독특한 발달단계를 인정하고, 성인과 다른 방법으로 가르쳐야 한다고 주장하는 등 영유아의 개별성을 강조하며 근대교육의 사상적 기반을 마련하였다(김숙자, 2000).

코메니우스는 기독교적인 관점에서 인간을 이해하고 있으며, 평등사상에 기초하여 소외되어 왔던 여성과 빈민, 장애인 등을 포함해 '모든 사람에게 모든 것'을 가르쳐야 한다고 주장하였다. 또한 코메니우스는 직관주의 교육의 창시자로, 세계 최초로 아동용 그림책『세계도회』를 저술하였다. 세계도회는 글자, 낱말을 강조해 왔던 방법에서 벗어나 본문의 내용과 관련된 삽화가 들어간 그림책으로, 그림을 통해 언어의 의미를 직접 보여주는 직관주의 방법을 적용하였다. 추상적인 주입식 교육방법과는 달리 영유아의 자연성에 적합한 교육을 실시하였다는 점에서 교육적 가치가 있다.

코메니우스는 17세기 유럽 학교교육개혁에 공헌한 저서『대교수학』을 통해 출생

부터 성숙이 가능한 24년간을 발달특성에 따라 6년씩 4단계로 구분하고 각 시기에 따른 적절한 교육방법을 제시하였다. 제1기 유아기(0~6세)는 어머니 무릎학교로 어머니로부터 교육받는 가정교육을 말하며, 제2기 아동기(6~12세)는 모국어학교(공립 소학교)로 모든 아동들에게 모국어 교육을 시키도록 하였다. 제3기 소년기(12~18세)는 라틴어 학교로 오늘의 중등 정도의 학교에 해당하며, 어학과 물리학, 수학, 지리, 역사 그리고 7자유과 등을 교육과정에 두었다. 제4기 청년기(18~24세)는 대학 및 외국여행 시기로 심오한 학술을 연마하고 국가와 교회의 지도자를 양성하는 것을 목적으로 하였다.

2) 루소

루소는 18세기 대표 계몽사상가로 자연에 의한 교육을 통하여 이상적인 인간을 완성하는 '자연인' 육성을 강조하였다. 루소는 주지주의의 전통적인 교육을 비판하고 주정주의 교육으로 전환했다는 측면에서 근세 교육사상에 끼친 영향력이 매우 크며, 영유아는 능동적인 주체이므로 교육은 교사나 교육과정이 아닌 영유아 중심으로 이루어져야 함을 강조하였다. 즉, 성선설을 기초로 영유아가 선한 본성을 잘 계발하며 성장할 수 있도록 존중해 주어야 한다는 것이다. 교육이란 영유아의 자연스러운 발달을 보장하는 소극적인 교육을 의미하며, 루소는 이를 위해서 바람직한 환경 속에서 스스로 보고 느끼는 영유아의 자유로운 활동을 존중해야 한다고 하였다(서영숙 외, 2006).

루소의 교육내용은 『에밀』에 잘 나타나 있다. 에밀은 5편으로 구성되어 있으며 주인공은 교육을 받는 소년인 에밀과 에밀의 아내가 되는 소피, 그리고 에밀의 교육을 맡은 가정교사와 루소 자신이다. 유아기(1~5세)는 신체적 발육에 중점을 두고 건강에 유념하도록 하고, 아동기(6~12세)에는 소극적 교육으로 언어의 습관과 경험을 통한 사물 학습이 강조된다. 소년기(13~15세)는 사물에 대한 판단과 비판력이 생기고 지적 교수가 가능해지는 지식도야기이며 천문학 및 물리, 지리 등의 자연과학과 수공 관련 교육이 이루어진다. 청년기(16~20세)는 역사학이나 종교학을 접하고 인간관계와 사회제도에 대한 지식을 배운다. 마지막은 여성교육으로 배우자를 선택하고 국가와 사회를 이해하는 것과 관련된 내용을 다루고 있다.

루소의 교육방법을 살펴보면, 인간은 발달단계에 맞는 교육을 받아야 한다는 합자연의 원리와 모든 것은 사물과 실제적 활동에 의해서 배워야 한다는 실물중심교육을 강조하였다. 또한 생활의 원리를 통한 감각훈련과 교육을 통해 느끼고 깨달아 가는 주정주의 교육을 강조하며 암기식, 주입식 교육을 거부하였으며, 진리와 지식을 직접 가르치는 것보다 진리를 어떻게 발견하는가에 대해 가르치는 일이 더 중요하다는 관점에서 소극적 교육을 강조하였다.

3) 페스탈로치

페스탈로치는 프랑스 혁명 후 고아들과 함께 생활하며 빈민교육을 위해서 일생을 희생한 교육가이다. 페스탈로치는 루소의 자연주의 및 직관주의의 영향을 많이 받았으나 모성애를 통한 유아교육과 종교적 심정의 도야, 신인문주의의 주정적인 면을 강조했으며, 단순히 교육사상가에 머무르지 않고 교육실천을 통해 이론을 구체화하였다. 페스탈로치에게 있어 모든 영유아는 하나님이 주신 성스러운 존재이며, 교육은 각자 창조주로부터 선물 받은 능력을 자유롭고 충실하게 활용할 수 있도록 하는 일이라고 하였다.

페스탈로치는 교육목적을 인간개혁과 사회개혁에 두고, 교육은 개인적 측면에서는 인간의 행복추구에 기여하고, 사회적인 측면에서는 개인을 사회의 유용한 구성원으로 만드는 일이라고 보았다(곽노의, 황순정, 2004). 부모의 사랑이 인간형성의 기초가 되기 때문에 교육은 가정을 중심으로 이루어져야 한다는 관점에서 가정이 읽기, 쓰기, 셈하기의 기초교육부터 시작하여 종교 · 도덕교육과 실제교육이 이루어지는 장이 된다고 보았다.

페스탈로치는 교육은 영유아의 능력을 그 내면에서 발달시키는 것이라고 보고 일정한 단계 즉, 쉽고 기초적인 것부터 시작하여 다른 요소로 넘어가고 마지막에 이를 종합하는 3단계의 방법을 통해서 이루어진다고 하였다. 모든 인식은 직관에서부터 출발하며, 대상을 정확하게 인식하는 수단과 과정으로 수와 도형, 언어를 제시하였으며, 3H's 즉, 머리(Head, 정신력), 마음(Heart, 심정력), 손(Hand, 기술력)의 조화적 발전을 강조하였다. 또한 개인의 개성 존중뿐만 아니라 교육상 생활공동체의 의의를 중요시하며, 어머니와 자녀 간의 애정과 신뢰감을 도덕교육, 종교교육의 근저로 생각하였다.

4) 프뢰벨

프뢰벨은 3~8세 유아를 위한 유치원을 설립하고 유아교육과정을 최초로 제안하였으며(Spodek, 1973), 수동적인 성인 중심 교육에서 벗어나 놀이를 통한 신체 움직임을 강조하였다. 프뢰벨은 세상의 모든 만물은 신의 조화이며 교육의 궁극적인 목적은 신과 인간, 그리고 자연의 통합을 이해하는 데 있다고 보았다. 신이 조물주라고 하는 입장에서, 신성의 본질은 활동, 창조, 노동이라고 보았으며, '노작교육'의 기초를 만들어 유아교육에 커다란 영향을 미쳤다(이기숙, 2000). 프뢰벨에게 있어서 노작은 아이들의 단순한 모든 생산활동을 의미하며, 생명의 발전과정이 프뢰벨에게는 노작이므로 노작교육이 곧 인간교육이라고 할 수 있다. 프뢰벨은 노작의 중요성을 강조하였으며, 어릴 때부터 근로 정신이나 생산활동은 시작되어야 한다고 보며 영유아의 놀이를 최초의 생산활동으로 간주하였다. 프뢰벨은 '놀이는 영유아기의 가장 순수한 정신적 산물이며, 영유아가 내적 세계를 스스로 표현하는 것'이라고 보았다. 즉, 놀이는 인간 성장에 있어 기본적인 요소이며, 영유아의 자연스러운 발달의 가장 중요한 모습인 것이다. 따라서 프뢰벨은 놀이 그 자체가 곧 교육이라고 인식하였다.

프뢰벨은 영유아의 모든 활동은 창조적인 것이고 창조적인 활동은 자기 내부의 사회적 표현이면서 동시에 자기활동이라고 보았다. 또한 교육은 영유아의 자기표현을 도와주는 것이고 영유아의 모든 흥미와 욕구에 따른 창조적 자기활동에 따라 교육해야 함을 강조하며 모든 명령적이고 간섭적이며 강제적 교육은 금지되어야 한다고 하였다.

프뢰벨은 영유아가 대자연과 우주의 복잡하고 어려운 진리를 파악할 수 없으므로, 알맞은 물건을 교육화하여 제공할 필요가 있다고 생각하고 은물을 고안하였다. 은물은 단순한 놀이감이 아니라 철학적 의미가 내포된 교육용 장난감이며, 은물을 이용한 놀이를 통해 교육목적을 달성하고자 하였다.

5) 듀이

듀이는 미국 실용주의의 대성자 및 영향력 있는 교육자이며, 자신의 철학을 바탕으로 교육문제 및 전통적인 교육이론들을 비판하고 대안으로 진보주의 교육이론을 제기하여 현대교육에 큰 영향을 미쳤다. 듀이는 교육이란 경험을 끊임없이 개조하는 것이며, 미숙한 경험을 지적인 기술 및 습관을 갖춘 경험으로 발전시켜 나가는 것이라고 생각했다. 따라서 영유아들에게 일방적으로 지식을 주입시키거나 유아들의 자발성에만 의존하는 것은 충분하지 못하므로, 영유아를 여러 다양한 경험에 참여시킨 후 스스로 창조력을 발휘할 수 있도록 하는 계획성이 필요하다고 하였다. 이 때 듀이가 제시하는 경험은 개인의 경험만으로 이해되는 개념이 아니라, 목적을 추구하는 인간 사회가 지력의 기능과 더불어 성취한 모든 것을 뜻한다(이기숙, 2000). 이전의 경험과 현재의 경험이 따로따로 분리된 채로 존재하는 것이 아니라 서로 연결되는 연속성의 특징을 가진다. 듀이는 경험이 계속성을 가지지 않으면 성장에 연결되지 않고, 성장에 연결되지 않는 경험은 교육이라고 할 수 없다고 하였다.

듀이는 교육을 경험의 계속적인 재구성으로 보고 있으므로 경험을 떠난 교육을 생각할 수 없다. 교육에서의 경험은 교육의 목적이자 내용이며, 방법 및 과정이며 결과라는 포괄적 의미를 가진다. 듀이는 교육이란 경험을 통한 끝없는 성장과정이라고 생각하였기 때문에, 교육목적을 영유아의 성장이나 교육과정 그 자체와 별개로 보지 않고 오히려 성장 그 자체를 교육으로 보았다. 이 때 놀이는 영유아에게 있어서 교육적 성장의 수단이므로, 발달수준에 알맞은 구성적 놀이를 제공하면 문제해결능력 발달에 도움을 준다고 보았다. 영유아가 흥미를 갖고 적극적으로 놀이활동에 참여할 때 자발적, 창의적 상호작용이 일어나므로, 교육은 영유아의 흥미를 존중하고 영유아의 본성에 따라야 함을 강조하였다.

이러한 듀이의 교육철학은 영유아의 흥미와 경험, 개별성 존중, 생활중심의 교육내용과 문제해결능력, 관찰자 및 안내자, 연결자, 제안자, 그리고 중재자로서의 교사, 민주적 운영, 자유 및 주체성, 자기표현, 사회적응능력 등의 용어로 정리된다.

6) 몬테소리

몬테소리는 이탈리아 최초의 여의사이자 심리학자 및 교육자로, 영유아의 자발성을 존중하는 교육을 실천하였으며 독창적인 교재와 교육 방법을 고안해 내어 정신지체아 교육에 공헌을 하였다. 1907년에는 로마의 빈민 자제들을 대상으로 '아동의 집'을 설립하고, 스스로 창안한 '몬테소리 놀잇감'을 이용하여 교육을 실시하였다. 몬테소리는 발달은 단계적으로 이루어지며 영유아는 자신을 스스로 발달시킬 수 있는 능력, 스스로 자유롭게 표현하려는 욕구가 있으므로 실제 경험을 통한 학습이 중요하다고 보았다. 영유아는 자신의 능력을 스스로 개발하고, 완전하게 할 수 있는 내적 힘을 가지고 있기 때문에 교사의 지시 및 강요는 필요하지 않는 것이다.

몬테소리의 철학은 민감기, 흡수정신, 준비된 환경, 자동교육으로 나누어서 정리된다. 우선, 몬테소리는 영유아가 특정 행동에 대한 감수성이 예민해져서 쉽게 배울 수 있는 민감기가 있다고 믿었다. 보통 0세에서 6세 사이에 이루어지나 민감기가 나타나는 시기나 행동의 특성은 각 유아마다 다르기 때문에, 성인은 영유아의 민감기를 잘 관찰하여 최적의 발달이 이루어질 수 있도록 도와주어야 한다고 하였다. 또한 몬테소리는 영유아가 내부에 잠재해 있는 흡수정신을 통하여 환경을 받아들이고 경험을 통해 스스로 배우게 된다고 보았으며, 영유아에게 적절한 자극을 제공하고 영유아의 자기형성의 욕구를 충족시켜주며 올바른 성장과 발달을 도울 수 있는 준비된 환경을 강조하였다. 이러한 준비된 환경 속에서 영유아가 스스로 선택한 교구를 이용하여 능동적인 활동을 할 때 학습이 자동적으로 이루어진다고 보았다. 교사가 직접 영유아를 가르치기보다는 교구의 자기 수정적인 특성 때문에 영유아 스스로 자신의 실수 또는 오류를 발견하여 자동적으로 학습이 이루어질 수 있다. 따라서 몬테소리 학교의 교사는 영유아에게 특정 교육내용을 학습시키지 않으며, 대신 자기발달능력을 돕기 위해 세심한 관찰, 정리된 환경, 비주도적인 교사, 손을 이용한 작업을 제공한다.

2. 심리적 기초

1) 성숙주의 이론

인간의 타고난 본성을 중요시하는 성숙주의는 영유아의 발달이 생물학 · 유전적 또는 내재적 요인에 영향을 받으며, 이미 정해져 있는 내용과 순서에 따라 일어난다고 본다. 성숙주의 이론의 대표적인 학자 게젤은 '예정된 발달론'을 주장하며 영유아발달은 일반적으로 예측 가능한 양상과 순서를 가지며, 유전적 요소에 따라 자동적으로 이루어진다고 하였다(송명자, 2008). 즉, 신체발달은 머리에서 아래로, 몸의 중심에서 말초로, 그리고 대근육 운동에서 소근육을 사용하는 미세운동으로 이루어진다는 것이다. 게젤은 이러한 관점에서 오랜 시간 동안 영유아들을 관찰하고 부모의 면담을 통해 모든 인간의 발달과정은 동일한 방식으로 성장하는 규칙성과 보편성을 가진다는 것을 발견하고 '표준행동목록'을 만들었다. 이를 통해 연령별 발달의 준거를 제공하여 영유아의 신체, 정서 및 지적발달 관련 성숙 정도를 객관적으로 알 수 있도록 하였다.

성숙주의 관점에서는 영유아에게 무엇을 가르치기 위해서나 새로운 것을 경험하도록 하기 위해서는 영유아가 신체적, 정서적, 지적발달이 이루어질 때까지 기다려야 하며, 새로운 것을 받아들이기 위한 가장 적당하며 효과적인 시기를 '준비도(Readiness)'라고 하였다. 따라서 교사는 유아의 준비도를 고려하여 교육계획을 수립할 것을 강조하며 모든 교육적 활동은 영유아 내부의 성숙적 요구에 따라하고, 경우에 따라서는 문화적 관습보다 영유아 내부의 요구 및 필요에 의해 이루어져야 함을 강조하였다. 영유아의 성숙을 정확하게 이해하지 못하고 이루어지는 교육은 무의미하며 영유아에게 해로운 간섭이나 적절하지 못한 훈육이 될 수 있다는 것이다. 이러한 맥락에서 '학습준비도'란 영유아가 배울 준비가 되지 않았으면 준비가 될 때까지 또는 성숙될 때까지 기다려주어야 한다는 학습의 시기에 관한 개념이다. 영유아들은 자연스럽게 일정한 성장단계에 도달하면 단계에 맞는 행동을 할 수 있기 때문에, 부모나 교사는 영유아의 자연스러운 성장과정을 지켜보고 이해하며 기다려주어야 한다는 것이다.

성숙주의 이론에서는 환경은 발달에 주도적으로 영향을 미치지 못하기 때문에 영유아가 지닌 능력 이상으로 교육하는 것은 오히려 좌절만 불러일으키고, 긍정적인 영향을 미치지 못한다. 환경적 요인들은 영유아의 유전 및 성장모형을 지지하거나 약간 수정할 뿐이지 발달을 유발시키지는 못하므로, 영유아의 속도에 맞는 발달을 위해 보육 및 교육환경을 제공하는 것이 바람직하다는 입장이다. 따라서 영유아에게 학습활동을 자유롭게 선택하도록 안내해주는 교사와 발달에 적절히 잘 준비된 환경이 필요하다. 성숙주의 관점에서 부모나 교사들은 미리 설계해 놓은 틀에 영유아들을 맞추려고 강요해서는 안 되며, 영유아의 발달을 돕기 위해 개입은 최소화하고 영유아가 스스로 선택하여 발달수준에 적합한 활동을 할 수 있는 환경을 조성해주어야 한다.

2) 행동주의 이론

행동주의자들은 성숙주의와는 달리 영유아의 발달은 환경의 지배를 받는다는 입장이다. 행동주의 이론의 기본철학은 인간의 행동은 내재적인 힘이 아니라 주변 환경에 의하여 수정될 수 있다고 보며, 개인의 인생에서 얻게 되는 학습경험이 인간발달에서 변화의 근원이라고 믿었다. 그러므로 환경의 재구성을 통해 새로운 학습적 경험을 하게 되면 인간의 발달에 영향을 미칠 수 있다고 주장한다.

행동주의 학자들은 외적으로 관찰 가능한 행동에 초점을 맞추어 교육하는 것이 가치가 있으며, 직접 관찰 · 측정할 수 있는 행동을 연구하는 것이 더 중요하다고 믿었다. 행동주의 이론의 대표적인 학자는 파블로프, 왓슨, 스키너가 있다.

인간의 행동이 외부자극에 의해 반응한다는 이론은 파블로프의 실험에서 시작되었다. 파블로프는 개에게 먹이를 주기 전에 종을 쳐서 조건화 자극을 제공하였다. 그 후 개는 종소리가 들리면 먹이가 나온다는 것을 알고 침을 흘리는 반응을 보였다. 외부자극에 의한 행동 변화를 파블로프는 학습이라 하였다. 왓슨은 "나에게 12명의 건강한 아이를 주면 그 아이의 성향에 맞게 의사와 변호사도 만들고 심지어 거지로도 키울 수 있다."고 하였다. 이 말은 행동주의의 입장을 대변해주는 것이다. 스키너는 인간의 모든 행동은 보상과 강화에 의해 학습된다고 보았으며, 외적 자극을 적절하고 단계적으로 경험할 수 있도록 환경을 제공함으로써 영유아의 발달을 바람직한 방향으로 변화시킬 수 있다고 하였다. 영유아는 계속적인 반복과 연습 및 모방을 통해 학습하며, 강화나 보상을 주면 보다 잘 학습하게 되므로 교사나 부모는 직접적인 교수, 과자나 쿠폰 같은 보상, 칭찬 같은 사회적 인정 등의 방법을 활용한다.

행동주의 이론의 핵심은 보상과 강화에 있다(김숙자, 2000). 보상받는 행동은 계속 반복되거나 강화되는 반면, 보상받지 못한 행동은 감소되거나 사라진다는 것이다. 구체적으로 살펴보면, 공부하는 '행동'이 높은 성적, 혹은 칭찬으로 '보상'받는다면 공부를 계속하거나 더 열심히 공부(강화)할 것이고, 반대의 경우에는 학습법을 바꾸거나(행동수정), 공부를 덜 하거나 시험을 포기할 것이다.

3) 정신분석 이론

정신분석 이론은 인간이 타고난 욕구와 본능을 해결하고자 노력하는 과정에서 발달이 이루어진다고 보고 있으며, 인간행동 및 사고의 근본을 이루는 무의식에 관심을 가지고 있다. 정신분석 이론을 확립한 대표적 학자인 프로이드와 에릭슨은 인간의 성격, 정신, 인성발달에 초점을 둔다는 것은 동일하지만, 프로이드는 성적 에너지 리비도가 성격 형성에 영향을 미친다고 한 반면, 에릭슨은 사회적인 관계가 영향을 미친다고 보았다.

프로이드는 인간의 성격은 원초아(Id), 자아(Ego), 초자아(Superego)로 이루어진 성격구조의 기본 개념들의 역동에 의해 발달한다고 보았다. 원초아는 쾌락적 본능에 충실한 자아를 의미하고, 초자아는 완전을 추구하면서 도덕적 목적을 갖고 양심에 따라 움직이는 자아이다. 자아는 원초아와 초자아 간의 중재 역할을 하며, 현실적 원리에 입각하여 자신의 욕구를 객관적 현실의 상황에 적합하게 만든다. 프로이드는 인간 성격의 기본구조가 5세 이전에 형성된다고 보았으며, 교육의 주요 목적은 영유아가 충동을 조정하도록 하는 데 두고, 인간의 심리성적 발달단계(구강기, 항문기, 남근기, 잠복기, 생식기)를 거치면서 발달한다고 설명하였다.

에릭슨은 프로이드 이론을 발전시켜 개인이 접하고 있는 부모, 가족, 또래, 이웃, 사회, 역사, 문화 등과 같은 사회적 환경과의 상호작용을 통해 자아가 발달한다고 보았다. 전 생애를 통한 각 발달단계마다 발달과업을 제시하고 있으며 이것이 충족되지 않으면 부정적인 성격이 형성된다고 보았다. 인성의 발달단계인 심리사회성 발달단계는 8단계 즉, 신뢰감 대 불신감(0~1세), 자율성 대 수치심(1~3세), 주도성 대 죄의식(3~6세), 근면성 대 열등감(6~11세), 정체감 대 역할혼돈(12~19세), 친밀감 대 소외감(20~25세), 생산성 대 침체감(성인기), 자아통합 대 절망(노년기)의 단계로 구분된다.

4) 구성주의 이론

구성주의는 지식과 학습에 대한 이론으로 영유아교육에 많은 시사점을 주고 있다. 구성주의 관점에서 볼 때, 지식이란 인간 내부에서 끊임없이 구성되어 가는 상대적인 것이므로(조부경 외, 2015), 모든 학습자가 학습내용에 따라 동일하게 지식을 형성하는 것이 아니라 개별 학습자의 내재적인 이해과정에 따라 다르게 형성되므로 학습자의 주체적 지식형성이 강조된다. 구성주의 대표적 학자는 인지적 구성주의의 피아제와 사회문화적 구성주의의 비고츠키가 있다.

피아제의 인지발달 이론의 주요 개념으로 도식, 적응, 동화, 조절, 평형화가 있다. 도식이란 세상에 대한 이해의 틀 또는 배경지식이라 할 수 있으며 영유아가 가진 초기의 매우 단순한 도식은 성장하면서 점차 개념적, 조작적으로 변화된다. 인지는 유기체가 환경과 끊임없는 상호작용을 하면서 적응해 나가는 과정에서 발달한다. 적응은 동화와 조절이라는 두 과정을 거친다. 동화는 유기체가 갖고 있는 기존의 인지구조만으로 새로운 상황이나 사건을 이해하는 과정이며, 조절은 기존의 인지구조만으로는 새로운 상황 및 사건을 이해할 수 없을 때 기존에 가지고 있던 인지구조를 변형시키는 지식의 재조직화를 의미하며, 적응이란 동화와 조절 간의 평형상태를 뜻한다. 피아제는 인간은 지식의 불균형 상태를 초래하지 않기 위해 동화와 조절 간의 균형을 이루려는 기제를 가지고 있다고 보았다. 피아제의 인지발달은 인지구조의 계속적인 질적 변화 과정이며, 인지능력의 발달은 영유아와 그를 둘러싼 환경 간의 상호작용에 의해 단계적으로 성취된다고 하였다. 이러한 인간의 인지는 감각운동기(0~2세), 전조작기(2~7세), 구체적 조작기(7~11세), 형식적 조작기(11~15세)의 4단계를 거치면서 발달하게 된다.

비고츠키는 인간의 독특한 고등정신활동은 사회문화적인 상황들에서 시작되어 구성원들에 의해 공유되고 있다고 보며 영유아기의 사고의 형식들이 이전에 믿었던 것보다 훨씬 더 특정한 상황과 문화적 조건의 산물임을 강조하였다. 비고츠키가 제안한 근접발달 영역(ZPD)이란 영유아가 타인의 도움없이 스스로 문제를 해결할 수 있는 '실제적 발달수준'과 성인의 도움이나 자신보다 뛰어난 또래들과의 협동을 통해 문제를 해결할 수 있는 '잠재적 발달수준' 사이의 영역을 뜻한다. 근접발달 영역 내에서 문제에 직면한 영유아에게 문제를 해결할 수 있도록 조력하고 격려하는 도움을 비계설정(Scaffolding)이라 한다. 비계란 영유아를 능동적으로 자신을 구성해 나가는 존재라고 보고, 영유아로 하여금 새로운 능력을 구축하게 하는 사회적 지원체계이다. 이때 교사는 근접발달지대 내에서 유아가 새로운 능력을 획득할 수 있도록 학습에 필요한 교구 및 교재, 교수자료, 다양한 경험 등을 제공해야 한다.

5) 생태학적 이론

생태학적 이론에서 발달은 인간이 자신을 둘러싼 환경을 지각하고 다루는 방식의 지속적인 변화를 의미하며, 생태학적 환경은 미시체계, 중체계, 외체계, 거시체계의 4가지 체계로 구분한다. 미시체계(Microsystem)는 영유아와 가장 가까운 환경을 의미하며, 중체계(Mesosystem)는 가정, 학교, 이웃, 탁아소 등을 포함한다. 외

체계(Exosystem)는 영유아가 포함되는 직접적인 환경은 아니지만 영유아의 경험에 영향을 미치는 환경 즉, 부모의 직장이나 지역사회 내의 건강 및 복지시설 등이 포함된다. 거시체계(Macrosystem)는 그 사회의 가치관, 법, 습관 등 특정 문화를 구성하는 것을 포함한다.

생태학적 이론에서 영유아의 발달은 일방적으로 환경에 영향을 받거나 내적인 성향에 의해 이루어지는 것이 아니라, 영유아가 환경에 영향을 받기도 하고 반대로 스스로 환경을 변화시키기도 한다. 이러한 생태학적 관점은 영유아발달을 이해하는데 있어서 환경의 중요성에 대한 관심을 고조시켰다. 이처럼 환경은 고정된 방식으로 영유아에게 영향을 주는 정적인 것이기보다는 역동적으로 항상 변화하는 것이다. 즉, 영유아는 자신이 속해 있는 환경을 선택 및 조정하고 창조할 수 있으며 결국 발달은 영유아와 환경 간의 상호작용의 산물이다.

3. 사회적 기초

1) 제4차 산업혁명 시대

제4차 산업혁명은 인공지능과 로봇, 정보통신, 생명과학의 융합이 주도적 이루어지는 차세대 산업혁명을 의미하며, 초연결성과 초지능성의 특성을 가지고 있다. 사물인터넷(IoT), 클라우드 등으로 대표되는 정보통신기술의 발전 · 확산은 인간-인간, 인간-사물, 사물-사물 간의 연결을 확대시키고 있고, 인공지능(A.I.)과 빅데이터의 연계 및 융합으로 기술 및 산업구조가 초지능화되고 있다.

이러한 시대적 변화는 교육에도 변화를 가져왔으며, 급변하는 미래시대를 대비하기 위하여 자기력, 인간력, 창의융합력, 평생배움력과 같은 능력이 요구되게 되었다(김지영, 2017). 구체적으로 살펴보면, 첫째, 자기력, 자기 자신을 제대로 이해하고 계발할 줄 아는 능력을 키워야 한다. 치열한 경쟁과 급변하는 다양한 사회에서 자기주도적 삶을 살도록 하기 위해서는 자기 자신에 대한 공부가 요구된다. 나는 누구이며 진정으로 무엇을 원하는지를 스스로에게 끊임없이 질문을 던지고 자신을 점검하며 자기력을 갖추어야 한다. 둘째, 인간력, 기계에 맞설 인간으로서의 저력을 키워야 한다. 기계와 차별화되는 인간 고유의 능력은 감성이며, 이는 예술을 통해 계발될 수 있다. 쓰고 읽기보다는 그리고 만드는 등 상상력을 표현할 수 있는 예술놀이 활동을 통해 아이들의 감성을 키우고, 상상력과 창의성을 길러야 한다. 셋째, 창의융합력, 새로운 가치를 만드는 사고와 습관을 길러야 한다. 앞으로의 사회에서는 다양한 분야의 소양을 갖추고 창조적 문제해결을 위해 통섭할 수 있는 인재를 원할 것이다. 놀이를 통해 아이들이 창의성을 키울 수 있도록 하고, 단순히 사용하는 사람이 아니라 직접 만드는 개발하는 사람이 되는 경험을 해 보도록 해야 한다. 넷째, 협업력, 다름이 도움이 되게 만드는 역량을 길러야 한다. 어릴 때부터 사람은 모두 다르다는 것을 경험하도록 하고 협업의 긍정적인 가치를 스스로 느끼는 경험을 제공해야 한다. 마지막으로, 평생배움력, 배움을 지속 가능하게 해야 한다. 책읽기를 즐기며 몰입 경험을 통해 배움의 즐거움을 느낄 수 있도록 해야 한다. 여기서 배움이란 '문제 의식, 새로운 지식과 경험, 적용'의 세 단계를 거치는 숙성되는 총체적 지적 행위를 의미한다.

2) 가족구성의 다양화와 양육관의 변화

도시화, 산업화 현상으로 인해 한부모 가족, 입양 가족, 동성애 가족, 조손 가족, 주말 부부 등 가족구성과 형태가 다양화되었다. 또한 여성의 교육수준이 향상되고 사회진출이 활발하게 이루어지면서 양육관에도 영향을 미쳐, 주로 여성에 의해서 이루어졌던 육아와 교육이 점차 부부 공동의 책임으로 변화되었다. 부모의 경제활동을 돕기 위해서 영아전담 어린이집, 야간보육 등과 같은 다양한 형태의 영유아 교육기관이 생겨났으며, 현대의 부모들은 단순히 자녀들을 보호하는 차원을 넘어 양질의 교육 및 보육서비스에 대한 필요성을 느끼고 있다.

부모들은 권위적이기보다는 민주적 방식으로 자녀들을 양육하게 되었고, 특히 아버지는 가장으로서 명령과 복종, 지배를 당연시하던 권위적인 모습에서 점차 변화하여 자녀의 양육과 교육에도 더욱더 큰 책임감을 느끼고 자녀에게 애정을 표현하는 모습을 보이게 되었다. 자녀와 여가시간을 보내는 아빠들이 늘어나면서 '프랜디' 즉, 친구 같은 아빠를 뜻하는 신조어도 생겨나게 되었다. 이처럼 보육과 교육에 있어 아버지의 역할이 증가함에 따라 육아휴직제를 어머니뿐만 아니라 아버지에게도 도입하여 양육분담 및 책임이 유연하게 이루어질 수 있도록 하였다. 따라서 영유아교육기관에서도 교육과정을 구성할 때 아버지가 자녀교육에 대한 관심을 가지고 자녀와 친밀감을 형성할 수 있는 다양한 프로그램을 포함하고 있다.

3) 세계시민교육

세계시민교육(GCED: Grobal Citizenship Education)은 2015 세계교육포럼에서 반기문 전 유엔 사무총장이 2012년 글로벌교육우선구상(GEFI: Grobal Education First Initiative)을 발족하면서 내세운 주요 축 가운데 하나이다. 이후 2015년 9월에 열린 유엔 총회에서 채택한 지속가능발전목표(SDGs)에도 포함됨으로써 전 세계가 노력하여 달성해야 할 글로벌 교육목표이자 개발목표가 되었다(유네스코 아시아 · 태평양 국제이해교육원, 2015).

세계시민교육이란, '변혁적 교육으로서 학습자들에게 더 나은 세상과 미래를 만드는 데 있어 그들의 권리와 의무를 실현할 수 있도록 기회와 역량을 제공하는 교육'이다(유네스코, 2014a). 세계시민교육은 학습자가 지역 · 글로벌 차원에서 능동적 자세로 세계의 여러 문제들을 해결하고, 궁극적으로는 더 정의롭고 평화롭고 관용적, 포용적이며, 안전하고 지속가능한 세상을 만드는 데 앞장설 수 있도록 역량을 키우는 데 그 목적이 있다(유네스코, 2014b). 즉, 세계시민교육은 세계 속에 내가 존재한다는 것을 알고, 보편적 가치 함양을 바탕으로 다양성을 존중하며 전 지구적인 문제를 해결하기 위해 적극적으로 참여하려는 지식, 기능, 가치, 태도의 조화를 이루는 세계시민의 양성이라고 볼 수 있다(심예서, 2017).

국제사회의 상호의존성이 증가하고 세계는 단일화되어 가고 있는 시대적 변화에 따라 누리과정에서도 이러한 변화에 능동적으로 대처해 가는 교육이 중요함을 강조하며(교육과학기술부, 보건복지부, 2013), 더불어 살아가는 태도를 함양하고 타 문화를 존중하고 배려하는 세계시민으로서의 소양과 역량을 기를 것을 강조하고 있다.

4) 전통문화교육

세계화가 확대될수록 대등한 국가관계나 민족관계 유지를 위하여 고유의 문화 정신을 계승하려는 전통문화교육을 더욱 필요로 하게 되었다(이기숙 외, 2013). 문화 간의 경계가 소멸되어 갈수록 각 국은 자국의 문화와 전통을 구축하고자 고유한 문화정신을 회복하고 계승하려는 노력을 기울이고 있는 것이다(조희진, 2009).

전통문화교육은 우리 전통의 유물과 정신을 배우고, 이를 통해 민족 고유의 문화를 아끼고 사랑하는 정신과 세계화에 대비한 올바른 가치관을 형성하여 민족문화의 발전적 계승에 이바지하는 한국 정신을 창조하도록 하는 교육(이채진, 2008)을 의미한다. 전통이 지니는 가변성, 구성성은 사회의 변화에 따라 계속적으로 재창조되고 재조정되는 존재이기에, 현재 우리가 지향해야 할 목적인 지속가능한 삶을 위해서는 조상들의 삶 속에 녹아있는 생활의 지혜를 배워 지금의 상황에 맞도록 새롭게 해석하거나 새로운 지식과 가치를 구성해야 한다(류현종, 1999). 이처럼 전통문화교육은 과거로부터 쌓아온 우리 문화를 이해하고, 현재 우리 문화에 어떻게 적용하고 미래에 어떻게 이어갈지를 가르치는 것이다. 이러한 의미에서 전통문화교육은 과거의 문화 및 사상의 의미와 정신을 신중하게 살펴보고 현대 사회에서도 가치가 있다고 고려되는 부분을 기초로 수용하는 교육을 말한다(문미옥 외, 2006).

따라서 전통문화교육은 유아들이 성장하여 사회를 살아가며 불가피하게 겪게 될 서구지향인 가치와 문화를 수용하게 하면서도 우리나라의 전통정신과 문화를 잃지 않고 조화와 균형을 이룰 수 있게 도와주고 자신의 뿌리와 전통을 알고 우리의 문화에 대한 올바른 삶의 자세를 갖도록 도와준다(권오원, 이성희, 2011). 3~5세 누리과정에도 우리 문화를 올바르게 이해하고 계승하여 인류의 보편적인 가치로 발전시키는 것은 새로운 가치 창조의 출발이며, 진정한 세계화의 경쟁력이 될 수 있다고 강조하고 있다(교육과학기술부, 보건복지부, 2013). 구체적으로 사회관계 영역의 '사회에 관심 갖기' 중 '우리나라에 관심 갖고 이해하기'의 세부내용에 반영되어 우리나라의 상징(태극기, 애국가, 무궁화 등)과 예절, 전통과 전통놀이, 풍습, 역사와 문화 등에 관심을 가지고 우리나라에 대해 자부심을 갖도록 하는 내용을 포함하고 있다.

5) 지속가능 발전지향 환경교육

급속한 산업화와 경제성장은 생활 수준의 향상을 가져 왔으나 무분별한 경제성장과 자연파괴, 인간의 무한한 이기심은 우리의 삶의 터전인 지구 생태계를 파괴하고 있다. 지구의 생태계 파괴로 인한 피해는 지진, 산사태, 해일과 이상기온 등 다시 인간에게 돌아와 많은 사람들의 목숨과 삶의 터전을 빼앗아 가고 있다.

이러한 문제를 해결하기 위해서는 어린 시기부터 인간과 자연에 대한 존중을 바탕으로 하는 환경교육이 이루어져야 한다. 이는 환경문제는 과학, 기술, 정치, 법적인 측면에서의 개선만으로는 해결될 수 없으며, 환경문제를 야기한 주체인 인류의 환경인식 및 태도 변화가 동반되어야 하기 때문이다(UNESCO, 2004). 유아기에 경험하는 환경교육은 평생에 걸쳐 지속될 환경에 관한 태도, 가치관, 행동 양상을 결정짓는 과정에 절대적인 영향을 미치고, 지속가능한 삶을 살아갈 수 있는 태도, 가치관, 역량을 기르는 데 있어 결정적인 시기이므로(지옥정 외, 2012) 환경교육은 유아기부터 생활 속에서 자연스럽게 이루어져야 한다.

지속가능 발전교육은 환경교육에 뿌리를 두고 있지만 환경교육은 아니며, 보다 포괄적인 개념으로 지속가능 발전교육과 환경교육의 관계는 매우 다양하다(유영의 외, 2013). 환경교육은 단순히 하나의 교과목으로서가 아니라 환경교육을 넘어 사회적, 경제적, 교육적 관점이 통합적으로 연계된 지속가능발전을 지향하는 방향으로 이루어져야 한다. 지속가능 발전교육 관점에서의 환경교육은 환경문제에 대한 비판적 의식과 책임의식, 사회경제환경 문제의 상호의존성, 미래 지향적인 환경이해, 환경과 삶을 연계하여 이해하면서 실천적으로 이루어져야 한다(서윤희 외, 2014).

참고문헌

곽노의, 홍순정(2004). **유아교육사상**. 서울: 문음사.

교육과학기술부, 보건복지부(2013). **3-5세 연령별 누리과정 교사용 지침서**. 서울: 교육과학기술부, 보건복지부.

권오원, 이성희(2011). 유아전통문화교육을 위한 그림책 분석 및 그림책 활용에 대한 교사의 인식. **어린이 문학교육 연구, 12**(1), 165-179.

김숙자(2000). **유아교육과정**. 서울: 문음사.

김지영(2017). **다섯 가지 미래 교육 코드 : 아이의 미래를 고민한다면 반드시 알아야 할 교육의 변화**. 서울: 소울하우스.

류현종(1999). 초등학교 사회과에서의 전통문화 학습. 한국교원대학교 대학원 석사학위논문.

문미옥, 이혜상, 민행난(2006). **한국전통문화와 유아교육**. 경기: 양서원.

서영숙, 서혜전, 김영명, 채혜선, 김진숙(2006). **보육학개론**. 경기: 양서원.

서윤희, 지옥정, 강지애, 정애경, 조부경(2014). 지속가능발전지향 유아교사환경교육 프로그램 개발, **유아교육연구, 34**(5), 249-273.

송명자(2008). **발달심리학**. 서울: 학지사.

심예서(2017). 세계시민교육에 기초한 협동 활동이 유아의 사회적 유능감 및 대인문제해결력에 미치는 영향. 건국대학교 대학원 석사학위논문.

유네스코 아시아 · 태평양 국제이해교육원(2015). **유네스코가 권장하는 세계시민교육 교수학습 길라잡이**. 서울: 유네스코 아시아 · 태평양 국제이해교육원.

유네스코(2014a). **글로벌시민교육 : 새로운 교육 의제**. 아시아 · 태평양 국제이해교육원 역. 서울: 아시아 · 태평양 국제이해교육원.

유네스코(2014b). **글로벌시민교육 : 21세기 새로운 인재 기르기**. 아시아 · 태평양 국제이해교육원 역. 서울: 아시아 · 태평양 국제이해교육원.

유영의, 김은정, 신은수, 박은혜(2013). 지속가능발전교육에 관한 한국의 교육정책 및 현 국가수준 교육과정의 분석. **유아교육학논집, 16**(2), 319-341.

이기숙(2000). **유아교육과정**. 서울: 교문사.

이기숙, 김정원, 이현숙, 전선옥(2013). **영유아교육과정(3판)**. 경기: 공동체.

이채진(2008). 제6차 유치원 교육과정의 전통 문화 관련 교육 내용 분석. 영남대학교 교육대학원 석사학위논문.

조부경, 고영미, 남인석(2015). **유아과학교육**. 경기: 양서원.

조희진(2009). 표준보육과정에 나타난 전통문화교육. **한국여성교양학회지, 18**, 49-77.

지옥정, 허미화, 백은주, 정미라(2012). 5세 누리과정 유치원 교사용 지도서와 어린이집 프로그램에 나타난 지속가능발전을 위한 물교육 활동내용 분석. **유아교육연구, 32**(6), 489-507.

UNESCO(2004). United nations decade of education for sustainable development 2005-2014: Draft international implementation scheme. Paris: UNESCO.

Chapter 2

영유아교육과정의 구성

핵심개념

| 교육과정 구성 | 교육목표 | 교육내용 |

1. 교육과정 구성의 의미

교육과정을 구성할 때 고려해야 할 것은 영유아발달에 대한 이해이며, 이에 기초하여 교육목적과 목표를 설정할 수 있다. 교육과정이란 영유아의 전인적 성장과 발달을 위하여 교육목표를 설정하고 이에 근거하여 교육내용을 선정한 다음, 구체적인 교수학습을 세워 실제 교육활동을 실행한 후 평가를 통해 교육과정의 실제 수행을 검토하는 기본 설계도를 의미한다. 이처럼 교육과정은 교육목표를 세우고, 교육내용 선정 및 조직하며, 교수-학습전략을 통해 실행하고 평가하는 순환적이고 상호작용적 관계로 구성된다.

교육목표는 전체 교육과정의 방향을 구성하고 교육과정의 실행을 통하여 달성해야 할 내용을 의미하므로 교육철학과 영유아의 발달적 특징, 사회문화적 가치관을 기초로 하여 선정되어야 한다.

교육내용은 무엇을 가르칠 것인가의 문제로 교육철학, 우리 사회가 추구하는 문화적, 사회적, 역사적 가치 그리고 학부모의 요구를 반영하는 것이다. 특히 교사가 교육내용을 선정함에 있어서 더욱 중요시하여야 할 점은 영유아는 미래 사회를 살아갈 인재이므로, 이들이 성인이 되었을 때의 사회의 특성과 그 사회구성원으로 어떤 역할을 담당할 것인가에 대한 지식 등을 기반으로 교육내용을 결정하여야 한다는 것이다.

교육의 과정이란 미리 계획한 교육목표, 교육내용을 실제로 실행하는 실천과정을 의미한다. 이러한 실천과정에서 교사가 의도한 대로 교육의 목표를 달성할 수 있도록 노력하는 과정이다,

계획된 교육과정을 어떻게 실천하는가의 문제는 교육과정이 의도한 교육의 목표 달성을 위해 가장 핵심적인 부분으로, 교사가 어떻게 영유아의 경험이 의미를 가질 수 있도록 지원하고 안내하는가 하는 것이 가장 중요한 요소가 된다. 따라서 영유아 교사는 교육목표와 교육내용, 교육방법이 아무리 합리적이고 적절하게 이루어졌다고 하더라도 실제 영유아의 경험이 의미를 지니지 못한다면, 교육의 목표 달성은 어렵다는 사실을 숙지하여야 한다. 또한 교육목표의 달성을 위하여 선정된 교육내용이 영유아에게 유의미한 경험이 되도록 영유아의 발달특성과 상호작용의 방법에 대하여 정확히 이해하여야 한다.

교육과정의 평가는 계획하고 실행한 교육과정이 목표를 달성하였는지, 영유아에게 적절하였는지, 교육내용이 의미있는 경험으로 제공되었는지 등을 평가하는 것이다. 또한 다음 교육과정 계획을 위한 기초자료를 제공하고 교육과정의 순환이 이루어지게 하는 중요한 과정이다. 따라서 교육과정에 대한 평가는 교육과정을 구성하고 실행하기 위한 수단이 되는 것이다.

2. 교육목적과 목표

교육과정 구성을 위한 기본 가치관을 토대로 교육목적 및 목표가 설정된다.

프로그램에서 장기적인 효과와 내용에 관한 것은 목적, 단기적인 것에 관한 것은 목표라고 구분할 수 있다.

교육의 목적은 영유아들의 필요와 요구내용을 교사에게 제공해 주며, 영유아들의 요구에 대한 평가와 프로그램 전반에 걸쳐 평가하는 것이 왜 중요한가에 대한 당위성을 제공한다.

교육의 목표는 영유아들이 경험하게 될 학습의 내용을 결정하는 지침이 된다. 영유아들의 필요와 요구내용을 교사에게 제공해 주며, 영유아들의 요구에 대한 평가와 프로그램 전반에 걸쳐 평가하는 것이 왜 중요한가에 대한 당위성을 제공한다.

교사가 무엇이 일어날 것이며, 왜 그것이 일어나고, 누가 그것을 일으키며, 언제 어떻게 그것이 일어나도록 할 것인가에 대한 숙고 없이는 영유아들에게 좋은 환경을 제공할 수 없다(Schickedanz et al., 1983). 따라서 교육의 목표는 학급에서 어떤 일이 일어날지를 미리 생각하게 해주는 틀을 마련해 준다.

결국 교육의 목표는 교육과정 구성의 '왜'라는 측면에 기여를 한다. 가치관이나 준거체계에 따라 목적과 목표는 다르게 설정된다 하여도 교육과정을 진행하는 동안 '왜'라는 질문은 계속적으로 행해져야 한다.

영유아교육과정의 구성에서 장기적인 목적은 교사가 프로그램을 계획하기 위한 지침으로써 단기적인 목표들을 유출해 낼 수 있는 근거를 제공한다. 교수목표는 매우 구체적이며, 활동의 목적을 보다 분명하게 진술하고, 행동용어로 기술하며, 영유아가 학습함으로써 이루어지게 될 예측 가능한 결과로서 기술하게 된다(Seefeldt & Barbour, 1986, 김숙자, 1987).

교육목적과 목표의 한 예로 「표준보육과정」(보건복지부 고시 제2013-8호),「3~5세 연령별 누리과정」(교육부 고시 제2015-61호)에 제시된 내용을 살펴보면 다음과 같다. 여기서 목표는 상위의 목적을 실현시키기 위하여 사용되는 것으로, 목적을 보다 구체화시킨 것이다.

1) 표준보육과정의 목적

표준보육과정(보건복지부 고시 제2013-8호)의 보육목적은 다음과 같다.

표준보육과정은 영유아의 심신의 건강과 전인적 발달을 도와 행복을 도모하며 민주시민의 기초를 형성하는 것을 목적으로 한다.

2) 표준보육과정의 목표

(1) 0~1세 보육과정

- 건강하고 안전한 일상생활을 경험한다.
- 감각 및 기본 신체운동능력을 기른다.
- 말소리를 구분하고 의사소통의 기초를 마련한다.
- 친숙한 사람과 관계를 형성한다.
- 아름다움에 관심을 가진다.
- 보고, 듣고, 만지면서 주변 환경에 관심을 가진다.

(2) 2세 보육과정

- 건강하고 안전한 생활습관의 기초를 마련한다.
- 감각, 신체조절 및 기본운동능력을 기른다.
- 의사소통 능력의 기초를 기른다.
- 나를 인식하고 다른 사람과 더불어 생활하는 경험을 한다.
- 아름다움에 관심을 가지고 예술경험을 즐긴다.
- 주변 환경에 호기심을 갖고 탐색하기를 즐긴다.

(3) 3~5세 보육과정(누리과정)

- 기본운동능력과 건강하고 안전한 생활습관을 기른다.
- 일상생활에 필요한 의사소통능력과 바른 언어 사용 습관을 기른다.
- 자신을 존중하고 다른 사람과 더불어 생활하는 능력과 태도를 기른다.
- 아름다움에 관심을 가지고 예술경험을 즐기며, 창의적으로 표현하는 능력을 기른다.
- 호기심을 가지고 주변 세계를 탐구하며, 일상생활에서 수학적 · 과학적으로 생각하는 능력과 태도를 기른다.

3) 3~5세 연령별 누리과정의 목적

우리나라 유치원 교육과정(교육부 고시 제2015-61호)의 교육목적은 다음과 같다.

누리과정은 만 3~5세 영유아의 심신의 건강과 조화로운 발달을 도와 민주 시민의 기초를 형성하는 것을 목적으로 한다.

4) 누리과정의 목표

이러한 목적을 달성하기 위하여 5가지 목표를 제시한다.

첫째, 기본운동능력과 건강하고 안전한 생활습관을 기른다.

둘째, 일상생활에 필요한 의사소통능력과 바른 언어 사용 습관을 기른다.

셋째, 자신을 존중하고 다른 사람과 더불어 생활하는 능력과 태도를 기른다.

넷째, 아름다움에 관심을 가지고 예술경험을 즐기며, 창의적으로 표현하는 능력을 기른다.

다섯째, 호기심을 가지고 주변 세계를 탐구하며, 일상생활에서 수학적 · 과학적으로 생각하는 능력과 태도를 기른다.

우리나라 유치원 교육과정의 영역별 목표는 다음과 같다.

(1) 신체운동·건강 영역

기본운동능력과 건강하고 안전한 생활습관을 기른다.

- 감각능력을 기르고, 자신의 신체를 긍정적으로 인식한다.
- 신체를 조절하고 기본운동능력을 기른다.
- 신체활동에 즐겁게 참여한다.
- 건강한 생활습관을 기른다.
- 안전한 생활습관을 기른다.

(2) 의사소통 영역

일상생활에 필요한 의사소통능력과 바른 언어 사용 습관을 기른다.

- 다른 사람의 말을 주의깊게 듣는 태도와 이해하는 능력을 기른다.
- 자신의 생각과 느낌을 말하는 능력을 기른다.
- 글자와 책에 친숙해지는 경험을 통하여 글자 모양을 인식하고 읽기에 흥미를 가진다.
- 말과 글의 관계를 알고 자신의 생각, 느낌, 경험을 글로 표현하는 데 관심을 가진다.

(3) 사회관계 영역

자신을 존중하고 다른 사람과 더불어 생활하는 능력과 태도를 기른다.

- 자신을 소중히 여기며 자율성을 기른다.

- 자신과 타인의 감정을 알고, 자신의 감정을 적절하게 표현하고 조절한다.
- 가족과 화목하게 지내며 서로 협력한다.
- 친구, 공동체 구성원들과 서로 돕고 예의 · 규칙 등 사회적 가치를 알고 지킨다.
- 우리 동네, 우리나라, 다른 나라에 관심을 가진다.

(4) 예술경험 영역

아름다움에 관심을 가지고 예술경험을 즐기며, 창의적으로 표현하는 능력을 기른다.

- 자연과 주변 환경에서 발견한 아름다움과 예술적 요소에 관심을 갖고 탐색한다.
- 자신의 생각과 느낌을 음악, 움직임과 춤, 미술, 극놀이를 통해 창의적으로 표현하는 것을 즐긴다.
- 자연과 다양한 예술작품을 감상하며, 풍부한 감성과 심미적 태도를 기른다.

(5) 자연탐구 영역

호기심을 가지고 주변 세계를 탐구하며, 일상생활에서 수학적 · 과학적으로 생각하는 능력과 태도를 기른다.

- 주변의 사물과 자연세계에 대해 알고자 하는 호기심을 가지고 탐구하는 태도를 기른다.
- 생활 속의 여러 상황과 문제를 논리 · 수학적으로 이해하고 해결하기 위한 기초 능력을 기른다.
- 주변의 관심 있는 사물과 생명체 및 자연현상을 탐구하기 위한 기초 능력을 기른다.

3. 교육내용 선정과 조직

교육의 목표가 설정되면 다음에는 목표를 달성하기 위하여 교육내용을 선정하여야 한다.

교육목표를 달성하기 위해서는 생활을 영위해 나가는 데 필요한 지식, 기술, 태도, 가치뿐 아니라 일상생활에서 겪는 다양한 경험들을 교육적 의미를 지닌 내용으로 구조화할 필요가 있다. 교육내용은 교육적 의미를 지닌 내용들을 영유아의 발달특성, 사회문화적 맥락, 지식의 유형에 맞게 조직한 것이라고 할 수 있다.

1) 교육내용의 유형

영유아교사의 철학이나 중요하게 여기는 가치에 따라 영유아들에게 강조하는 교육의 내용이나 유형은 다양하다. 슈바르츠와 로빈슨은 교육내용의 유형을 지식에 대한 관점에 따라 여섯 가지로 구분하여 설명하고 있다(이기숙 외, 2013).

(1) 사실축적(Fact accumulation)

교육의 내용을 사실로 구성하는 것이다. 사실은 교육과정의 형태에 따라 중요한 구성요소가 되나 반면에 무시하는 교육과정도 있다. 영유아는 세상을 계속적으로 탐구하는 동안 많은 사실들을 발견하고, 그것들을 사용하는 새로운 방식을 발견하면서 사실 수집가가 되는 경향이 있다.

영유아가 경험한 내용들은 설명적인 수준에서부터 현실적 또는 역사적 사건에 이르기까지 다양하다, 사실로 구성된 프로그램은 교사 주도로 영유아와 대화하는 교수–학습방법을 사용하거나, 영유아의 질문에 교사가 반응하는 형태를 취한다.

그러므로 영유아가 호기심을 가지고 자신의 경험을 재구성하는 영유아중심적인 방법이 억제된다는 단점이 있다.

(2) 기술축적(Skill accumulation)

최근 학교에서 성공을 위해 학문적 기술의 성취를 바라는 부모의 요구에 따라 문자학습, 단어맞추기, 셈하기 등의 기술훈련 프로그램이 강조되고 있다. 기술습득을 위한 활동들은 일상적인 반복형태의 교수방법을 취하고 있다. 이 접근은 학습의 결과를 가시적으로 평가할 수 있다는 점과 대부분의 기술이 영유아의 독립심과 자율성 획득에 기여한다는 점에서 높이 평가되고 있다. 그러나 훈련에 많은 시간이 필요하며, 교사가 선택한 훈련행동에 영유아가 주의를 계속 집중, 유지하기가 어렵다.

(3) 교과중심의 내용구성

학교의 교육내용은 오래전부터 교과중심으로 운영되어 왔으며, 현재에도 학교교육의 중심이 되고 있다. 전통적으로 교과는 초 · 중등교육과정의 중심 내용이 되어 왔으나, 영유아를 위한 교육내용을 교과 영역으로 구분하여 구성하는 유형이 여기에 해당된다. 긍정적인 읽기와 쓰기, 셈하기뿐만 아니라 사회, 건강과 안전, 과학, 음악과 미술, 율동 등의 교과중심으로 내용을 구성하는 것을 의미한다. 실제로 유아교육현장에서는 이러한 교과 영역이 독립적으로 진행되기보다는 두 개나 그 이상의 교과가 통합되어 운영되는 것이 보통이다.

부모나 교사에게 친숙한 교과중심의 교육내용 구성은 교육과정에 대한 의사소통이 쉽고 명확하게 이루어지게 된다. 그러나 교과로 분리해서 가르치는 것은 다양성과 통합적 활동에 제한을 받을 수 있으므로 주의가 요구된다.

(4) 구조화된 학문(Structured diciplines)

1960년대에 이르러 교육과정의 구성에 있어 학문중심 접근법이 제안되어, 유아교육에서도 각 학문 영역에서 강조하고 있는 핵심적 개념을 중심으로 교육내용을 구성하는 경향을 찾아볼 수 있다.

장점으로는 개념을 더욱더 효과적으로 조직하고 학습하기 쉬우며 난이도에 따라 심도 높은 학습을 가능하게 한다. 또 잘 조직화된 개념은 영유아의 이해와 기억을 돕지만, 단점으로 영유아들에게 너무 복잡하고 높은 수준의 개념들은 영유아가 그 개념을 이해하기 어렵다는 점이다.

(5) 주제선택(Thematic approach)

주제중심으로 구성된 교육과정은 유아교육에서 자주 사용된다. 주제중심의 교육과정은 교과가 갖는 과목 간의 한계에서 벗어나 영유아의 학습경험을 통합하도록 고안되었다. 교육과정에서 주제접근은 지역사회의 중요한 사건, 국경일, 흥미있는 일에 기초한 주제활동들로 꾸며지므로 영유아의 흥미에 적절하다. 다양한 영역에서 개념적 학습이 통합되며 영유아의 개인적 흥미에 맞는 활동에 융통성을 부여한다.

(6) 통합적 접근방법

교육내용을 교과목으로 구분하여 구성하지 않고, 지식보다는 기본 능력이나 태도, 행동 등에 가치를 두는 것으로, 영유아를 위한 교육에서는 통합적 교육과정을 추구하는 경우가 많다. 통합적 교육과정의 한 예는 개인의 내적 성장에 관심을 두는 인본주의 교육과정이다. 영유아의 일상에서 우연히 일어나는 사건을 통해 수업을 진행하게 되므로 교수요목에 의한 수업, 구조화된 계획적 수업이라기보다는 비교적 비형식적인 수업이라 할 수 있다.

영유아의 흥미나 욕구에 적절히 반응해줌으로써 자유롭게 학습에 임할 수 있고, 영유아의 감정과 태도, 관심이 중시되므로 영유아교육기관은 즐거운 곳이라는 느낌과 자신감을 준다. 그렇지만 충분히 준비하지 않으면 교육내용이나 활동이 편협해지기 쉽다는 단점이 있다.

2) 교육내용의 선정

교육내용 선정은 영유아에게 '무엇을 가르칠 것인가?'와 관련된 것이라고 할 수 있다.

교육내용을 선정할 때 고려하여야 할 원칙들은 다음과 같다.

첫째, 교육목표를 달성할 수 있는 내용을 선정해야 한다. 즉, 교육내용은 교육목표와의 일관성을 가져야 한다는 것이다. 가르치려고 하는 목표와 실제 가르치는 내용이 서로 맞지 않으면 교육목표를 달성할 수 없기 때문이다.

둘째, 교육내용을 선정할 때는 핵심개념을 중심으로 내용을 선정해야 한다. 그러므로 여러 가지 내용 중 가장 핵심적이고 영유아들이 쉽게 받아들이고 이해하기 쉬운 내용을 중심으로 선정하여야 한다.

셋째, 교육내용은 영유아들이 직접 경험하는 실생활 내용으로 선정한다. 따라서 교사는 영유아들의 발달시기 등에 적합한지, 욕구 · 흥미 등을 반영하는지 심리적, 물리적, 환경적 요소들이 제대로 갖추어졌는지 등을 고려하여야 한다.

넷째, 교육내용은 영유아들의 전인적 발달을 위해 언어 · 인지 · 신체 · 사회 · 정서발달의 모든 영역 간, 발달 간의 통합교육이 이루어지도록 해야 한다.

(1) 생활주제 선정

단원이라는 용어가 제5차 유치원교육과정에서 생활주제라는 용어로 사용되었다.

생활주제는 영유아들이 유치원에서 생활하는 동안 경험할 수 있는, 또 마땅히 경험해야 하는 내용을 동질적인 특성을 중심으로 묶은 것을 의미한다(교육부, 1995). 생활주제 선정의 단계에서는 생활주제 선정의 이유, 연간교육계획안 작성, 생활주제 선정의 의미 진술이 포함된다(교육과학기술부, 2009).

(2) 주제 및 소주제 선정

주제와 소주제는 생활주제를 중심으로 선정하며, 교육적 가치, 시대적 요구 등을 고려하여 생활주제를 중심으로 선정한다. 이 때 교사는 주제 및 소주제와 관련된 전문서적, 활동자료집, 사전 및 백과사전 등 다양한 자료를 참고하고, 이를 기초로 개념망을 그려보거나 도표로 정리해 볼 수 있다(교육과학기술부, 2009).

(3) 주요 내용 선정

주제와 소주제가 선정되면, 다음은 주요 내용을 선정한다. 주요 내용은 주제와 소주제를 잘 반영하여 선정하되 다음과 같은 사항들을 고려한다(교육과학기술부, 2009).

첫째, 선정된 생활주제에 따라 각 주제 및 소주제에서 다루어야 할 주요 내용을 선정하여 진술할 때, 지식, 태도 및 가치, 기능의 3가지 측면을 고려하여 내용을 선정한다.

둘째, 유치원교육과정의 신체운동 · 건강, 의사소통, 사회관계, 예술경험, 자연탐구 등 5개 영역이 연계되도록 고려한다.

셋째, 주제에 따른 내용을 선정할 때에는 영유아들이 직접 경험한 내용에서 출발하도록 한다.

3) 교육내용의 조직

교육내용의 선정이 끝나면 다음 단계로 교육내용 및 교육활동을 언제, 어디서, 어떻게 가르치고 배울 것인가를 알기 쉽게 조직하는 작업이 필요하다(임재택, 1992).

교육내용의 조직은 영유아의 학습이 잘 이루어지고 교육목표를 달성할 수 있도록 체계적으로 조직되어야 한다. 교육내용을 효율적으로 조직하는 데 고려해야 할 요소에는 계속성과 계열성, 그리고 통합성이 있다(김경자, 2000).

(1) 계속성(Continuity)

계속성은 교육과정 요소 또는 교육내용이나 경험을 시간의 흐름에 따라 반복적으로 경험되도록 조직하는 것을 의미한다. 교육목표가 달성되기 위해서는 교육내용이 계속 반복적으로 조직되어야 한다는 것을 의미한다. 만약에 읽기능력이 중요한 목적이라면, 읽기능력을 개발할 수 있도록 계속 반복할 기회를 주어야 한다고 보는 것이다. 그러므로 반복성 혹은 연속성이라고도 하는데, 하나의 지식이나 기술을 완전히 습득하기 위해서 그것을 연습하고 개발할 수 있는 기회를 반복해서 제공하는 것이며, 새롭게 익혀야 하는 지식이나 기술에 익숙하도록 하는 것이 목적이다.

(2) 계열성(Sequence)

계열성은 교육과정 내용이 제시하는 시간적 순서를 의미하며, 수직적인 조직이라는 점에서 계속성과 의미가 서로 통한다. 연령이 많아질수록 그 교육과정 요소를 담고 있는 경험의 폭과 깊이가 더해지도록 조직한다. 즉, 계속성은 교육내용이 동일한 수준에서 반복 · 조직되는 것임에 비해, 계열성은 내용의 단순한 반복이 아니라 점차적으로 그 내용의 깊이와 폭이 더해가도록 조직하는 것을 의미한다.

(3) 통합성(Integration)

계속성과 계열성이 종적인 학습경험을 의미한다면, 통합성은 각 학습경험의 수평적 조직을 의미하며 이는 연계성과도 관련이 있다. 즉, 영유아가 여러 가지 활동을 하나의 통합된 의미가 되도록 조직해야 한다는 원리이다. 특히 영유아교육에서는 통합성의 원리가 매우 중요한데, 이는 영유아가 통합적으로 학습하고 발달한다는 특성 때문이다.

교육내용을 교육활동으로 조직하기 위한 원칙(Schwartz & Robinson, 1982)은 다음과 같다.

첫째, 교육내용은 구체적인 것의 학습으로부터 추상적인 것으로 조직되어야 한다. 예를 들면 영유아에게 '병아리'에 관한 활동을 구성할 경우, 영유아에게 '실제 살아 있는 병아리→병아리 인형→병아리 사진→병아리 그림→병아리 그림카드'의 방향으로 내용을 조직하는 것이다.

둘째, 교육내용은 단순한 것에서부터 복잡한 것으로 조직되어야 한다. 예를 들면, 영유아에게 색, 모양, 크기 등으로 분류 개념을 소개할 경우, 처음에는 색에 의해서만 분류하게 하고, 다음으로 두 가지 속성 즉 색과 모양으로 마지막으로 세가지 속성인 색, 모양, 크기를 모두 고려하여 분류하도록 활동을 전개하는 것이다.

셋째, 교육내용은 단순한 사실로부터 점차 개념으로 조직되어야 한다. 사실이란 구체적 사물이나 사건에 관한 각각의 경험을 말하며, 개념이란 사물이나 사건 간의 관계를 파악함으로써 형성되는 의미를 말한다. 예를 들면, 영유아에게 동식물 개념을 소개할 경우, 먼저 고양이와 장미 각각에 대한 특징을 알아보고, 다음으로 고양이와 장미 간의 공통점과 차이점을 알아보는 내용으로 조직하는 것이다.

넷째, 교육내용은 이미 알고 있는 것으로부터 시작해서 점차 모르는 것으로 조직되어야 한다. 영유아에게 제시되는 교육내용은 영유아에게 친숙한 내용을 먼저 소개한 다음 이것을 토대로 새로운 내용을 소개하는 방식을 취하는 것이다. 예를 들면 영유아에게 교통수단을 소개할 경우, 영유아에게 친숙한 승용차, 버스에서 출발하여 기차, 비행기, 배 등으로 진행한다.

4. 교수-학습방법

교수-학습방법은 교사의 철학적 신념을 토대로 선택된다.

영유아교육의 교수-학습의 기본 원리, 교수방법, 영유아의 학습방법에 대하여 살펴보면 다음과 같다(교육과학기술부, 2009: 107-112).

1) 교수-학습의 기본 원리

(1) 놀이 중심 원리

놀이 중심 원리는 교육활동이 놀이를 통해 이루어지도록 하는 것이다. 영유아의 학습에서 놀이는 학습 그 자체라고 할 수 있다. 영유아는 놀이를 하면서 놀이와 관련된 사물을 탐색하고 상황을 파악하며, 사물과 상황을 이해하는 지식, 가치 및 태도, 기능 등을 발달시킨다. 놀이가 교육적인 의미를 가지려면 교육목표와 내용에 기초하여 놀이환경과 놀이활동을 제공하고, 다양한 놀이자료를 제시하여 영유아 스스로 흥미를 가지고 선택하고 계획하고 놀이하도록 지도하는 것이 바람직하다.

(2) 생활 중심 원리

생활 중심 원리는 실제 생활환경 및 일상생활 경험을 통하여 사물이나 상황에 대한 지식과 태도, 다양한 기술을 학습하도록 하는 것을 의미한다. 학습의 시작은 영유아가 실제 생활에서 나타내 보이는 흥미와 관심, 욕구, 질문 등으로부터 시작되는 것이 바람직하다.

생활 중심의 학습을 위해서는 영유아의 매일의 일상생활과 관련된 일, 생활 주변에서 일어나는 일과 사건 등을 통하여 활동을 전개하는 것이 좋다. 실제 생활과 관련된 학습경험을 위해서는 영유아와 직접 관련된 가정, 유치원, 친구들과의 경험, 지역사회 내의 여러 직업 및 기관들, 계절과 관계된 현상들, 풍습, 국가와의 관계 등 모든 내용이 중요한 교육적 요소가 된다(교육부, 2000). 예를 들면, 등하원 시 선생님이나 친구들과 인사를 하며 인사 예절을 익히고, 간식이나 점심을 준비하고 먹으면서 식사 예절을 배우며, 신체에 필요한 영양과 건강을 유지하는 법 등을 알게 되는 것 등이다. 그 밖에도 유치원에서 갈등이 일어났을 때 서로 대화를 통해 문제를 해결하거나 이야기 나누기를 통하여 규칙을 정하고 협력을 하는 등 필요한 사회적 기술을 습득하게 된다. 또한 추석 행사를 하며 추석의 의미와 문화를 익히게 되는 것도 영유아들의 일상생활을 통한 학습경험이 된다.

(3) 개별화의 원리

개별화의 원리는 개별 영유아의 흥미 및 이해 정도에 따라 교육활동을 선정하고, 학습속도에 맞게 제시하며, 교수-학습방법을 달리 적용하는 것을 의미한다. 개인은 지능, 성격, 흥미, 욕구, 발달속도, 선행경험 등의 면에서 각자 차이가 있다. 교사는 학습자를 개별적 존대로 인정해야 하고, 그 개인에 맞는 교육활동 및 교수-학습방법을 제공해야 한다. 이를 위해 교사는 영유아의 생활과 놀이활동을 세심하게 관찰하여 영유아의 참여도, 자발성, 지속성, 발달수준 및 발달속도 등에 대해 잘 파악해야 한다.

(4) 집단 역동성의 원리

집단 역동성의 원리란 유아교육 현장에서 영유아들 간에, 그리고 영유아와 교사들 간에 서로 역동적인 힘과 영향을 주고받으면서 모든 활동에 상승적 효과를 일으키는 것을 의미한다. 바람직한 집단의 역동은 구성원들이 서로 다른 생각의 상호 교섭을 통해 다양한 정보를 공유하게 해주고, 지적 자극을 주며, 탈중심화를 촉진시키고, 서로 협동하게 해 준다. 효과적인 학습은 서로 다른 의견을 교환하고, 과제를 어떻게 해결해야 하는가에 대해 논쟁하는 가운데 일어난다. 즉, 서로 다른 성향과 수준을 가진 또래끼리의 의견교환과 협동, 문제해결을 위한 갈등과 논쟁은 타인이 나와는 다른 생각을 가질 수 있다는 것을 알게 해주며, 탈중심화를 촉진시켜 사회 · 정서적 발달 및 도덕성 발달, 그리고 지적 자극을 촉진시켜 준다.

(5) 자발성의 원리

자발성의 원리란 외부의 강제나 영향 없이 자기 내부의 원인과 힘에 의하여 학습이 이루어지는 것을 말한다. 학습은 학습자 스스로가 배우고자 하는 자발적인 의욕을 가지고 있을 때 가장 효과적으로 이루어진다. 즉, 동기가 내재된 학습을 하는 것이 중요함을 일컫는 것으로, 이는 흥미의 원리, 자기활동의 원리라고도 한다. 일반적으로 영유아의 자발성 · 자기활동성은 저절로 발동하는 것이 아니라 눈앞의 대상에 관심을 갖거나 어떤 상황 속에서 의문을 품고, 그 의문을 해결하고 싶은 생각이 들었을 때 발동하며, 정보나 지식의 수용이 많으면 많을수록 자발성의 정도는 크게 작용한다. 내적 동기유발을 위한 방법으로는 영유아 자신이 학습활동의 목적을 가질 수 있게 하고, 과제나 교재 교구를 영유아의 발달수준 또는 성향에 맞추어 제시하는 방법이 있으며 수용적인 분위기를 만들어 주는 것 등이 있다.

(6) 융통성의 원리

융통성의 원리는 상황에 따라 적절하게 영유아들의 흥미나 욕구, 우발적인 사태 등을 고려하여 활동내용이나 방법, 자료 등을 변경하는 것이다. 교사는 일과, 활동 상황과 놀이상황 등에서 영유아들의 흥미나 욕구, 교육적 필요에 따라 순발력 있게 여러 요인들을 반영해야 한다.

2) 교수 방법

(1) 인정하기

인정하기란 영유아에게 관심을 기울여 주고, 긍정적인 격려를 해주는 것을 말한다. 교사가 영유아의 느낌이나 생각, 행동, 영유아의 활동을 인정해주면 영유아는 더욱 즐겁게 생활하고 활동에 참여할 수 있으며, 활동의 지속성이 길어질 수 있다. 인정하기는 격려하기, 칭찬하기, 수용하기 등 이를 표현하는 방법으로는 안아 주기, 따뜻한 눈빛 보내기, 미소 짓기, 긍정적 언어표현 등이 있다. 이들 중 지나친 칭찬은 오히려 활동에 대한 영유아의 동기를 약화시킬 수도 있으므로 적절한 수준으로 인정해주고, 또한 사실에 근거하여 긍정적이고 명확하게 인정하며 격려하도록 한다.

(2) 지원하기

지원하기란 영유아가 다음 단계로 도약하도록 과제해결에 도움을 주는 것을 말한다. 지원하기의 방법으로는 상황에 따라 사고의 확장을 돕는 확산적 질문 또는 새로운 자료제공, 지식 및 정보지원, 물리적 환경개선 등을 활용할 수 있다. 교사가 영유아의 활동진행 사항이나 생각의 진행과정을 세심하게 관찰하여, 영유아 스스로 해결하고 싶지만 다른 사람의 도움이 없으면 해결하기 어려운 과제에서 효과적인 지원하기가 이루어질 수 있다.

(3) 함께 문제 해결하기

함께 문제 해결하기는 문제나 과업의 과정을 영유아와 함께 생각하고 조사하며, 배우고 해결해 나가는 것을 의미한다. 문제나 과업을 해결해가는 과정에서 교사가 즉시 답을 알려 주는 것보다 영유아와 함께 공동의 학습자가 되어 영유아가 문제

해결과정을 경험해 가도록 도울 수 있다.

(4) 시범 보이기

시범 보이기는 어떤 사항을 영유아에게 구체적으로 지도하기 위해 교사가 활동에 적극적으로 참여하여 보여주는 행동을 말한다. 영유아는 교사가 직접 활동을 시범 보이는 것을 관찰하며 더욱 쉽게 익히거나 이해할 수 있다. 시범 보이기는 영유아의 활동에서 꼭 필요한 정보를 주고자 할 때 지시적이거나 의도적으로 활용된다. 예를 들어, 학기 초에 교사는 '화장실 사용법' 혹은 '교구 사용법'을 지도할 때 시범 보이기를 사용할 수 있다.

(5) 모범 보이기

모범 보이기는 영유아가 본받아 배울 만한 적절한 행동 양식을 행동 또는 암시나 자극 등을 사용하여 보여주는 것을 말한다. 모범 보이기는 직접적이거나 지시적인 성격을 띠지 않는다. 교사는 영유아에게 기대하는 행동 즉, 바르게 말하기, 정리정돈하기, 공손한 태도, 골고루 먹기 등을 교사 자신이 매일의 생활에서 실천함으로써 모범 행동을 보일 수 있다.

(6) 지도하기

지도하기는 영유아가 과제를 수행하는 과정에서 교사가 필요한 정보나 지식을 전달할 때와 보다 바람직한 행동과 태도를 기르고자 할 때 활용할 수 있는 방법이다. 예를 들면, 밥을 먹기 전에는 '손 씻고 먹자.'라고 지도할 수도 있고, 밥을 먹을 때 음식을 함부로 버리거나 장난치는 영유아에게 '음식은 귀한 것이란다. 처음부터 먹을 만큼만 덜어 먹자.'라고 지도할 수도 있다. 이때 교사가 지도의 의도를 명확히 할수록 학습과정에서 시행착오가 줄어든다.

또한 지도하기는 설명하기를 활용할 수도 있다. 유아교육에서 자주 활용되는 방법은 아니지만 사회생활 속에서 자연 발생적으로 형성되기를 기대할 수 없고, 영유아들의 탐색이나 탐구 등의 방식으로는 획득될 수 없는 유형의 지식을 영유아에게 직접적으로 전달할 때 활용된다. 설명하기를 효과적으로 하기 위해 교사는 영유아의 주의를 끌 만한 시청각 자료, 구체적 사례, 다양한 관련 자료들을 사용할 수 있다.

3) 영유아의 학습방법

(1) 탐구하기

탐구하기는 영유아가 어떤 사건, 사태, 현상, 사물, 사람 등을 자세하게 살펴서 무엇을 찾아가는 과정을 의미한다. 즉, 탐구하기는 어떤 것을 인식하고 탐색하며 추론하는 과정이다. 영유아는 탐구하는 과정에서 호기심을 발휘할 수 있으며, 보고, 듣고, 만지고, 냄새 맡는 등 감각을 활용하여 적극적으로 관찰하고, 몸으로 느끼며 유추하고, 예측하여 관계 짓고 감정을 이입하는 등의 다양한 사고를 경험한다. 또한 영유아는 이러한 경험을 기초로 새로운 사실이나 방법을 이해하며 사건, 사물, 사람 또는 개념들이 가지고 있는 일반적이고 객관화된 의미를 이해해 간다.

(2) 문제 해결하기

문제 해결하기는 영유아가 문제상황에 대하여 그 원인과 해결방안을 찾아보는 것이다. 영유아들이 경험하는 문제상황은 신체와 관련된 문제, 정서와 관련된 문제, 대인관계 문제, 물리적인 문제 등이 있으며, 이러한 문제를 해결하기까지의 전개과정은 문제의 정의, 문제해결과 관련된 정보수집, 해결방안을 찾아서 적용하기, 장 · 단점을 평가하여 새로운 방법을 다시 적용하기 등으로 이루어진다. 교사는 가능하면 영유아가 스스로 문제를 알아차리고 해결해 가도록 해야 한다.

(3) 자기 표현하기

자기 표현하기는 영유아가 자연적인 발달 또는 의도적인 교수-학습의 결과로 얻게 된 느낌과 생각을 다양한 활동 형태로 표현하는 것이다. 영유아가 자기를 표현하는 방식으로는 역할놀이, 게임, 신체 표현 등의 행동적 표현, 그리기, 만들기, 꾸미기, 전시하기 등의 조형적 표현과 문제를 해결하기 위해 감정이나 방법을 말로 표현하거나, 이야기 나누기 등의 언어적 표현이 있다. 영유아는 자기 표현을 통해 자기의 생각과 감정을 명확하게 알게 되고 타인의 생각도 공유하게 된다.

(4) 활용하기

활용하기는 영유아가 익히고 이해하거나 알게 된 지식과 정보, 느낌, 방법 등을 다른 활동이나 상황에서 활용하는 것을 말한다.

교수-학습방법은 교사의 철학적 · 심리학적 신념에 기초하여 선택된다. 이러한 견해에 의하면 교수-학습환경을 조직하는 것과 교수-학습방법의 전략을 결정하는 것은 교사 자신의 교육철학과 일치한다.

교수-학습전략은 교사가 어떤 활동을 어떤 교구를 사용하고, 어떻게 활동을 주도하여 설정한 목적을 달성할 것인가의 문제이므로 교육목적과 목표를 달성하기 위한 수단인 '어떻게(How)'의 문제인 것이다(Eliason &J enkins, 1990).

교사의 신념에 기초하여 교수방법이 선택되고 결정된다고 볼 때, 이러한 신념은 대체로 행동주의 입장, 성숙주의 입장, 상호작용주의 입장으로 분류된다.

행동주의 이론에서의 교수방법은 교사의 사전 계획, 준비된 교수-학습, 직접적인 교수의 형태, 집단활동 시간을 강조하며, 계획된 교수-학습과정과 통제적인 학급분위기를 유지하는 특징을 보인다. 고정된 교육내용의 범위와 계열성을 지니고 있어서 반복성과 누적성에 의한 교수–학습전략이 주된 전략이다.

성숙주의 이론에서의 교수방법은 교사의 의도적인 교수활동보다는 준비된 환경을 강조한다. 교사는 자신의 역할을 양육자 또는 안내자로 인식하며 행동규준 목록표에 근거한 활동들이 영유아의 연령에 따라 선정된다. 학습과 발달은 영유아가 지니고 있는 내적 잠재능력의 개화에 의해 자연스럽게 이루어진다고 보기 때문에 자유놀이를 강조한다.

상호작용주의 이론에서 교수방법은 교사가 적극적인 중재와 지적 도전자, 관찰자, 참여자, 촉진자의 역할을 한다. 비록 영유아의 흥미와 관심에 따라 활동이 선택되고 전개되지만, 영유아를 관찰한 결과를 토대로 하여 교사는 활동 중에 적극적인 개입도 한다.

우리나라 유치원 교육과정(교육과학기술부, 2013)에서는 교수–학습방법으로

첫째, 놀이를 중심으로 교수 · 학습활동이 이루어지도록 한다.

둘째, 영유아의 흥미를 중심으로 활동을 선택하고 지속할 수 있도록 한다.

셋째, 영유아의 생활 속 경험을 소재로 하여 지식, 기능, 태도 및 가치를 습득하도록 한다.

넷째, 영유아와 교사, 영유아와 영유아, 영유아와 환경 간에 능동적인 상호작용이 이루어지도록 한다.

다섯째, 주제를 중심으로 여러 활동이 통합적으로 이루어지도록 한다.

여섯째, 실내외 활동, 정적 · 동적 활동, 대 · 소집단 활동 및 개별활동, 휴식 등이 균형 있게 이루어지도록 한다.

일곱째, 영유아의 관심과 흥미, 발달이나 환경특성 등을 고려하여 개별 영유아에게 적합한 방식으로 학습하도록 한다.

이상에서 서로 다른 신념과 가치, 목적과 목표, 교수전략에 대해 정리하였다. 그러나 어떤 특정 교육과정의 유형이나 프로그램이 모든 영유아들의 성장과 발달을 이끄는 데 가장 효과적인 것이라도 단언할 수는 없다. 영유아들마다 다양한 특성

을 지니고 있으며, 독특한 문화적, 사회적, 경제적인 배경을 가지고 있기 때문이다. 이처럼 복합적인 요소로 고려해 볼 때, 다양한 전략 간의 상대적인 비교를 통한 우월성을 논할 수 없음을 이해하게 된다.

5. 평가

평가는 교육과정 구성요소의 중요한 부분으로 구성된 교육과정을 실제에서 운영해 보고 그 결과를 확인해 보는 과정이다. 따라서 교육과정 구성 및 교육활동이 영유아가 균형있게 발달하도록 구성되었는지, 교육과정을 실행하는 방법 및 수준이 영유아에게 적절하며 그 효과가 있는지 알아보기 위해 교육평가는 반드시 필요한 과정이다.

영유아교육과정에서 평가의 대상, 교육과정 평가, 영유아 평가에 대하여 살펴보면 다음과 같다.

1) 평가의 대상

평가란 사물이나 일에 대하여 가치를 판단하고 평정하는 것이다. 가치를 판단하는데 있어서 평가의 준거는 평가의 대상과 평가의 내용을 말하며, 평가의 기준은 평가 방법을 말한다.

평가대상에 따라 영유아교육과정에 대한 평가와 영유아에 대한 평가로 구분한다. 영유아교육과정 평가의 궁극적인 목적은 교수-학습방법의 개선, 교육과정의 편성과 운영의 개선 등 교육의 질 향상을 위한 것이다. 따라서 교육과정 평가는 교육과정의 질 향상에 중요한 역할을 하며, 영유아 평가는 영유아 이해를 바탕으로 이들의 지원을 결정하는 과정에 중요한 영향을 미친다.

2) 교육과정 평가

교육과정 평가는 영유아의 요구 및 발달에 적합한 교육과정을 계획하고, 영유아의 발달을 위한 교수–학습과정을 개선하며, 나아가 학부모와의 효과적인 상담과 영유아의 발달정도 확인을 위한 자료수집을 통해 의사를 결정하는 과정이다. 즉, 교육과정 평가는 교육과정을 구성하고, 그 구성된 교육과정을 실제 운영해 보고, 그 운영의 결과를 확인해 보는 일련의 과정을 의미한다. 따라서 교육과정 평가란 교육과정 구성요소인 교육목표, 교육내용, 교육방법, 교육평가에 대한 일련의 평가를 말하며, 이들은 지속적으로 긴밀한 관계를 가진다.

3) 영유아 평가

영유아 평가는 교육과정이나 교육프로그램을 영유아에게 적용한 후, 영유아의 인지나 행동변화를 분석 · 확인하여 교육과정의 성공여부를 확인하기 위하여 실시된다. 영유아 평가의 목적은 제공된 교육과정에 근거하여 영유아의 목표와 발달 성취도를 평가함으로써 영유아의 성장 및 발달을 이해하는 데 있다.

따라서 영유아 평가자료는 영유아의 발달수준과 요구에 따라 교육내용과 계획 및 의사결정을 하는 데 유용하게 쓰이며, 부모에게 영유아의 발달수준과 변화를 알림으로써 영유아에 대한 이해를 증진시키는 데 사용된다.

영유아 평가는 영유아 각각의 특성에 맞게 평가해야 한다. 그러나 평가시에는 주관적인 평가를 배제하고 객관화하여야 하며, 평가목적에 적합한 평가도구를 선택하여 정기적으로 실시하여야 한다. 이때 교사는 평가자료가 영유아의 전체 발달 수준을 이해하기 위한 보조자료임을 명백히 하고 관리를 철저히 하되, 교육적이고 실질적인 자료를 수집하여야 한다.

참고문헌

김경자(2000). **학교교육과정론**. 경기: 교육과학사.

김숙자(1987). **유아교육과정**. 서울: 문음사.

김영희, 유경애(2009). **유아교육과정**. 서울: 동문사.

교육부(2000). **유치원 교육활동 지도서**.

교육과학기술부(2009). **유치원 지도서**.

이기숙, 김정원, 이현숙, 전선옥(2013). **영유아교육과정**. 서울: 공동체.

이기숙(1992). **유아교육과정**. 서울: 창지사.

이선원, 김신덕, 노수명, 이은정, 손윤경(2007). **영유아보육과정**. 서울: 교문사.

임재택(1992). **현대유아교육과정**. 서울: 양서원.

Chapter 3

우리나라의 영유아교육과정

핵심개념

유아교육과정 | 표준보육과정 | 누리과정

1. 유치원교육과정 제정 이전

1) 초창기(1897~1948) 유아교육

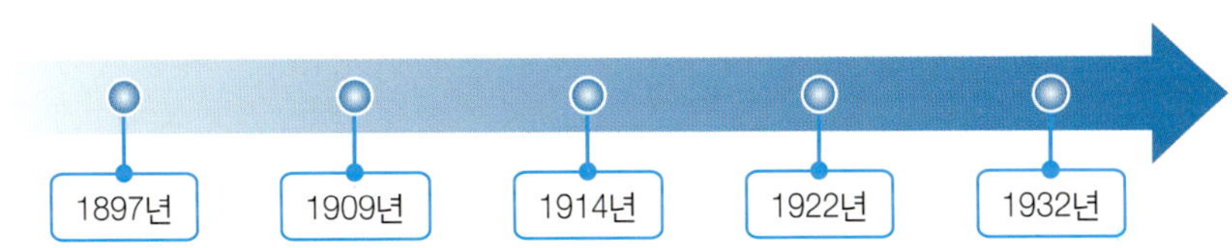

1897년 부산 유치원은 우리나라 최초의 유치원으로서 일본인 자녀를 대상으로 교육이 이루어졌다. 프뢰벨(Fröebel)의 교육사상과 이론에서 일본의 사상이 가미된 통제적, 규제적, 집단적 생활을 강조하였다. 1909년 함경북도의 나남 유치원은 우리나라 어린이들이 교육을 받을 수 있었던 최초의 유치원으로 일본인 교사에 의해 교육이 이루어졌으며, 1914년 기독교 정신에 입각한 이화유치원은 Brown Lee에 의해 설립되었다. 1922년에는 조선 교육령이 공포되면서 최초로 유치원에 관한 규정을 법률화하였으며, 특히, 1920년대에는 진보주의 교육경향이 대두되면서 아동의 흥미중심, 생활중심, 경험중심의 교육이 강조되었다. 1932년 Patty Smith Hill의 「활동에 기초한 아동교육법」은 비형식적 교육과 자발적 활동과 행동을 강조하였으

며, 우리나라의 유치원교육에 오랫동안 영향을 주었다. 1930년대는 '우리의 교육은 우리의 손으로 보다 많은 아이들에게 교육의 기회를 제공하자.'라는 목소리가 커지기 시작하였으며 놀이를 통한 아동중심교육이 대두되었다. 그 후 일제 말기에 접어들면서 총독부의 탄압으로 많은 유치원과 보육학교가 폐쇄되기도 하였다.

2) 대한민국 수립 후(1945~1968) 유아교육

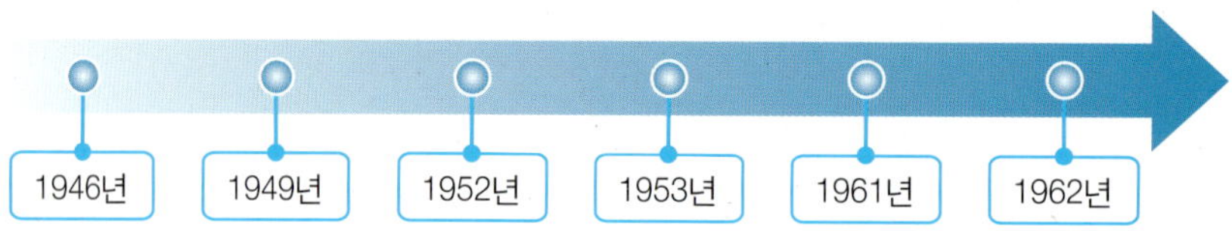

1946년 유치원이 학령전 교육으로 포함되고, 광복 이후 1949년에는 최초의 「교육법」이 제정 공포됨에 따라 유치원교육에 대한 최소의 법적 근거가 마련되었다. 이후 유치원 교육과정에 대한 법적 규정이 마련됨으로써 유아교육이 정규 교육제도로 진입하게 되었다. 1952년에는 「교육법 시행령」이 공포되었으며 유치원에 관한 설립인가와 원아 수, 보육과목, 보육일수 등이 명시되었고, 1953년에는 「교육공무원법」의 제정으로 유치원 교원의 자격이 가시화되었다. 또한 1960년까지 문교부의 사회교육과에서 유치원 장학행정을 담당하던 것이 1961년부터는 초등교육과로 담당이 옮겨졌으며, 1962년 「유치원 시설 기준령」이 제정됨에 따라 유치원의 위치, 시설, 설비, 교구, 소방시설 등에 관한 기준이 명시되었다. 또한, 유아교육의 질적 향상을 위해 1962년 국가가 처음으로 유치원 교사를 대상으로 16주 200시간의 단기 특별 교육과정을 실시하였다.

2. 제1차~2007 개정 유치원교육과정

제1차 유치원교육과정에서부터 2007 개정 유치원교육과정까지의 교육목표, 교육과정의 구성, 교육일수 및 특징에 대하여 살펴보면 〈표 3-1〉과 같다.

〈표 3-1〉 우리나라 유치원교육과정의 변천

유치원 교육과정	제1차 유치원교육과정 (1969~1979)	제2차 유치원교육과정 (1979~1981)	제3차 유치원교육과정 (1981~1987)	제4차 유치원교육과정 (1987~1992)	제5차 유치원교육과정 (1992~1998)	제6차 유치원교육과정 (1998~2007)	2007년 개정 유치원교육과정 (2007~2012)
	1969.2.19. 문교부령 제207호	1979.3.1. 문교부령 제424호	1981.12.31. 문교부고시 제442호	1987.6.30. 문교부고시 제87-9호	1992.9.30. 교육부 고시 제1992-15호	1998.6.30. 교육부 고시 제1998-10호	2007.12.13. 교육인적자원부고시 제2007-153호
교육 목표	• 건전한 신체와 정신, 행복하게 생활할 수 있는 유능한 한국 국민	• 자아실현 및 국가 의식의 고양과 민주적 가치 강조	• 기본적인 감각 기능과 운동 기능을 기르고 신체의 조화로운 발달 • 기초적인 언어 기능 습득 • 긍정적인 자아 개념 형성과 창의적 표현 • 자연 및 사회 현상에 대한 기초적 이해와 문제 해결력 습득 • 가족과 이웃을 사랑하는 태도의 습득 및 기본적인 예절과 규범 습득	• 건강과 안전에 대한 올바른 생활습관과 신체의 조화로운 발달 도모 • 다른 사람의 말을 이해하고, 자기 생각을 말로 표현할 수 있는 기초능력을 가지게 함 • 주변 현상에 대해 관심을 가지며 이를 알아보려는 태도를 가지게 함 • 자신의 일에 자부심을 가지며 생활 주변에서의 느낌과 생각을 자기 나름대로 표현하게 함 • 일상생활에 필요한 기본적인 생활습관을 기르고, 가족과 이웃을 사랑하는 마음을 지니게 함	• 교육법에 명시된 유치원 교육의 목적과 목표를 기본으로 함 • 건강한 사람, 자주적인 사람, 창의적인 사람, 도덕적인 사람을 이상적 인간상으로 추구	• 몸과 마음이 건강하게 자랄 수 있는 경험을 가짐 • 기본생활습관을 기르고, 다른 사람과 더불어 생활하는 태도를 가짐 • 생각과 느낌을 창의적으로 표현하는 경험을 가짐 • 바르게 언어를 사용하는 경험을 가짐 • 일상생활의 문제에 대하여 스스로 궁리하는 태도를 가짐	• 몸과 마음을 건강하게 하며 기본생활 습관을 기름 • 더불어 사는 태도와 우리 전통문화를 사랑하는 마음을 가짐 • 자신의 생각과 느낌을 자유롭고 창의적으로 표현하는 경험을 가짐 • 의사소통을 위한 언어능력을 기르며, 바른 언어 사용 습관을 기름 • 호기심을 가지고 주변 세계를 탐구하며 자연을 존중하는 태도를 가짐

교육 과정의 구성	〈생활 영역〉 • 건강 • 사회 • 자연 • 언어 • 예능	〈발달 영역〉 • 사회 · 정서발달 • 인지발달 • 언어발달 • 신체발달 및 건강	〈발달 영역〉 • 신체발달 • 정서발달 • 언어발달 • 인지발달 • 사회성 발달	〈발달 영역〉 • 신체발달 • 정서발달 • 언어발달 • 인지발달 • 사회성 발달	〈생활 영역〉 • 건강 생활 • 사회 생활 • 표현 생활 • 언어 생활 • 탐구 생활	〈생활 영역〉 • 건강 생활 • 사회 생활 • 표현 생활 • 언어 생활 • 탐구 생활	〈생활 영역〉 • 건강 생활 • 사회 생활 • 표현 생활 • 언어 생활 • 탐구 생활
교육 일수	• 연간 200일 이상 • 하루 3시간	• 연간 200일 • 하루 3~4시간 • 주간 18~24시간	• 연간 180일 이상 • 하루 3~4시간	• 연간 180일 이상 • 하루 3시간	• 연간 180일 기준 • 하루 180분	• 연간 180일 • 하루 180분	• 연간 180일 • 하루 180분
특징	• 유치원교육의 필요성과 유아기의 특징인 신체, 사회, 인지, 정서적 특징을 서술 • 듀이(Dewey)의 경험중심 교육과정의 영향이 컸으며 생활 영역별로 교육과정의 조직을 구분 • 최초의 유치원 교육과정에서 유치원교육의 특징을 명확히 제시	• 국민교육헌장 이념의 구현을 위해 국민적 자질의 함양, 인간 교육의 강화, 지식 · 기술교육의 쇄신을 기본방침으로 함 • 지식 구조의 이해, 기본 개념의 파악, 탐구방법을 강조한 점은 학문중심 교육과정의 성격을 띠고 있음 • 당시 경제개발 5개년 계획의 추진에 여성 노동 의존도가 높아지고 장기 종합 교육계획(1972~1986)에 따라 유치원의 교육적 · 사회적 기능을 강조	• 교육 과정 구성의 '기본 방침'과 '일반 목표'는 '교육과정 구성의 방향'으로 통합 • 교육과정의 '구성 방침', '운영 방침', '지도상의 유의점'도 '계획 지도', '평가'로 재구성 • 평가에 대한 지침 제시 • 부모교육이 강조되고 긍정적인 자아 개념의 강조와 문자 기초 기능을 첨가	• 문교부가 현장 실태조사와 요구 조사 등 기초 연구를 통해 교육과정 개정의 기본방향을 설정하여 유 · 초 · 중등교육과정이 함께 고시 • 유치원 교육과정이 전인발달을 위한 교육임을 강조 • 5개 발달 영역의 통합적 구성, 개별화 학습, 경험과 놀이의 구체적, 직접적인 성격을 강조. • 기능 중심의 문자 쓰기 지도를 지양	• 우리나라 최초로 지방분권형 교육과정으로 전환한 교육과정의 시기로서 각 시 · 도 교육감이 지역의 특수성과 유치원의 실정에 맞게 실시하는 것으로 유치원의 자율성을 보장 • 종일제 운영에 관한 지침을 유치원에 제시하도록 함(취업모의 증가에 따른 사회적 요구 반영) • 유아의 흥미, 발달 수준의 고려, 놀이 중심의 통합적 접근이라는 유치원 교육의 기본적인 성격을 승계	• "21세기 정보화 · 세계화 시대를 주도적으로 이끌어 나갈 수 있는 자율적이고 창의적인 한국인 육성"이라는 시대적, 교육적 요청에 따름 • 수준별 교육내용의 연속성을 체계화하고 교육내용을 적정화하는 데 중점 • 만들어가는 교육과정으로의 전환을 강조하여 교육과정의 편성 · 운영의 자율성, 융통성, 창의성 강조 • 수준별 교육내용의 연속성과 종일반, 일과 운영에 대한 지침 기술	• 유 · 초 · 중 · 고로 이어지는 각급 학교의 의미로 학교 간의 연계가 원활하게 이루어질 수 있는 여건 조성 • 5개 생활 영역을 고루 반영하여 교육목표를 영역 간 연계되도록 진술 • 생활 영역별로 교육과정 내용을 제시하였으며 전 영역에서 창의성을 강조

3. 3~5세 연령별 누리과정

1) 누리과정의 도입배경 및 의의[1)]

영유아기는 인지 · 정서 · 사회 영역 등의 기초능력이 집중적으로 형성되는 시기로서, OECD(2006)의 Starting strong(Ⅱ)에 보고된 바에 의하면 영유아를 대상으로 투자를 할 경우, 각 생애단계별 투자비용을 동일하게 산정했을 때 회수비율이 가장 크게 나타난다는 것을 알 수 있다. 또한 생애 초기 가정환경과 양육자의 소득 차이로 인한 기본학습능력의 격차는 누적적 교육의 격차를 발생시키며, 유아교육 기관을 경험하거나 유아기에 질 높은 교육을 받은 아이들이 초등학교 이후에도 학교 성적이 우수한 것으로 나타났다. 이에 정부는 생애 초기 출발점 평등을 보장하고, 유아기 단계에서 교육의 질을 제고하기 위하여 2011년 만 5세 공통과정을 도입할 것임을 발표하였고, 이원화되어 있는 유치원교육과정과 어린이집 표준보육과정을「5세 누리과정」으로 일원화하였다. 이어서 2012년에는 제3차 위기관리대책위원회의에서 유아교육 · 보육에 대한 국가의 책임을 강화하기로 결정하였고, 2013년에는「3~4세 누리과정 도입 계획」을 발표하였다. 3~5세 연령별 누리과정의 영역 구성은 다음 [그림 3-1]과 같다.

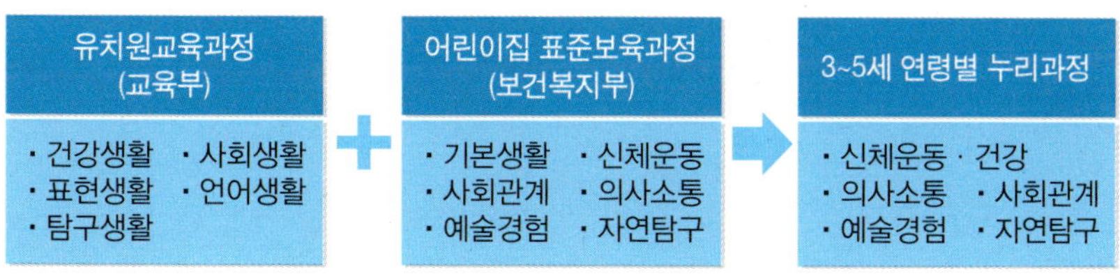

[그림 3-1] 3~5세 연령별 누리과정 영역

1) '교육과학기술부, 보건복지부(2013). 3-5세 연령별 누리과정 해설서. 교육과학기술부 고시 제2012-16호, 보건복지부 고시 제2012-82호'와 '교육과학기술부, 보건복지부(2012). 5세 누리과정 해설서. 교육부 고시 제2011-30호, 보건복지부 고시 제2011-106호'의 내용을 수정 보완.

2) 3~5세 연령별 누리과정 제정의 특성[2)]

① 총론의 내용 강화

② 5세 누리과정의 구성 방향과 구성 체계를 유지

③ 영역별 목표 제시 및 연령별 내용 구성

④ 기본생활습관과 인성교육 지속 강조

⑤ 초등학교 교육과정 및 0~2세 표준보육과정과의 연계성 고려

3) 3-5세 연령별 누리과정의 구성 방향[3)]

① 질서, 배려, 협력 등 기본생활습관과 바른 인성을 기르는 데 중점을 두어 구성한다.

② 자율성과 창의성을 기르는 데 중점을 두고, 전인발달을 이루도록 구성한다.

③ 사람과 자연을 존중하고, 우리 문화를 이해하는 데 중점을 두어 구성한다.

④ 만 3~5세아의 발달특성을 고려하여 연령별로 구성한다.

⑤ 신체운동 · 건강, 의사소통, 사회관계, 예술경험, 자연탐구의 5개 영역을 중심으로 구성한다.

⑥ 초등학교 교육과정과 0~2세 표준보육과정과의 연계성을 고려하여 구성한다.

2) 교육과학기술부, 보건복지부(2013). 3-5세 연령별 누리과정 해설서. 교육과학기술부 고시 제2012-16호, 보건복지부 고시 제2012-82호, pp.11-12에서 발췌.

3) 교육과학기술부(2015). 유치원 교육과정 개정 고시문. 교육과학기술부 고시 제2015-61호, p.2에서 발췌.

4) 3~5세 연령별 누리과정의 목적과 목표[4)]

(1) 목적

누리과정은 만 3~5세 유아의 심신의 건강과 조화로운 발달을 도와 민주시민의 기초를 형성하는 것을 목적으로 한다.

(2) 목표

① 기본운동능력과 건강하고 안전한 생활습관을 기른다.

② 일상생활에 필요한 의사소통 능력과 바른 언어 사용 습관을 기른다.

③ 자신을 존중하고 다른 사람과 더불어 생활하는 능력과 태도를 기른다.

④ 아름다움에 관심을 가지고 예술경험을 즐기며, 창의적으로 표현하는 능력을 기른다.

⑤ 호기심을 가지고 주변 세계를 탐구하며, 일상생활에서 수학적 · 과학적으로 생각하는 능력과 태도를 기른다.

5) 3~5세 영역별 누리과정의 내용범주[5)]

이상과 같은 구성방향, 목적 및 목표하에 제시된 내용 범주는 다음 〈표 3-2〉와 같다.

4) 교육과학기술부(2015). 유치원 교육과정 개정 고시문. 교육과학기술부 고시 제2015-61호, p.2에서 발췌.

5) 교육과학기술부(2015). 유치원 교육과정 개정 고시문. 교육과학기술부 고시 제2015-61호, pp.8-17에서 발췌.

〈표 3-2〉 3-5세 영역별 누리과정의 내용범주

구분	신체운동 · 건강	의사소통	사회관계	예술경험	자연탐구
내용 범주	• 신체인식하기 • 신체조절과 기본 운동하기 • 신체활동에 참여하기 • 건강하게 생활하기 • 안전하게 생활하기	• 듣기 • 말하기 • 읽기 • 쓰기	• 나를 알고 존중하기 • 나와 다른 사람의 감정 알고 조절하기 • 가족을 소중히 여기기 • 다른 사람과 더불어 생활하기 • 사회에 관심 갖기	• 아름다움 찾아보기 • 예술적 표현하기 • 예술 감상하기	• 탐구하는 태도 기르기 • 수학적 탐구하기 • 과학적 탐구하기

6) 3~5세 누리과정 영역별 성격, 목표 및 내용[6)]

(1) 신체운동 · 건강 영역

① **성격:** 신체운동 · 건강 영역은 유아가 자신의 신체를 긍정적으로 인식하고 신체활동에 즐겁게 참여함으로써 유아기에 필요한 기본운동능력과 기초체력을 기르고, 건강하고 안전한 생활을 실천하는 능력과 태도를 기르기 위한 영역이다.

② **목표:** 기본운동능력과 건강하고 안전한 생활습관을 기른다.

가. 감각능력을 기르고, 자신의 신체를 긍정적으로 인식한다.

나. 신체를 조절하고 기본 운동능력을 기른다.

다. 신체활동에 즐겁게 참여한다.

라. 건강한 생활습관을 기른다.

마. 안전한 생활습관을 기른다.

③ **내용:** 신체운동 · 건강 영역의 내용 범주는 '신체 인식하기', '신체조절과 기본 운동하기', '신체활동에 참여하기', '건강하게 생활하기', '안전하게 생활하기'의

6) 교육과학기술부, 보건복지부(2013). 3-5세 연령별 누리과정 해설서. 교육과학기술부 고시 제2012-16호, 보건복지부 고시 제2012-82호, pp.38-159에서 발췌.

다섯 가지 내용범주로 구성되어 있으며 세부 내용은 부록 〈표 10-1〉과 같다.

(2) 의사소통 영역

① **성격**: 의사소통 영역은 언어의 기본형태인 구어와 문어를 활용하여 나와 다른 사람의 느낌이나, 생각, 경험을 상황과 상대방에 알맞게 소통할 수 있는 능력을 기르는 영역이다. 또한 말과 글의 관계를 알고 읽기와 쓰기에 흥미를 가져 언어사용을 즐기도록 하는 영역이다.

② **목표**: 일상생활에 필요한 의사소통 능력과 바른 언어 사용 습관을 기른다.

가. 다른 사람의 말을 주의 깊게 듣는 태도와 이해하는 능력을 기른다.

나. 자신의 생각과 느낌을 말하는 능력을 기른다.

다. 글자와 책에 친숙해지는 경험을 통하여 글자모양을 인식하고 읽기에 흥미를 가진다.

라. 말과 글의 관계를 알고 자신의 생각, 느낌, 경험을 글로 표현하는 데 관심을 가진다.

③ **내용**: 의사소통 영역의 내용범주는 '듣기', '말하기', '읽기', '쓰기'로 이루어져 있으며, 세부 내용은 부록 〈표 10-2〉와 같다.

(3) 사회관계 영역

① **성격**: 사회관계 영역은 유아가 자신을 알고 소중하게 여기며 가족, 또래와 함께 원만하게 지내는 방법뿐 아니라 공동체에서 함께 살아가는 방법을 익히고 사회에 관심을 가지며 적응해 나갈 수 있는 기초능력과 인성을 기르기 위한 영역이다.

② **목표**: 자신을 존중하고 다른 사람과 더불어 생활하는 능력과 태도를 기른다.

가. 자신을 소중히 여기며 자율성을 기른다.

나. 자신과 타인의 감정을 알고, 자신의 감정을 적절하게 표현하고 조절한다.

다. 가족과 화목하게 지내며 서로 협력한다.

라. 친구, 공동체 구성원들과 서로 돕고, 예의 · 규칙 등 사회적 가치를 알고 지킨다.

마. 우리 동네, 우리나라, 다른 나라에 관심을 가진다.

③ **내용**: 사회관계 영역의 내용범주는 '나를 알고 존중하기', '나와 다른 사람의 감정알고 조절하기', '가족을 소중히 여기기', '다른 사람과 더불어 생활하기', '사회에 관심 갖기'로 이루어져 있으며, 세부 내용은 부록 〈표 10-3〉과 같다.

(4) 예술경험 영역

① **성격**: 예술경험 영역은 유아가 친근한 주변 환경에서 발생하는 소리, 음악, 움직임과 춤, 모양과 색 등의 미술요소에서 아름다움을 느끼고, 또래와 교사, 부모, 지역사회의 주민이나 작가가 표현한 예술작품을 가까이 접하면서, 이를 탐색하고 창의적으로 표현하는 것을 즐기며 감상하기 위한 영역이다.

② **목표**: 아름다움에 관심을 가지고 예술경험을 즐기며, 창의적으로 표현하는 능력을 기른다.

가. 자연과 주변 환경에서 발견한 아름다움과 예술적 요소에 관심을 갖고 탐색한다.

나. 자신의 생각과 느낌을 음악, 움직임과 춤, 미술, 극놀이를 통해 창의적으로 표현하는 것을 즐긴다.

다. 자연과 다양한 예술작품을 감상하며, 풍부한 감성과 심미적 태도를 기른다.

③ **내용**: 예술경험 영역의 내용범주는 '아름다움 찾아보기', '예술적 표현하기', '예술 감상하기' 로 이루어져 있으며, 세부 내용은 부록 〈표 10-4〉와 같다.

(5) 자연탐구 영역

① **성격**: 자연탐구 영역은 유아가 자신을 둘러싸고 있는 주변 세계에 대해 호기심을 가지고 궁금한 것을 해소하기 위해 탐구하며, 일상생활에서 부딪치는 현상이나 문제해결을 통해 수학적 · 과학적으로 생각하는 기초능력과 태도를 기르기 위한 영역이다.

② **목표**: 호기심을 가지고 주변 세계를 탐구하며, 일상생활에서 수학적 · 과학적으로 생각하는 능력과 태도를 기른다.

가. 주변의 사물과 자연세계에 대해 알고자 하는 호기심을 가지고 탐구하는 태도를 기른다.

나. 생활 속의 여러 상황과 문제를 논리 · 수학적으로 이해하고 해결하기 위한 기초 능력을 기른다.

다. 주변의 관심 있는 사물과 생명체 및 자연현상을 탐구하기 위한 기초능력을 기른다.

③ **내용구성**: 자연탐구 영역의 내용범주는 '탐구하는 태도 기르기', '수학적 탐구하기', '과학적 탐구하기'로 이루어져 있으며, 세부 내용은 부록 〈표 10-5〉와 같다.

7) 3~5세 연령별 누리과정의 운영방향[7)]

(1) 편성

① 1일 4~5시간을 기준으로 편성한다.

② 5개 영역의 내용을 균형 있게 통합적으로 편성한다.

7) 교육과학기술부(2015). 유치원 교육과정 개정 고시문. 교육과학기술부 고시 제2015-61호, pp.2-4에서 발췌.

③ 유아의 발달특성 및 경험을 고려하여 놀이를 중심으로 편성한다.
④ 반(학급) 특성에 따라 융통성 있게 편성한다.
⑤ 성별, 종교, 신체적 특성, 가족 및 민족 배경 등으로 인한 편견이 없도록 편성한다.
⑥ 일과 운영시간에 따라 심화 확장할 수 있도록 편성한다.

(2) 운영

① 연간, 월간, 주간, 일일 계획에 의거하여 운영한다.
② 실내 · 외 환경을 다양한 흥미 영역으로 구성하여 운영한다.
③ 유아의 능력과 장애정도에 따라 조정하여 운영한다.
④ 부모와 각 기관의 실정에 따라 부모교육을 실시한다.
⑤ 가정과 지역사회와의 협력과 참여에 기반하여 운영한다.
⑥ 교사 재교육을 통해서 누리과정활동이 개선되도록 운영한다.

(3) 교수 · 학습방법

① 놀이를 중심으로 교수 · 학습활동이 이루어지도록 한다.
② 유아의 흥미를 중심으로 활동을 선택하고 지속할 수 있도록 한다.
③ 유아의 생활 속 경험을 소재로 하여 지식, 기능, 태도 및 가치를 습득하도록 한다.
④ 유아와 교사, 유아와 유아, 유아와 환경 간에 능동적인 상호작용이 이루어지도록 한다.
⑤ 주제를 중심으로 여러 활동이 통합적으로 이루어지도록 한다.
⑥ 실내 · 실외활동, 정적 · 동적활동, 대 · 소집단활동 및 개별활동, 휴식 등이 균형 있게 이루어지도록 한다.

⑦ 유아의 관심과 흥미, 발달이나 환경특성 등을 고려하여 개별 유아에게 적합한 방식으로 학습하도록 한다.

(4) 평가

① 누리과정 운영평가

가. 운영내용이 누리과정의 목표와 내용에 근거하여 편성 · 운영되었는지 평가한다.

나. 운영내용 및 활동이 유아의 발달수준과 흥미 · 요구에 적합한지를 평가한다.

다. 교수 · 학습방법이 유아의 흥미와 활동의 특성에 적합한지를 평가 한다.

라. 운영환경이 유아의 발달특성과 활동의 주제, 내용 및 효율성 등을 고려하여 구성되었는지를 평가한다.

마. 계획안 분석, 수업참관 및 모니터링, 평가척도 등 다양한 방법을 활용하여 평가한다.

바. 운영평가의 결과를 반영하여 운영계획을 수정 · 보완하거나 이후 누리과정 편성 · 운영에 활용한다.

② 유아평가

가. 누리과정 목표와 내용에 근거하여 유아의 특성과 변화 정도를 평가 한다.

나. 유아의 지식, 기능, 태도를 포함하여 평가한다.

다. 유아의 일상생활과 누리과정 활동 전반에 걸쳐 평가한다.

라. 관찰, 활동 결과물 분석, 부모면담 등 다양한 방법을 사용하여 종합적으로 평가하고, 그 결과를 기록한다.

마. 유아평가 결과는 유아에 대한 이해와 누리과정 운영개선 및 부모 면담 자료로 활용할 수 있다.

4. 어린이집 표준보육과정의 배경

표준보육과정은 보육의 질적 수준 향상에 대한 요구가 대두되면서 구체적인 보육 목표와 내용에 대한 국가적 수준의 지침의 필요성을 인식하게 됨으로써 등장하게 되었다(보건복지가족부, 2008). 국가 수준에서 제공하는 표준보육과정은 어린이집의 만 0~5세 영유아들의 전인발달과 사회에서 추구하는 인간상을 구현하고자 보편성 있고 연계성 있는 보육목표와 내용을 제시하고 있으며, 0~1세, 2세, 3~5세 보육과정으로 구성되어 있다. 2004년 1월 「영유아보육법」 전문개정을 시작으로 현재까지 제1차~제3차 어린이집 표준보육과정이 고시되었다. 표준보육과정의 개정과정에 대해 살펴보면 다음 〈표 3-3〉과 같다.

〈표 3-3〉 어린이집 표준보육과정의 개정과정

표준보육과정의 개정과정		내용
2004.1.	영유아보육법 전문개정	표준보육과정 개발의 근거 마련(영유아보육법 제29조 제2항, 제4항, 시행규칙 제30조)
2005.11.	표준보육과정 연구	보육관련 6개 학회가 참여한 기초연구에 이어 총 30명의 보육관련 여러 학계 교수와 현장 보육교사들이 참여하여 내용을 개발하고, 영역전문가와 초등학교 교사의 자문을 거쳐 지역별 협의, 총괄자문, 공청회 실시를 통해 연구완성
2007.1.	표준보육과정 고시	표준보육과정의 구체적 보육내용 및 교사지침을 고시함(여성가족부 고시 제2007-1호)
2008.7.	제1차 표준보육과정에 기초한 0~5세연령별 보육프로그램	제1차 표준보육과정에 기초하여 총론(1권) 0~5세용 어린이집 프로그램(총 6권), 장애아용 프로그램(1권) 개발 및 보급
2010.9.	표준보육과정 재고시	여성가족부의 보육업무가 보건복지부로 이전되면서 2007.1의 표준보육과정 고시가 보건복지부 고시 제 2010-71호로 재 고시함
2011.9.	5세 누리과정 고시	보건복지부, 교육과학기술부에서 어린이집과 유치원 5세를 위한 공통과정으로서 5세 누리과정을 제정 고시함
2012.2.	누리과정에 기초한 5세 어린이집 프로그램	5세 누리과정에 기초하여 5세 어린이집 프로그램(4권)과 DVD(4개), 연령 연계 프로그램(1권)을 개발하여 보급

2010.2.	제2차 표준보육과정 개정 고시	5세 누리과정 제정과 더불어 0~4세를 포함하여 제2차 표준보육과정을 고시함(보건복지부 고시 제 2012-28호)
2012.7.	3~4세 누리과정제정 고시 및 5세 누리과정 개정고시	보건복지부와 교육과학기술부가 함께 5세 누리과정 개정과 더불어 3~4세 누리과정을 제정하여 고시함
2013.1.	3-5세 연령별 누리과정	제2차 표준보육과정을 개편하여 0~2세 교육내용 수정보완

출처: 포항시 육아종합지원센터(http://www.phcare.or.kr)에서 발췌.

5. 어린이집 표준보육과정의 변천사

1) 제1차 표준보육과정(2007.1.3. 여성가족부 고시)[8)]

(1) 목적

영유아의 전인적 발달을 돕고 민주시민으로서의 자질을 길러 영유아가 심신이 건강하고 조화로운 사회구성원으로 자랄 수 있도록 한다. 보육과성을 통해 추구하는 인간상은 다음과 같다.

가. 자율적인 사람

나. 창의적인 사람

다. 다양성을 인정하는 사람

라. 민주적인 사람

마. 우리 문화를 사랑하는 사람

8) 보건복지가족부(2008). 보육프로그램 총론. 육아정책개발센터, pp.13-14에서 발췌.

(2) 목표

① 건강하고 안전하며 바르게 생활하는 태도와 습관을 가진다.

② 자신의 신체에 대해 긍정적으로 인식하고 기본 운동능력을 기른다.

③ 자신을 존중하고 다른 사람들과 더불어 생활하는 태도를 가진다.

④ 주변 환경에 호기심을 가지고 탐구하는 능력과 태도를 기른다.

⑤ 자연과 예술작품의 아름다움에 관심을 가지고 창의적으로 표현한다.

(3) 영역 구성

① 기본생활 영역

② 신체운동 영역

③ 사회관계 영역

④ 의사소통 영역

⑤ 자연탐구 영역

⑥ 예술경험 영역

2) 제2차 표준보육과정(2012.2.29. 보건복지부 고시)[9]

(1) 목적

영유아의 전인적인 성장과 발달을 돕고 민주시민으로서 자질을 길러 영유아가 심신이 건강하며 조화로운 사회구성원으로 자랄 수 있도록 하는 데 있다. 어린이집의 보육과정을 통해 추구하는 인간상은 다음과 같다.

9) 보건복지부(2012). 제2차 표준보육과정의 구체적 보육내용 및 교사지침. 보건복지부 고시 제2012-28호, pp.12-13에서 발췌.

가. 자율적인 사람

나. 창의적인 사람

다. 다양성을 인정하는 사람

라. 민주적인 사람

마. 자연과 우리 문화를 사랑하는 사람

(2) 목표

① 건강하고 안전하며 바르게 생활하는 지식 · 기술 · 태도와 습관을 가진다.

② 자신의 신체를 긍정적으로 인식하고 기본운동능력을 기른다.

③ 자신을 존중하고 가족, 또래, 공동체 내 다른 사람들과 더불어 생활하는 태도를 가지며 필요한 사회적 지식과 태도를 습득한다.

④ 기초적인 언어능력 및 일상생활에 필요한 의사소통능력과 기초적인 문해능력을 기른다.

⑤ 탐구능력을 토대로 수학적, 과학적 탐구에 필요한 지식과 이해를 기른다.

⑥ 주변의 친근한 환경과 일상생활의 아름다움에 관심을 가지고 예술적 요소를 즐김으로써 감성과 창의성을 기른다.

(3) 영역 구성

① 기본생활 영역

② 신체운동 영역

③ 사회관계 영역

④ 의사소통 영역

⑤ 자연탐구 영역

⑥ 예술경험 영역

6. 제3차 표준보육과정(2013.1.21. 보건복지부 고시)

1) 추구하는 인간상[10)]

가. 심신이 건강하고 행복한 사람

나. 자율적이고 창의적인 사람

다. 자신과 타인을 존중하고 배려하는 사람

라. 자연과 우리 문화를 사랑하는 사람

마. 다양성을 인정하는 민주적인 사람

2) 구성방향[11)]

① 영유아의 발달특성과 개인차를 고려하여 연령 및 수준별로 구성한다.

② 어린이집에서 편안하고 행복한 일상생활이 되도록 중점을 두어 구성한다.

③ 질서, 배려, 협력 등 기본생활습관과 바른인성을 기르는 데 중점을 두어 구성한다.

④ 자율성과 창의성을 기르는 데 중점을 두고, 전인발달을 이루도록 구성한다.

⑤ 사람과 자연을 존중하고, 우리 문화를 이해하는 데 중점을 두어 구성한다.

10) 보건복지부(2013). 제3차 어린이집 표준보육과정 해설서. 보건복지부고시 제2013-8호, pp.14에서 발췌.

11) 보건복지부(2013). 제3차 어린이집 표준보육과정 해설서. 보건복지부고시 제2013-8호, pp.17-19에서 발췌.

3) 목적과 목표[12)]

제3차 표준보육과정의 목적과 목표에 대하여 살펴보면 〈표 3-4〉와 같다.

〈표 3-4〉 제3차 표준보육과정의 목적과 목표

목적	영유아의 심신의 건강과 전인적 발달을 도와 행복을 도모하며 민주시민의 기초를 형성하는 것을 목적으로 한다.	
목표	0~1세 보육과정	2세 보육과정
	• 건강하고 안전한 일상생활을 경험한다. • 감각 및 기본 신체운동능력을 기른다. • 말소리를 구분하고 의사소통의 기초를 마련한다. • 친숙한 사람과 관계를 형성한다. • 아름다움에 관심을 가진다. • 보고, 듣고, 만지면서 주변 환경에 관심을 가진다.	• 건강하고 안전한 생활습관의 기초를 마련한다. • 감각, 신체조절 및 기본운동능력을 기른다. • 의사소통능력의 기초를 기른다. • 나를 인식하고 다른 사람과 더불어 생활하는 경험을 한다. • 아름다움에 관심을 가지고 예술경험을 즐긴다. • 주변 환경에 호기심을 갖고 탐색하기를 즐긴다.

4) 영역별 목표 및 내용

(1) 0~1세 보육과정의 영역별 목표 및 내용[13)]

0~1세 보육과정의 영역별 목표 및 내용은 〈표 3-5〉와 같으며, 각 영역별 세부 내용은 부록 〈표 10-6〉에서 〈표 10-11〉과 같다.

12) 보건복지부(2013). 제3차 어린이집 표준보육과정 해설서. 보건복지부고시 제2013-8호, pp.22-27에서 발췌.

13) 보건복지부(2013). 제3차 어린이집 표준보육과정 해설서. 보건복지부고시 제2013-8호, pp.44-107에서 발췌.

〈표 3-5〉 0~1세 보육과정의 영역별 목표 및 내용

	기본생활	신체운동	의사소통	사회관계	예술경험	자연탐구
목표	1. 건강하고 편안한 일상생활을 경험한다. 2. 안전한 생활을 경험한다.	1. 감각기능을 발달시키고 자신의 신체를 탐색한다. 2. 대소근육을 조절하고 걷기 등의 능력을 기른다. 3. 규칙적으로 신체활동에 참여한다.	1. 주변의 소리와 말소리 듣기에 관심을 보인다. 2. 표정, 소리, 몸짓으로 자신의 생각과 느낌을 표현한다. 3. 짧은 그림, 책이나 친숙한 환경 인쇄물에 관심을 가진다. 4. 끼적이기에 관심을 가진다.	1. 자신과 다른 사람을 구별된 존재로 인식한다. 2. 기본 정서를 표현하고 다른 사람의 감정에 주의를 기울인다. 3. 안정적인 애착을 형성하고 또래나 교사와 함께 지낸다.	1. 자신의 신체와 주변의 감각 자극에 호기심을 가지고 반응한다. 2. 소리와 움직임으로 반응하고, 단순한 미술을 경험하며, 모방행동을 즐긴다. 3. 친근한 소리나 노래를 즐겨 듣고, 자연물, 사물, 주변 환경에 관심을 가진다.	1. 주변 사물에 대한 탐색을 시도한다. 2. 주변에서 일어나는 수학적 상황을 지각한다. 3. 감각과 조작을 통하여 주변 사물과 자연환경에 대해 지각한다.
내용	• 건강하게 생활하기 –몸을 깨끗이 하기 –즐겁게 먹기 –건강한 일상 생활하기 • 안전하게 생활하기 –안전하게 지내기 –위험한 상황에 반응하기	• 감각과 신체 인식하기 –감각적 자극에 반응하기 –감각기관으로 탐색하기 –신체 탐색하기 • 신체 조절과 기본운동하기 –신체 균형잡기 –대근육 조절하기 –소근육 조절하기 –기본운동하기 • 신체활동에 참여하기 –몸 움직임 즐기기 –바깥에서 신체 움직이기 –기구를 이용하여 신체활동 시도하기	• 듣기 –주변의 소리와 말소리 구분하여 듣기 –경험과 관련된 말을 듣고 알기 –운율이 있는 말 듣기 –말하는 사람을 보기 • 말하기 – 발성과 발음으로 소리내기 –표정, 몸짓, 말소리로 말하기 –말할 순서 구별하기 • 읽기 –그림책과 환경 인쇄물에 관심가지기 • 쓰기 –끼적이기	• 나를 알고 존중하기 –나를 구별하기 –나의 것 인식하기 • 나와 다른 사람의 감정 알기 –나의 감정을 나타내기 –다른 사람에게 주의 기울이기 • 더불어 생활하기 –안정적인 애착형성하기 –또래에 관심 갖기 –자신이 속한 집단 알기 –사회적 가치를 알기	• 아름다움 찾아보기 –예술적 요소에 호기심 가지기 • 예술적 표현하기 –리듬 있는 소리로 반응하기 –움직임으로 반응하기 –단순한 미술 경험하기 –모방행동 즐기기 • 예술 감상하기 –아름다움 경험하기	• 탐구하는 태도 기르기 –사물에 관심 가지기 –탐색 시도하기 • 수학적 탐구하기 –수량 지각하기 –주변 공간 탐색하기 –차이를 지각하기 –간단한 규칙성 지각하기 • 과학적 탐구하기 –물체와 물질 탐색하기 –주변 동식물에 관심 가지기 –주변 자연에 관심 가지기 –생활도구 탐색하기

(2) 2세 보육과정의 영역별 목표 및 내용[14)]

2세 보육과정의 영역별 목표 및 내용은 〈표 3-6〉과 같으며, 각 영역별 세부내용은 부록 〈표 10-12〉에서 〈표 10-17〉과 같다.

〈표 3-6〉 2세 보육과정의 영역별 목표 및 내용

	기본생활	신체운동	의사소통	사회관계	예술경험	자연탐구
목표	1.건강한 생활습관의 기초를 경험한다. 2.안전한 생활습관의 기초를 경험한다.	1.감각능력을 기르고, 자신의 신체 움직임을 탐색한다. 2.안정된 자세로 대소근육을 조절하고 기본운동 능력을 기른다. 3.규칙적으로 신체활동에 참여한다.	1.다른 사람의 말과 짧은 이야기 듣는 것을 즐긴다. 2.자신의 생각과 느낌을 말로 주고받기를 즐긴다. 3.그림책이나 환경 인쇄물 관심을 가지며 글의 내용에 흥미를 가진다. 4.글자 형태 끼적이기에 관심을 가진다.	1.자기 존중감을 형성한다. 2.자신의 감정을 알고 다른 사람의 감정에 반응을 보인다. 3.가족을 사랑하고 또래, 교사와 즐겁게 지내며 간단한 규칙 등을 지킨다.	1.주변 생활에서 예술적 요소를 발견하고 흥미롭게 탐색한다. 2.간단한 리듬이나 노래, 움직임, 자발적인 미술활동을 자유롭게 시도하고 모방이나 상상놀이로 표현한다. 3.주변의 환경과 자연 및 다양한 표현에서 예술적 요소를 관심 있게 보고 즐긴다.	1.호기심을 가지고 주변 세계에 대해 다양하게 탐색한다. 2.주변에서 경험하는 수학적 상황을 인식한다. 3.다양한 탐색을 통하여 주변 사물과 자연환경을 인식한다.

14) 보건복지부(2013). 제3차 어린이집 표준보육과정 해설서. 보건복지부고시 제2013-8호, pp.112-173에서 발췌.

내용	• 건강하게 생활하기 -몸을 깨끗이 하기 -바르게 먹기 -건강한 일상생활하기 -질병에 대해 알기 • 안전하게 생활하기 -안전하게놀이하기 -교통안전 알기 -위험한 상황 알기	• 감각과 신체 인식하기 -감각능력 기르기 -감각기관 활용하기 -신체를 인식하고 움직이기 • 신체 조절과 기본 운동하기 -신체균형잡기 -대근육 조절하기 -소근육 조절하기 -기본운동하기 • 신체 활동에 참여하기 -신체활동에 참여하기 -바깥에서 신체활동하기 -기구를 이용하여 신체활동하기	• 듣기 - 말소리 구분하여 듣고 의미 알기 -짧은 문장 듣고 알기 -짧은 이야기 듣기 -말하는 사람을 주의 깊게 보기 • 말하기 -낱말과 간단한 문장으로 말하기 -자신이 원하는 것을 말하기 -상대방을 바라보며 말하기 • 읽기 -그림책과 환경 인쇄물에 흥미를 가지기 • 쓰기 -끼적이며 즐기기	• 나를 알고 존중하기 -나를 구별하기 -좋아하는 것 해보기 -나와 다른 사람의 감정 알기 -나의 감정을 나타내기 -다른 사람의 감정에 반응하기 • 더불어 생활하기 -내 가족 알기 -또래와 관계하기 -자신이 속한 집단 알기 -사회적 가치를 알기	• 아름다움 찾아보기 -예술적 요소 탐색하기 • 예술적 표현하기 -리듬 있는 소리와 노래로 표현하기 -움직임으로 표현하기 -자발적으로 미술활동하기 -모방과 상상놀이하기 • 아름다움 즐기기	• 탐구하는 태도 기르기 -호기심 가지기 -반복적 탐색 즐기기 • 수학적 탐구하기 -수량 인식하기 -공간과 도형에 관심 가지기 -차이에 관심 가지기 -단순한 규칙성에 관심가지기 - 구분하기 • 과학적 탐구하기 -물체와 물질 탐색하기 -주변 동식물에 관심 가지기 -자연을 탐색하기 -생활도구 사용하기

5) 운영방향[15)]

(1) 편성

① 어린이집의 운영시간에 맞추어 편성한다.

② 표준보육과정에 제시된 각 영역의 내용을 균형 있게 통합적으로 편성한다.

15) 보건복지부(2013). 제3차 어린이집 표준보육과정 해설서. 보건복지부고시 제2013-8호, pp.30-42에서 발췌.

③ 영유아의 발달특성 및 개인차, 경험을 고려하여 놀이를 중심으로 편성한다.
④ 영유아의 일과 중 일상생활을 포함하여 편성한다.
⑤ 어린이집과 보육실의 특성에 따라 융통성 있게 편성한다.
⑥ 성별, 종교, 신체적 특성, 가족 및 민족배경 등으로 인한 편견이 없도록 편성한다.

(2) 운영

① 보육계획(연간, 월간, 주간, 일일계획 등)에 의거하여 운영한다.
② 실내 · 외 환경을 다양한 흥미 영역으로 구성하여 운영한다.
③ 영유아의 능력과 장애정도에 따라 조정하여 운영한다.
④ 부모와 각 기관의 실정에 따라 부모교육을 실시한다.
⑤ 가정과 지역사회와의 협력과 참여에 기반하여 운영한다.
⑥ 교사 재교육을 통해 어린이집 표준보육과정 운영을 개선해 나간다.

(3) 교수 · 학습방법

① 주도적인 놀이를 중심으로 교수 · 학습활동이 이루어지도록 한다.
② 흥미를 중심으로 활동을 선택하고 지속할 수 있도록 한다.
③ 생활 속 경험을 소재로 하여 지식, 기술, 바람직한 태도를 기르도록 한다.
④ 교사와 신뢰감을 형성하고 개별적인 활동이 이루어지도록 한다.
⑤ 교사, 환경, 또래와 능동적인 상호작용이 이루어지도록 한다.
⑥ 주제를 중심으로 여러 활동이 통합적으로 이루어지도록 한다.
⑦ 만 0~1세아, 만 2세아는 일상생활 및 개별활동, 휴식 등이 균형 있게 이루어지도록 한다.
⑧ 만 3~5세아는 실내 · 실외활동, 정적 · 동적 활동, 대 · 소집단활동 및 개별활동, 일상생활 및 휴식 등이 균형 있게 이루어지도록 한다.

(4) 평가

① 운영평가

가. 어린이집 표준보육과정의 목표와 내용에 근거하여 보육내용이 적절히 편성 · 운영되는지 평가한다.

나. 어린이집 표준보육과정의 운영내용 및 활동이 영유아의 발달수준과 흥미, 요구에 적합한지 평가한다.

다. 영유아의 발달수준, 흥미, 요구에 적합한 경험 및 학습을 촉진할 수 있는 다양한 활동과 교수-학습방법이 계획되고 통합적으로 운영되는지 평가한다.

라. 일과 운영 및 보육활동 구성 시 놀이활동과 일상생활 활동의 양과 내용이 영아 및 유아 각 연령의 발달에 적합하게 계획되고 운영되는지 평가한다.

마. 만 0~1세아, 만 2세아는 집단활동보다 개별적인 상호작용과 교수법을 중심으로 상호작용이 진행되는지를 평가한다.

바. 어린이집 표준보육과정 운영평가 결과를 수시로 반영하여 보육과정 운영 계획을 수정 · 보완하거나 다음 연도의 계획 수립 및 운영에 반영하는지 평가한다.

② 영유아평가

가. 어린이집 표준보육과정의 목표와 내용에 근거하여 영유아의 특성과 변화 정도를 평가한다.

나. 지식, 기술, 태도 등을 평가한다.

다. 일상생활과 보육과정 활동 전반에 걸쳐 평가한다.

라. 관찰, 활동 결과물 분석, 부모면담 등 다양한 방법을 사용하여 종합적으로 평가하고, 그 결과를 기록한다.

마. 평가결과는 영유아에 대한 이해와 어린이집 표준보육과정 운영개선 및 부모면담자료로 활용한다.

참고문헌

교육과학기술부(2015). **유치원 교육과정 개정 고시문**. 교육부 고시 제2015-61호.

교육과학기술부, 보건복지부(2012). **5세 누리과정 해설서**. 교육부 고시 제2011-30호, 보건복지부 고시 제2011-106호.

교육과학기술부, 보건복지부(2013). **3-5세 연령별 누리과정 해설서**. 교육부 고시 제2012- 16호, 보건복지부 고시 제2012-82호.

보건복지부(2008). **보육프로그램 총론**. 육아정책개발센터.

보건복지부(2012). **제2차 표준보육과정의 구체적 보육내용 및 교사지침**. 보건복지부 고시 제2012-28호.

보건복지부(2013). **제3차 어린이집 표준보육과정 해설서**. 보건복지부 고시 제2013-8호.

보건복지부, 육아정책연구소(2013). **제3차 어린이집 표준보육과정 해설서**. 서울: 보건복지부.

포항시 육아종합지원센터. http://www.phcare.or.kr

Chapter 4

놀이와 영유아교육

핵심개념

놀이 | 영유아발달 | 놀이지도 | 교사의 역할

1. 놀이의 이해

1) 놀이의 개념

놀이의 추상성, 유동성, 다양성, 개별성은 놀이에 대한 정의를 내리기 어렵게 한다. 따라서 놀이에 대한 정의는 매우 다양하다. 쉴러(Schiller)는 놀이를 '잉여에너지의 발산'으로, 프뢰벨(Fröebel)은 놀이를 '인간의 가장 순수한 정신적 활동'으로, 듀이(Dewey)는 '어린이의 신체 · 정서 · 인지 · 사회발달을 도모하는 수단'으로, 아이자크스(Isaacs)는 놀이를 '어린이의 삶 자체이며 세상을 이해하는 수단'으로 정의하였다(김지영, 성연승, 이정원, 2014; 안혜준, 송승민, 조형숙, 권희경, 2016). 영유아들에게 있어서 놀이는 영유아들의 삶 자체이며, 영유아들은 놀이를 통해 자신을 표현하고, 타인과 세상을 이해하며, 놀이라는 방법을 통해 학문과 지식을 습득하게 된다.

2) 놀이의 특성

놀이는 실제의 자신이 아닌, 실제의 사물이 아닌, 지금 여기의 상황을 벗어날 수 있는 능력 즉, 상상력을 필요로 하는 비실제적 특성을 가진다. 또한 놀이는 즐거움, 기쁨과 같은 긍정적인 정서를 수반하며, 놀이는 경쟁, 보상과 같은 외적인 요인과 관계없이 자발적인 선택에 의해 이루어지는 특성을 가지며, 놀이의 목표, 결과에 관심을 두지 않고, 놀이 그 자체를 즐기는 과정 지향적 특성을 갖는다.

3) 놀이 이론

(1) 고전적 놀이 이론

19세기 후반에서 20세기 초기 유럽과 북미를 중심으로 나타난 놀이 이론들로, 고전적 놀이 이론들은 놀이의 목적에 대해 설명하고자 한다. 고전 놀이 이론에는 잉여에너지 이론, 휴식 이론, 반복 이론, 연습 이론 등이 포함된다.

① 잉여에너지 이론(Surplus Energy Theory)

잉여에너지 이론은 18세기 쉴러(Schiller)와 19세기 스펜서(Spencer)에 의해 주창된 이론으로, 인간은 노동을 하고 난 후 에너지가 남으면 에너지를 소모하기 위해 놀이를 한다고 주장한다. 즉, 이 이론에서는 놀이를 하는 이유가 잉여에너지를 발산하기 위한 것이라고 정의한다. 쉴러(Schiller)는 놀이를 목적 없이 에너지를 소비하는 것이라고 정의하였고, 스펜서(Spencer)는 인간은 생명을 유지하기 위한 목적보다는 그 이외의 목적을 위해 에너지를 방출하게 되는데, 이를 놀이라고 보았다. 잉여에너지 이론은 성인들에 비해 과잉 에너지를 많이 갖는 영유아들이 놀이를 많이 하는 이유를 잘 설명해 준다.

② 휴식 이론(Recreation Theory)

19세기 독일의 철학자 라자루스(Lazarus)에 의해 제안된 이론으로, 놀이의 목적은 일을 하는 과정에서 소비된 에너지를 충전하는 데 있다고 한다. 즉, 인간은 힘든 노동을 해서 정신적 · 육체적으로 에너지가 고갈되면 휴식과 수면을 통해 그것을 재충전 하게 되고, 이 때, 충분한 재충전을 위해서는 일이 아닌 다른 활동을 할 필요가 있는데, 그러한 활동이 바로 놀이라는 것이다. 휴식 이론은 성인의 여가활동은 잘 설명해주는 반면, 영유아들이 성인에 비해 더 적은 일을 하면서, 놀이활동에는 더 많이 참여한다는 현상을 설명해주지 못하는 한계점이 있다.

③ 반복 이론(Recapitulation Theory)

반복 이론은 다윈(Darwin)의 진화론에 근거하여 홀(Hall)이 제안한 이론이다. 미국의 심리학자 홀(Hall)은 유아의 놀이에서 인류 역사의 과정이 재연된다고 보았으며, 놀이를 '문화의 반복'으로 설명하였다. 예를 들어, 유아들이 정글짐 같은 놀이기구에 올라가기를 즐겨하는 것은 조상들이 나무에 올라가 열매를 따는 행위를 재연하고 있다고 보는 것이다. 그러나 반복 이론은 현재 유아들이 즐겨 하는 전자 매체 장난감이나 컴퓨터 놀이 등을 문화의 반복으로는 설명하기 힘든 제한점이 있다.

④ 연습 이론(Practice Theory)

연습 이론은 그루스(Groos)에 의하여 제안된 이론으로, 놀이는 미래의 삶을 위해 필요한 본능을 강화시켜 주는 역할을 한다고 보았다. 따라서 연습 이론에서 놀이의 목적은 미래성인 생활에서 필요한 기술을 연마하고 정교화시키는 데 있다. 연습 이론에 의하면, 영유아들이 역할놀이에서 엄마나 아빠의 역할을 해보는 것은, 실제로 부모가 되었을 때 필요한 기술을 미리 연습할 수 있는 기회를 갖는 것으로 보는 것이다. 연습 이론은 놀이를 통하여 영유아의 각 영역의 발달을 지지한다는 현대의 이론에 영향을 주었다. 그러나 영유아들이 놀이를 통해, 성인기에 필요한 기술을 충분히 획득한 이후에도 놀이를 계속한다는 것에 대해서는 설명해주지 못한다는 한계를 갖는다.

이상의 고전적 놀이 이론들은 적용범위가 제한적이며, 놀이에 대한 부분적인 이해를 제공한다는 제한점은 있으나, 영유아들의 놀이의 목적이해에 도움을 주었으며, 현대 놀이 이론에 많은 영향을 주었다.

(2) 현대적 놀이 이론

1920년대 이후 학습과 발달에서 놀이의 기능과 역할, 놀이의 중요성에 대한 이론적 관점이 대두되었다. 현대 놀이 이론으로는 정신분석 이론, 인지 이론, 각성조절 이론, 상위 의사소통 이론 등이 있다.

① 정신분석 이론(Psychoanalytic Theory)

정신분석 이론가인 프로이드(Freud)는 놀이의 가치를 정서적인 것으로 보았다. 놀이는 감정의 정화 효과를 가지고 있어서, 영유아들은 놀이를 통해 자신의 부정적인 감정을 제거할 수 있다. 놀이를 통한 역할전환과 반복이라는 두 기제는 영유아들의 부정적 정서를 제거하도록 돕는 기능이 있다. 예를 들어, 영유아들은 놀이에서, 엄마의 역할을 하면서, 평소에 동생에게 사랑을 빼앗겼다고 여겼던 자신의 불만을 표출할 수 있게 되고, 자신이 겪은 힘든 일을 놀이를 통해, 여러 번 반복함으로써 자신의 경험과 관련된 불안을 더 이상 느끼지 않게 되는 것이다. 프로이드의 정신분석 이론은 놀이가 영유아의 부정적 정서를 제거하려는 필요에 의해 동기화 되는 것 이외의 동기에 의한 영유아의 놀이를 설명하지 못하는 제한점을 가지고 있다.

에릭슨(Erikson)은 놀이는 영유아의 신체적 기술, 사회적 기술을 발달하게 하고, 자아존중감을 증진하게 하는 것으로 보았다. 출생 후 일 년 동안의 영아는 손가락을 빨기, 손으로 발을 잡아당기기 등 자기 신체에 집중된 탐색적 놀이인 자기영역놀이(Autocosmic Play)를 한다. 둘째 해 동안 영아는 놀잇감이나 사물을 조작하는 놀이인 미시영역놀이(Microsphere Play)를 하면서 주변사물에 숙달되면서 자아가 더욱더 발달한다. 3~4세경부터 유아들은 친구들과의 놀이를 시작하게 되는 거시영역놀이(Macrosphere Play)를 하면서 다른 사람과의 사회적 상호작용에 능숙해지고 사회적 기술을 발달시키게 된다.

② 인지 이론(Cognitive Theory)

가. 피아제 이론

피아제(Piaget) 이론에 의하면 놀이는 새로운 정보를 받아들이고 적응시키는 일을 반복적으로 수행하면서 인지발달을 촉진시키는 역할을 한다. 놀이를 통해 영유아는 다른 사람, 사물과의 상호작용 과정에서 자신의 경험과 지식에 근거하여 새로운 지식과 경험에 대한 나름의 지식을 구성해 가기 때문이다. 피아제는 놀이란, 실세계를 자신의 현 인지 속에 동화시키려는 행위로, 놀이를 동화작용이 조절작용을 지배하는 불균형 상태로 간주하여 놀이를 통해 영유아는 이미 습득한 기술을 연습하고 확고히 한다고 주장하였다.

나. 비고츠키 이론

비고츠키(Vigotsky)는 개개인의 학습은 사회적 상호작용에 의해 결정되며, 놀이는 영유아의 인지발달과 언어발달에 직접적인 영향을 미치는데, 특히 상상놀이는 유아의 추상적 사고발달에 중요한 역할을 담당한다고 하였다(최석란, 이경희, 이상화, 서원경, 2006). 비고츠키는 '근접발달지대'(ZPD, Zone of Proximal Development) 즉, 영유아가 독립적으로 다룰 수 있는 과제와 성인이나 좀 더 유능한 또래의 도움을 받고 습득할 수 있는 가장 높은 수준의 과제들 사이의 범위가 존재한다고 보며, 놀이는 이러한 근접발달지대를 창조한다고 보았다. 따라서 놀이를 통해 영유아의 발달이 이루어지는 것이다.

다. 브루너 이론

브루너(Bruner)는 놀이는 영유아의 문제해결능력, 사고, 언어, 창의성의 발달과 관련이 있다고 하였다. 놀이는 결과보다 과정이 중요하며, 놀이를 통해 영유아는 목표성취에 대한 걱정이 없이 다양한 행동을 새롭게 조합하는 실험을 자유롭게 할 수 있다. 따라서 놀이는 영유아의 행동의 선택범위를 넓히고, 이는 문제해결능력, 창의성과 융통성의 증진으로 이어진다. 또한 놀이를 성인이 되기 위해 필요한 능력을 개발하고 습득하는 활동으로 여겼고, 놀이경험은 유아의 언어적, 논리적 부분을 직접적으로 연결시켜 주는 역할을 제공한다고 보았다. 예를 들어, 영유아는 자신들이 구성한 서술적 이야기를 극놀이로 풀어내는 과정을 통해, 자신의 서술적 능력을 펼칠 기회를 갖게 되며, 결국 이러한 놀이활동들은 영유아의 서술적 · 논리적 사고능력을 촉진하는 기제가 되는 것이다.

라. 셔턴-스미스 이론

셔턴-스미스(Sutton-Smith, 1967)는 유아의 가상놀이에서 일어나는 다양한 상징적 변형은 유아의 인지적인 융통성을 촉진시킨다고 하였다(심성경, 백영애, 이영희, 함은숙, 변길희, 김나림, 박지애, 2010). 예컨대, 영유아들은 천을 날수 있는 양탄자라고 하는 것과 같은 상징적 변형을 통해 기존의 사고방식에서 벗어나 새롭고 독특한 방법으로 아이디어를 결합하게 되며, 이러한 일련의 과정은 유아의 창의성, 융통성 및 독창성을 촉진시킨다는 것이다. 셔든 스미스의 놀이에 대한 최근 견해는 '적응 가변성(Adaptive Variability)' 이라는 개념으로 설명될 수 있다. 즉, 놀이의 적응 가변성, 구체적으로 놀이의 유동성, 급변성, 조잡성, 융통성, 예측 불허의 특성 등은 급변하는 환경으로 인해 예측할 수 없는 인류의 미래와 미래에 필요한 지식과 기술에 대한 광범위한 적응 잠재성, 적응 가능성을 보장하기 때문에 중요하다고 볼 수 있다.

③ 각성조절 이론(Arousal-Modulation Theory)

각성조절 이론은 벌린(Berlyne, 1960)이 제안하고 엘리스(Ellis, 1973)가 수정한 자극과 놀이의 관계를 설명하는 이론이다(신은수, 김은정, 유영의, 박현경, 백경순, 2011). 각성조절 이론은 혼자 노는 유아나 사물을 탐색하는 놀이와 관련이 있으며, 각성조절 이론에서 놀이는 각성상태를 가장 이상적인 수준으로 끌어올리는 자극을 추구하는 활동으로 정의하였다. 예로, 영유아가 낯선 사물과의 접촉으로 각성이 증가하게 되면 사물을 탐색함으로써 높고 불안정한 상태의 각성을 줄이고, 영유아가 동일한 방식으로 놀이기구 타기에 싫증이 나면 자신이 생각하는 다양한 방법을 시도하는 것을 통해, 낮아진 자극수준을 증가시키는 것과 같은 것이다. 이러한 각성조절 이론의 관점은 놀잇감의 제공, 놀이터와 놀이자료의 설계, 놀이의 계획과 실행 등에 있어서 중요한 시사점을 제공하고 있다고 하겠다.

④ 상위 의사소통이론(Meta Communication Theory)

베이트슨(Bateson)은 유아들의 놀이와 의사소통의 관계에 초점을 두고 놀이에 대한 설명을 하였다. 상위 의사소통이란 놀이의 여러 가지 상황, 행동, 사물 등을 놀이 친구에게 이해시키고 설명해주기 위한 의사소통을 말한다. 즉, 메타커뮤니케이션이란 놀이에서의 의사소통 시 타인에게 '이것은 놀이이다'라고 신호를 보내는 행위라고 정의된다(김숙자, 2000). 예로, 영유아가 싸움놀이 중에 하는 공격적 행동은 실제의 공격적 행동과는 다른 것으로, 이러한 경우 자신의 행동은 실제가 아니라 단지 놀이 중에 하는 행동임을 전달해야 하는 것이다. 또한 놀이에 참여한 영유아는 놀이장면을 설정하고, 놀이를 진행하며, 놀이상황에 문제가 생겼을 경우에는 잠깐 놀이의 틀을 벗어나 현실세계로 돌아와서 문제를 해결한다. 즉, 영유아는 실제상황과 놀이상황인 가상세계를 넘나들면서 놀이를 하는 것이다. 놀이에는 놀이의 틀 안에서 놀이에 필요한 가장의사소통과 놀이진행에 필요한 상위의사소통을 사용한다.

2. 놀이와 발달

1) 놀이와 신체발달

영유아는 기고, 걷고, 달리고, 소리치며 몸을 움직이는 놀이를 즐긴다. 영유아는 이러한 움직임을 통해 신체적 · 정서적 긴장이 해소되며 성장과 발달이 이루어진다. 놀이는 영유아의 감각운동 기술 및 지각능력의 발달을 돕고, 신체적 기술을 증가하게 하여, 습득한 기술들을 새로운 상황에서 사용할 수 있게 하며, 위험에 대처하는 능력을 기른다.

2) 놀이와 인지발달

인지는 사고능력을 의미하며, 이러한 사고능력, 지적 능력의 발달은 영유아의 놀이와 많은 관련이 있다. 영유아는 부모와 교사, 친구 등 주변 사람들과 놀이에서 나타나는 상호작용을 통해, 다양한 사물 및 놀잇감을 가지고 놀이를 함을 통해, 자신을 둘러싸고 있는 세계를 이해하고, 주변 사물을 탐색하면서 사물과 상황에 관련한 개념을 습득한다. 영유아는 놀이를 하면서 사람이나 사물의 동작이나 형태를 모방하기도 하고, 새로운 의미를 부여해가면서 조작적 사고, 확산적 사고를 촉진하며, 다양한 문제해결 상황을 경험하기도 한다. 예컨대, 사회극놀이의 경험을 통해, 영유아들은 놀이 시 공간과 시간, 인과관계에 대한 개념을 습득하게 되고, 역할놀이를 통해 영유아들은 탈 중심화와 가역성과 같은 조작적 사고의 기회를 갖게 된다. 놀이를 통한 영유아들의 인지발달 수준의 향상은 놀이 수준의 변화와 향상을 가져 온다.

3) 놀이와 언어발달

놀이는 영유아의 언어발달을 돕는다. 영유아들은 말하기와 이야기 듣기, 그림책 읽기, 글과 그림으로 표현하기 등의 언어놀이를 무척 즐긴다. 이러한 영유아들의 자발적이고 즐거운 언어놀이 경험은 영유아들의 읽기, 쓰기, 듣기, 말하기 능력의 상호연관성을 통해, 자연스럽게 언어발달을 이루게 한다. 즉, 영유아기에 경험하는 놀이는 언어발달의 중요한 수단이 되며, 특히 다양한 놀이상황 속에서 사용되는 언어적 표현은 풍부한 어휘력의 습득을 돕고, 놀이를 통한 사회적 언어사용 기회의 획득은 상황과 역할에 적합한 언어사용 능력을 갖게 하며, 언어 놀이를 통해 새롭게 획득한 언어규칙에 대한 인식은 유아의 문해능력의 발달에도 긍정적인 영향을 미치게 된다. 이러한 일련의 언어놀이의 노출과 경험은 궁극적으로 의사소통 능력의 향상을 돕는다.

4) 놀이와 사회성 발달

영유아에게 놀이는 삶의 중요한 일부이며, 생활 그 자체이다. 출생 초기에 부모와 놀이를 하면서 영유아가 느끼는 부모와의 친밀감, 애착관계의 형성은 영유아의 자존감의 발달을 돕고, 다른 사람과도 좋은 관계를 이루어 갈 수 있는 사회성 발달의 원천이 된다. 또한 부모와 영유아간의 신체적 놀이는 자기통제 기술, 상대편의 정서적 상태를 읽는 것, 자신의 감정을 상대편에게 전달하는 것 등을 배우게 하여, 또래와의 원만한 사회적 상호작용 기술을 익히게 한다. 또한 놀이는 영유아로 하여금 다른 사람의 관점을 이해하는 능력을 증진시켜 주며, 타협, 협동, 질서 지키기와 같은 사회적 기술의 습득과 사회적 능력의 향상에 도움을 준다. 아울러 엄마, 아빠, 동생, 경찰관, 의사, 소방관 등 역할놀이를 통해 접하게 되는 다양한 사회구성원으로서의 역할체험은 장차 성숙한 사회구성원이 될 수 있는 역할연습의 장을 제공하는 것이 될 것이다.

5) 놀이와 정서발달

영유아는 놀이를 하는 동안 미소를 짓기도 하고, 웃기도 하며, 혹은 슬픈 표정을 짓기도 한다. 이처럼 영유아는 놀이를 하면서 다양한 종류의 정서가 유발되는 상황에 놓이고 그 속에서 해당 정서를 경험하게 된다. 이러한 과정 속에서 정서의 분화가 이루어져 보다 다양한 정서를 느끼고 인지한다. 뿐만 아니라, 영유아가 스스로 자신의 정서를 적절히 다루고 조절하는 능력뿐 아니라 타인의 정서를 이해하는 능력도 함께 기를 수 있다. 따라서 영유아에게 놀이할 수 있는 충분한 시간과 공간, 놀이자료를 제공하고 자유롭게 표현할 수 있는 기회를 제공해주는 것은 영유아들의 긍정적인 정서발달을 돕는다.

6) 놀이와 창의성 발달

교육부는 2015 교육과정에서 '창의융합형 인재상'을 제시하고 있으며, 창의융합형 인재란 다양한 지식을 융합하여 새로운 가치를 창출할 수 있는 사람(김주연, 2015)을 일컫는다. 대표적 융합교육의 예로 STEAM 교육을 들 수 있으며, STEAM 교육은 창의적 융합인재양성을 목표로 하여, 과학, 기술, 공학, 예술과 수학(Science, Technology, Engineering, Arts and Mathematics)의 통합 및 융합 교육적 방법론을 추구하는 교육(David A. Sousa, Tom Pilecki, 2014)을 의미한다. 창의성은 새롭고 유용한 어떤 것을 생산해내는 행동 또는 정신과정이라고 할 수 있다. 자발적인 동기에 의해, 안전한 범위 내에서 제한되지 않는 방법으로 실시되는 영유아의 놀이는 영유아로 하여금, 다양한 방법으로 생각하기, 다르게 생각해보기, 새로운 방법으로 실험하기 등을 가능하게 하며, 이러한 창의적이고 융합적인 일련의 놀이 과정 체험은 영유아들이 창의융합적 삶을 살아가게 하는 밑거름이 된다.

7) 놀이와 심미적 감각발달

아름다움을 탐구하는 학문인 미학의 핵심은 '즐거움과 자발성, 그리고 창조성'이며, '아름다움'은 그러한 자발적 유희성이 주는 '예술적 결과물'이다(임부연, 2015). 미학의 핵심으로 제시하고 있는 '즐거움과 자발성, 그리고 창조성'은 영유아 놀이의 핵심적 속성이라 할 수 있으며, 이에 대한 논거는 3~5세 연령별 누리과정 해설서(2013) 총론에서 찾아 볼 수 있다. 즉, 총론에서는 '유아는 발달 특성상 생활 속에서 사물을 직접 다루는 놀이를 통해 가장 잘 배우므로 유아가 흥미를 가지고 자발적이고 지속적으로 참여하는 놀이중심의 교육 · 보육활동을 편성할 것'과, '놀이는 즐거워서 자발적으로 하는 것이므로 놀이를 통해 가르치고 배우는 것이 유아기에 가장 적합한 교수-학습방법이 된다.'라고 제시하고 있다. 그러나 한편, 즐거움과 자발성을 핵심요소로 하는 놀이를 통한 교수-학습방법을 강조하고 있는 누리과정이지만, 누리과정에서 제시하고 있는 교육내용과 활동실제를 면밀히 살펴보면, 학문적 · 인지적인 측면의 교육내용과 교육방법의 전개에 상당히 치우쳐져 있음을 발견하게 된다. 따라서 감성과 이성의 조화와 균형을 추구하는 심미적 측면에서의 교육과정 전개의 필요성이 제기되며, 이는 음악, 미술, 춤, 문학, 신체표현 등 예술을 중심으로 하여, 예술과 예술의 통합, 예술과 다른 분야의 통합과 융합을 추구하는 예술융합놀이 · 예술융합교육에서 해결의 실마리를 찾을 수 있을 것이다. 즉, 영유아가 예술융합놀이 · 예술융합교육을 통하여 만나게 되는 미적 세계 체험은 영유아로 하여금, 사람과 사물, 자연, 배움에 대한 아름다움을 발견하고, 느끼고, 누리게 하며, 이는 영유아의 삶을 아름답고 풍요롭게 하는 심미적 감각의 발달을 돕는다.

3. 영역별 영유아 놀이지도

1) 신체놀이

영유아들은 움직이는 놀이를 좋아한다. 영유아들은 기고, 걷고, 뛰고, 구르고, 달리고, 던지고, 매달리는 등 신체를 이용한 놀이를 즐긴다. 이에 비해, 현대사회의 경쟁 구조, 영유아의 발달과 학습에 대한 지나친 기대와 압력, 이에 따른 영유아들의 학습부담의 증가, 안전하게 마음껏 뛰어놀 수 있는 놀이공간의 부족, 컴퓨터와 핸드폰으로 하는 놀이시간의 증가 등 이러한 여러 가지 환경과 조건들은 영유아의 스트레스를 증가하게 하고, 영유아가 자신의 신체를 사용하여 놀이할 기회를 줄게 하며, 다소 모험적이고 도전적인 신체놀이를 할 기회를 충분하게 제공하지 못하고 있다. 운동놀이는 유아의 발육을 촉진하고, 유연성, 균형감각, 민첩성, 순발력, 지구력 등 기본운동능력을 향상하게 하며, 안전능력을 증진하며, 또래와 상호작용하고, 협동하며 경쟁하는 과정에서 사회성 발달을 증진하며, 높이, 거리, 방향 및 공간개념을 습득, 인지발달을 촉진시킨다(안혜준 외 3인, 2016). 영유아는 우리가 상상하는 것보다 훨씬 우월한 신체능력을 가지고 있으며, 신체놀이를 통하여 자신의 신체움직임에 대해 자신감과 만족감을 느끼며, 자신의 신체능력을 발휘하고 확인하며 행복해한다(이순형, 김혜라, 권기남, 김지현, 김진경, 김진욱, 서주현, 이정현, 최인화, 유주연, 안혜령, 이은중, 2014). 따라서 영유아가 자신이 신체발달과 운동능력에 적절한 운동놀이를 충분히 할 수 있도록, 적절한 신체놀이 계획을 세우고, 신체놀이를 실천하여야 할 것이다.

2) 언어놀이

영유아의 언어경험은 일상생활 속에서 자연스럽게 이루어진다. 따라서 영유아의 언어놀이는 영유아의 생활과 의미 있는 맥락 속에서 이루어져야 한다. 교사는 영유아의 언어놀이를 자극하는 환경을 갖추고 영유아가 말하기, 듣기, 읽기, 쓰기를 편안하고, 자유롭게 할 수 있는 풍부한 언어환경을 제공하도록 한다. 예를 들어, 영유아가 일상생활을 하고 놀이를 하는 공간의 구석구석에 영유아가 관심을 보이고 흥미를 나타내는 그림책, 정보책 혹은 새로운 이야기, 개념, 내용을 다루고 있는 다양한 책 등을 비치하여, 영유아가 편리하게 언제라도 책과 가까이 접할 수 있게 한다. 또한 영유아가 자신의 일상이나, 사건, 그림책에서 본 이야기 등에 대한 생각과 느낌을 자신의 언어로 말해 볼 수 있는 기회를 충분히 제공한다. 영유아교육기관의 언어영역은 물론이고, 이 외의 영역에도 교육과정과 관련하여 전개되고 있는 주제와 관련한 그림책, 정보책을 비치하여 영유아의 지적 욕구를 채울 수 있도록 한다. 또한 다양한 필기도구를 각 영역에 비치하여 영유아가 자신이 경험하고 느끼고 있는 것을 글 혹은 그림 등으로 표현하고 나타낼 수 있는 문해환경을 제공한다. 인간은 언어를 통해 의사소통을 하고, 정보를 받아들이므로, 언어는 인간의 삶, 영유아의 삶 전체 영역과 관련을 맺고 있다. 따라서 영유아의 언어놀이는 영유아의 학습과 삶의 전 영역에 걸쳐 통합적으로 이루어지는 것이 바람직하다. 예를 들어, 그림책을 통한 언어놀이의 경우, 특정한 한 그림책에서 시작한 활동은 해당 그림책과 관련한 언어놀이, 미술놀이, 음악놀이, 극놀이, 신체표현놀이, 쌓기놀이, 수과학놀이 등의 영유아의 삶, 배움의 전 영역에 걸쳐 전개되도록 하는 것이다. 문해가 풍부하게 포함된 놀이는 영유아의 문해학습에 크게 기여한다. 즉, 문해가 풍부하게 포함된 놀이는 문해가 사회에서 어떻게 기능하는지에 대한 이해를 확장시켜 주고, 창의적이고 상상력 넘치는 자기표현의 기회를 주며, 실질 세계와 환상세계에 대한 이해를 깊고 넓게 해 준다. 또한 다양한 역할을 시도하게 하고, 다른 상황에서 다른 인물이 되어 보는 것을 경험하게 해주며, 이야기를 다시 말 하거나, 새롭게 꾸며 내고, 재연하는 데 쓸 수 있는 자극물을 제공한다(Laurie Makin · Marian whitehead 2010).

영유아기의 언어놀이는 영유아의 발달적 특성에 맞게 이루어져야 한다. 영유아들은 부모와 교사가 반복적으로 들려주는 풍부한 단어와 문장, 이야기 그리고 그들이 접하는 많은 경험을 통하여 언어발달을 이룬다. 또한 영유아는 새로운 단어나 문장을 배운다는 의식이 없이 놀이를 통하여 언어를 배우고, 그들은 재미있는 소리 모방하기와 만들기를 좋아한다(Mary Slattery · Jane Willis 2001). 따라서 교사는 영유아가 언어발달에 대한 부담감 없이 자연스럽게 생활 속에서 언어놀이를 즐길 수 있도록 게임하기, 노래하기, 언어의 운율 체험하기, 그림책 보기 등과 같은 재미있는 놀이를 통한 언어놀이가 전개되도록 한다.

3) 조작놀이

조작놀이는 퍼즐이나 구슬 꿰기, 단추 끼우기 등과 같이 영유아가 손과 손가락을 사용해서 놀잇감을 맞추고, 분해하고 재배열하는 등의 놀이를 하는 것을 의미한다. 조작놀이를 통해 영유아는 개별적인 탐색활동을 많이 할 수 있으며, 이러한 개별적인 탐색활동은 영유아의 눈과 손의 협응력 발달, 시각, 청각, 촉각 등 여러 가지 감각기관의 발달을 돕는다. 조작놀이를 통한 구체적인 사물의 구성경험은 주변 환경에 있는 사물에 대한 이해와 영유아의 인지발달을 돕고, 이는 영유아가 자신의 경험을 상징적으로 재조직하는 것에 도움을 준다. 조작놀이교구를 다루면서 영유아는 기본생활에 필요한 기술을 연습할 수 있는 기회를 갖게 되며, 다양하고, 새로운 방법으로 놀이하는 방법을 시도하게 되는데, 이러한 과정은 영유아의 주의력과 인내력, 창의적인 문제해결능력을 키울 수 있게 한다. 아울러 조작놀이를 통한 새로운 조작기술의 획득은 영유아로 하여금 성취감을 느끼게 하며 자신감, 자신에 대한 만족감 등을 주어 영유아의 긍정적인 정서의 발달을 돕는다. 또한 조작놀이는 수, 수의 조합, 계산, 기하학적 개념, 크기, 색채, 위치, 형태 등에 대한 개념과 비교능력을 발달시켜 주며, 이는 영유아의 논리적, 수학적 사고능력의 발달을 돕는다(유효순, 조정숙, 2001). 영유아는 친구들과 함께 조작 놀잇감을 다루고, 게임을 하는 과정에서 언어발달 및 사회적 능력의 발달을 이룬다. 교사는 영유아의 발달에 적합한 조작놀이 교구들과 놀이경험을 제공한다. 또한 계절, 교육 주제, 영유아의 관심과 흥미에 따른 다양한 조작놀이 교구들을 제공하여, 조작놀이가 풍부하게 진행될 수 있도록 한다. 또한 영유아가 편안한 분위기에서 안락하게 다양한 탐색활동을 할 수 있도록, 충분한 조작놀이 공간과 시간을 제공한다. 한편, 영유아의 조작놀이 상황을 관찰하여, 조작놀이에 참여하지 않거나, 늘 같은 수준의 조작놀이를 하는 영유아가 있다면, 교사는 적절히 개입하여 해당 영유아의 조작놀이를 격려하고 안내한다.

4) 쌓기놀이

쌓기놀이는 여러 가지 블록을 쌓아 구조물을 만드는 놀이로 영유아들이 매우 좋아하는 놀잇감이다. 블록을 사용하는 놀이는 대개의 경우, 특정한 과업을 요구하지 않으므로, 영유아들은 자신의 발달수준에 따라 자신의 의도대로 자유로이 놀이할 수 있어서 영유아들에게 만족감과 성취감을 준다. 특히 쌓기놀이 영역에서는 영유아들 간의 사회적 상호작용이 많이 일어나며, 협동놀이를 하는 모습이 많이 보인다.

쌓기놀이는 영유아의 정서 및 사회성의 발달에 긍정적인 영향을 미친다. 블록놀이를 하면서 영유아들은 자신의 느낌이나 생각을 구성물을 통해 표현할 수 있고, 자신이 만든 구성물을 보면서, 성취감, 만족감, 행복감을 느낀다. 이처럼 블록놀이로 인한 즐거움, 정서적 안정감은 영유아의 정서발달에 도움을 주고, 자아존중감의 바탕이 된다. 또한 친구들과 함께 블록으로 구성물을 만들고, 나눠 쓰고, 어떠한 구성물을 만들 것인지 등에 대해 서로 의견을 나누고, 협의하는 과정에서 협동, 양보, 수용, 질서, 준법 등의 사회적 상호작용 기술을 체험하게 된다. 아울러, 쌓기놀이는 영유아의 조형능력, 공간구성능력의 발달을 돕고 및 심미적 감각의 발달 및 표현능력을 증진하게 한다. 영유아들은 블록으로 단순하고 복잡한 구조물을 만들면서 대칭, 균형과 조화를 고려하게 되고, 입체구조물의 아름다움을 발견, 탐색, 표현하는 기회를 갖게 된다. 쌓기놀이는 영유아의 신체발달에도 도움을 준다. 블록을 들어올리고, 쌓고, 내리고, 옮기는 등 다양한 방법으로 블록을 다루는 과정에서 영유아들의 대소근육이 발달하고, 자신이 구상하는 구조물을 정교하게 만드는 과정에서 손과 손가락의 힘이 길러지고, 손과 눈의 협응력, 양손의 협응력 등이 발달하게 된다. 쌓기놀이는 수학적 개념 형성에도 도움을 준다. 영유아들은 블록을 만들고, 감상하는 과정에서 사물의 형태, 크기, 길이, 높이, 넓이, 부피의 개념을 고려해보게 되고, 전체와 부분의 관계, 수의 많고 적음, 공간구성 등에 대한 수학적 개념도 배우게 된다. 이외에도 쌓기놀이 재료는 비구조화 되어 있어 영유아의 자유로운 사고와 표현을 가능하게 하여 창의력의 발달을 돕고, 극놀이와 통합하여 실시하는 쌓기놀이 즉, 쌓기놀이 재료를 활용한 극놀이 소품 만들기, 극놀이 무대 만들기 등의 활동은 영유아의 상상력의 발달을 돕는다.

영유아들은 자발적이고 적극적으로 활발하게 쌓기놀이를 한다. 따라서 교사의 놀이개입은 최소한으로 하고, 영유아가 편안한 분위기에서 안정된 쌓기놀이를 할 수 있도록 한다. 블록놀이를 지도할 때는 무엇보다 안전관리를 철저히 해야 한다. 블록의 사용이나 이동 시 친구들에게 던지거나, 부딪치지 않도록 주의하고, 다른 사람이 만든 구성물도 무너뜨리지 않도록 하고, 특히 무거운 블록의 사용 시는 낙하로 다치는 일이 발생되지 않도록 주의하게 한다. 쌓기놀이를 위한 충분한 시간을 제공하도록 하고, 놀이 후 정리시간을 미리 예고해주어 영유아들이 서두르지 않고 안전하게 놀잇감을 정리할 수 있게 한다. 한편, 쌓기놀이 공간은 해당 교육주제, 쌓기놀이의 종류에 따라 필요한 경우, 융통성 있는 공간사용을 허용하여, 때로는 교실 전체를 활용 한 쌓기놀이를 허용하여, 협소한 장소에 구애됨이 없이, 영유아들이 크고 창의적인 구조물을 만들 수 있도록 격려한다. 또한 쌓기놀이에서 구성한 구성물이 역할놀이, 수학놀이, 신체놀이 등 다른 놀이에서도 활용될 수 있도록 놀이 영역 간의 통합적 운영을 지향한다.

5) 극화놀이

영유아는 놀이 속에서 엄마도 되고, 아빠도 되고 아기도 될 수 있다. 또한 놀이 속에서 영유아는 소방관, 경찰관, 의사 등의 역할을 감당할 수 있고, 빨간 모자, 늑대와 같은 동화 속의 등장인물이 되어 볼 수도 있다. 이처럼 극화놀이는 영유아가 자신의 생활에서 얻은 경험과 지식 및 동화 속의 내용을 바탕으로 하여, 특정한 역할을 수행해보는 놀이를 말한다. 극화놀이는 일상생활에서 경험하는 역할을 수행하는 역할놀이, 동화 속에 등장하는 인물의 역할을 수행해보는 주제환상극 놀이, 직업과 관련된 다양한 역할을 수행하는 사회극놀이로 나눌 수 있다.

극화놀이를 통한 영유아들의 내면적 욕구표현은 영유아들의 내면적 욕구를 충족하게 하고, 긴장을 해소하며, 영유아에게 정서적 안정을 준다. 예를 들어, 특정 유아가 평소 부모로부터 자신에게 부여되는 형이나 언니로서의 성숙한 역할에 대한 지나친 기대에 대해, 불만과 억압을 갖고 있었다면, 그 유아는 극화놀이에서 동생 혹은 아기역할을 실현함을 통해, 자신의 내면의 욕구를 표출, 충족하게 되고, 긴장을 해소하며, 이를 통해 정서적 안정감을 갖게 되는 것이다. 극화놀이는 대개의 경우, 몇 명의 영유아가 함께 어울려 놀이하는 집단놀이로서, 영유아는 극화놀이를 통해, 사회적 상호작용기술, 친구 사귀기와 같은 사회화 기술이 증진된다. 극화놀이에서 영유아는 여러 역할체험을 통해, 타인과의 관점 차이를 발견하게 되고, 이를 통해 자기중심성에서 벗어나 다른 사람의 입장을 생각해 볼 수 있는 기회를 얻게 된다. 특히 주제환상극 놀이는 유아의 현실세계와 일치하지 않은 여러 가지 역할, 사물, 행동, 상황 등을 가작화할 수 있는 기회를 제공하게 되어, 영유아의 상상력, 창의적 표현능력의 발달을 돕는다. 또한 사회극놀이 체험을 통해 영유아들은 자신의 주변세계와 지역사회 구성원의 여러 역할에 대한 이해의 폭을 넓힐 수 있는 기회를 갖게 된다. 아울러, 영유아들은 극화놀이에서 맡은 역할을 잘 수행하기 위해 영유아들이 경험한 사건을 재연하고, 인물을 모방하고, 상상력을 발휘하면서 그 역할을 감당하게 되는데 이러한 일련의 과정 즉, 재연하고, 모방하며, 상상하며, 실현해내는 극놀이의 참여과정은 영유아의 인지발달을 촉진한다.

극화놀이 시 교사는 영유아들의 자유롭고 창의적인 표현을 수용하고, 격려하며, 배역 정하기, 무대배경 꾸미기, 소품의 제작과 활용 등에 대한 영유아들의 의견과 생각을 존중하도록 한다. 또한 교사는 영유아들의 극화놀이를 풍성하게 하기 위해, 적절한 놀이시간, 놀이장소를 확보하고 영유아들이 동화책, 정보책, 영화, 연극관람, 현장견학 등을 통해, 해당 극놀이에 대한 정보와 지식을 얻을 수 있도록 한다.

6) 예술융합놀이

예술융합놀이는 음악, 미술, 춤, 문학 등 예술을 중심으로 하여 예술과 예술을 통합, 융합하고, 예술과 다른 영역 간의 통합 및 융합놀이를 실시하는 것을 의미한다. 즉, 영유아들은 예술융합놀이를 통하여 자신의 일상적인 삶과 그들을 둘러싸고 있는 주변 세계에서 예술의 아름다움, 삶과 주변세계에 대한 아름다움을 발견하고, 탐색하고, 누리게 되며, 앞으로 전개되는 일상과 삶에서도 예술적 삶을 지속하고 향유하는 기반을 다지게 되는 것이다. 심미수업은 수업 자체가 '예술적 수준'에서 아름다움과 예술적 감동이 있다는 것을 의미하고, 유아의 예술충동이 미적 체험 차원에서 발생하도록 다양한 장르의 예술활동을 융합적으로 활용한다(임부연, 2015). 이러한 맥락에서 지금까지 중점을 두어 실시되어 왔던 인지중심의 영유아 교육과정, 교육내용, 교육활동을 점검해보고, 영유아의 교육과정, 교육활동, 교육내용을 심미적 차원에서 접근하여, 수업 자체의 예술성과 영유아들의 미적 체험을 중요시 하는 심미수업, 예술융합교육, 예술융합놀이 활동의 계획과 전개에 대한 움직임과 실천이 일어나고 있다(강효정, 2013; 임부연, 류미향, 최남정, 오정희, 양혜련, 김성숙, 이정금, 송진영, 정경수, 2016). '아이들의 창조성을 꽃 피우게 하는 것은 예술과 함께 하는 풍부한 경험을 통해서이다. 아이들은 예술을 통해 그들 자신을 표현하는 것을 배우고, 아이들은 말로 그들의 감정, 생각 등을 표현하기 이전에 다양한 예술매체를 통해, 의사소통할 수 있다(Gera Jacobs, Kathy Crowley, 2007).' 이러한 관점에서 영유아의 예술융합놀이 체험은 영유아들에게 자신의 일상생활, 사람과 사물, 자연, 주변 세계를 아름답게 바라보게 하는 예술이라는 거울을 선물하는 것이다. 예술융합놀이의 한 예를 들어보면, 영유아가 특정한 명곡과 명화를 감상하고, 이에 대한 자신의 느낌과 생각을 노래로, 악기연주로, 신체표현으로, 춤으로, 그림 그리기와 작품 만들기로, 스토리텔링하기 등으로 표현하고, 명곡과 명화에 나타난 음악적, 미술적 요소, 수학적, 과학적 요소, 상상의 요소 등을 탐색하는 일련의 예술융합놀이과정을 통해, 영유아는 예술활동, 예술과 예술의 융합, 예술과 다른 영역과의 융합활동에서 아름다움을 발견하고, 누리는 것이다. 예술융합놀이의 실시를 위해 교사가 먼저 자신의 삶과 주변 세계를 예술의 눈으로 바라보고, 의미를 부여할 수 있는 안목이 있어야 할 것이다. 이를 위하여 교사는 자신의 삶과 영유아들의 삶, 사람, 사물, 자연, 주변 세계에서 아름다움을 발견하고, 탐색하고, 누리는 미학적 삶을 추구하면서, 영유아들과 함께 예술융합놀이를 실천해가야 할 것이다.

이상에서 살펴본 바와 같이 교사는 신체, 언어, 조작, 쌓기, 극화놀이, 예술융합놀이 등 영역별 영유아놀이의 의의와 지도사항을 숙지하여 각 놀이활동을 전개하고, 나아가 영역의 통합, 융합놀이활동의 전개를 지향하는 노력으로 영유아들의 문제해결능력, 창의성, 상상력, 예술성의 향상을 도모해야 할 것이다.

4. 놀이지도 시 교사의 역할

1) 놀이계획자로서의 역할

교사는 영유아의 발달수준과 흥미, 관심 등을 고려하여 교육주제에 따른 교육목표에 준하여 놀이를 계획한다. 교사는 놀이의 계획 시, 특정 주제에 대하여 각 영역의 놀이활동을 통합하여 놀이를 계획한다. 예를 들어, 계절에 관한 교육주제를 전개함에 있어서 계절에 관련한 신체놀이, 언어놀이, 조작놀이, 쌓기놀이, 극화놀이, 음률놀이, 미술놀이, 자연물놀이 등을 계획한다. 이러한 통합적 놀이계획을 통해, 영유아가 특정 교육주제에 대한 깊이 있고 폭넓은 탐구와 학습의 기회를 경험할 수 있도록 한다. 놀이를 계획할 때에는 영유아가 놀이의 계획과 실행에 사용할 시간을 충분히 고려하여 놀이를 계획하여, 영유아들의 놀이가 확장되고 심화될 수 있도록 한다. 놀이계획 시 다양한 놀이의 실시를 위해, 적절하고 충분한 공간을 확보하도록 하고, 영유아의 발달에 부합하는 적절한 놀잇감과 놀이자료를 활용할 수 있도록 놀이를 계획한다.

2) 놀이환경 제공자로서의 역할

교사가 영유아에게 제공하는 놀이환경, 놀이환경의 운영방식 등은 놀이에 대한 영유아의 흥미유발과 교육효과에 큰 영향을 미친다. 놀이자료 접근의 용이성, 놀이자료의 심미성, 실용성, 내구성, 놀이자료 활용의 난이도 등은 영유아의 놀이계획과 실시에 영향을 준다. 따라서 교사는 영유아들이 자발적인 동기에 의해 흥미와 관심을 가지고 놀이를 선택하며, 놀이를 수행할 수 있도록 놀잇감, 놀이자료, 놀이 영역과의 근접성을 고려하여 놀이환경을 구성한다. 놀이환경은 진행되고 있는 교육주제, 교육목표, 교육내용과의 연관성을 고려하여 적절하게 변화를 주어 제공하고, 고정화되어 있는 흥미영역별 놀이공간이라 할지라도 수시로 적절하게 변화를 주어 영유아들이 새로운 환경과 자극에 잘 적응하고 대응할 수 있게 한다. 또한 교사는 고정된 흥미 영역으로 놀이환경이 구성되어 있다고 하더라도 놀이의 내용, 놀이의 방법, 놀이참여자의 수를 고려하여 때때로 영유아가 특정 교실의 전체 영역을 놀이공간으로 활용하도록 한다. 이처럼 교사의 융통성 있는 놀이환경의 운영은 영유아의 놀이에 변화와 확장, 심화를 가능하게 할 것이다.

3) 놀이개입자로서의 역할

영유아의 놀이에 대한 교사의 개입은 최소한으로, 적절한 시점에 신중하게 이루어져야 한다. 교사는 영유아가 교사의 개입을 요구할 때나 교사가 영유아의 놀이를 확장시키고자 할 때 개입하는 것이 적절하다. 교사의 개입은 이처럼, 영유아의 놀이를 심화, 확장 할 수 있으며, 놀이에 참여하지 못하고 있는 영유아가 놀이에 참여할 수 있는 환경을 제공할 수도 있다. 또한 영유아들 사이에 갈등이 발생했을 때에는 가급적 영유아들이 안전한 범위 안에서 스스로 갈등상황을 해결 할 수 있도록 하고, 문제해결을 위해 교사가 개입할 시에는 재판관이 되어 직접적으로 문제를 해결해 주기보다는 해결방안의 대안을 알려주어 영유아들이 스스로 문제를 해결할 수 있도록 돕는다. 즉, 말로 의사소통하기, 갈등의 원인이 되는 요인을 파악하고 제거하기, 협상을 위한 방법 모색하기, 다른 활동으로 전환하기 등의 방법을 영유아들이 활용하도록 돕는다.

4) 놀이평가자로서의 역할

교사는 놀이상황의 관찰과 분석, 평가를 통해 영유아의 발달과 학습정도, 변화와 진보의 영역과 정도를 파악할 수 있다. 또한 교사는 놀이에 대한 영유아의 참여도, 자발성, 흥미여부를 평가하고, 계획된 놀이의 진행과 실행의 적절성, 영유아의 놀이에 대한 교사의 역할수행의 적절성 여부를 수시로, 그리고 지속적으로 평가한다. 이러한 영유아의 놀이에 대한 교사의 평가는 계속 진행되는 놀이의 계획과 실행에 필요한 정보를 제공하고, 개별 영유아의 발달과 학습의 영역과 정도에 따른 요구에 부합하는 놀이의 계획과 수립, 수행에 유용한 정보를 제공한다.

참고문헌

강효정(2013). 8가지 다중지중을 길러주는 예술융합교육 Smart 8. 서울: 세광음악출판사.

교육과학기술부(2013). 3-5세 연령별 누리과정 해설서. 서울: 교육과학기술부 · 보건복지부.

김숙자(2000). 유아교육과정. 서울: 문음사.

김주연(2015). 생각이 자라는 창의융합놀이. 인천: 오리진하우스.

김지영, 성연승, 이정원(2014). 영유아 놀이지도. 서울: 교육아카데미.

신은수, 김은정, 유영의, 박현경, 백경순(2011). 놀이와 유아교육. 서울: 학지사.

심성경, 백영애, 이영희, 함은숙, 변길희, 김나림, 박지애(2010). 놀이지도. 경기: 공동체.

안혜준, 송승민, 조형숙, 권희경(2016). 놀이지도. PLAY IN ERALY CHILDHOOD EDUCATION. 경기: 파워북.

유효순, 조정숙(2001). 놀이이론과 실제. 서울: 한국방송대학교 출판부.

이순형, 김혜라, 권기남, 김지현, 김진경, 김진욱, 서주현, 이정현, 최인화, 유주연, 안혜령, 이은중(2014). 놀이지도. 서울: 학지사.

임부연(2015). 누리과정, 미학을 만나다. 경기: 양서원.

임부연, 류미향, 최남정, 오정희, 양혜련, 김성숙, 이정금, 송진영, 정경수(2016). 누리과정과 심미수업. 경기: 양서원.

최석란, 이경희, 이상화, 서원경(2006). 놀이지도. 경기: 공동체.

David A. Sousa, Tom Pilecki(2014). STEAM 융합인재교육의 이론과 실제. 인천: 다빈치 books.

Gera Jacobs, Kathy Crowley(2007). *Play, Project, and Preschool standards*. California: Crown Press.

Laurie Makin, Marian whitehead(2010). 아이들의 문해 어떻게 지도할까? *How to Develope Children's Early Literacy: A Guide for Professional Carers & Educators.* 서울: 시그마프레스.

Mary Slattery, Jane Willis(2001). *English for Primary Teachers.* Oxford University press.

Chapter 5

영유아교육과정의 환경구성

핵심개념

환경구성 | 가구 설비 및 교구 | 실내·외 흥미 영역

1. 환경구성의 특성

1) 환경구성의 중요성

영유아들은 물리적인 환경에 끊임없이 작용하고 자극받기 때문에 학습경험에서 환경의 영향은 절대적으로 중요하다. 영유아교육기관의 물리적 환경은 인적환경과 더불어 영유아교육의 질을 결정짓는 중요한 역할을 하며, 단순하게 생활하고 활동하는 의미에서 벗어나 신체적, 정서적, 사회적, 인지적 발달에 영향을 주는 중요한 역할을 하므로 공간구성에 대한 구체적인 계획이 이루어져야 한다.

실내외 환경의 구성형태나 선정된 교구들은 영유아들이 어떻게 성장 · 발달해야 하는가를 영유아들에게 제공하는 직접적이고 명확한 방법이다. 따라서 교육환경을 계획하고 배열하는 일은 교수-학습의 연장이며, 영유아의 연령이나 발달특성을 고려하여 교육환경을 적절하게 구성하여야 한다. 영유아의 흥미와 요구에 적합한 시설, 교구, 놀잇감, 가구 등을 선택하여야 하며, 주의 깊은 관찰과 평가를 통해서 교구들이 첨가되거나 제거될 수 있다. 환경의 변화는 놀이활동 유형에 변화를 가져오게 하는 비지시적인 역할을 하므로 물리적 환경은 영유아가 행동하는 방식에도 중요한 영향을 준다.

영유아는 물리적 환경구성에서 접하게 되는 경험을 통하여 질서, 열정, 호기심, 청결, 안전감을 느끼며, 조직적이고, 매력적이며, 청결하고, 온화한 환경은 보다 긍정적인 행동을 유발하게 한다. 환경은 모든 발달 영역, 즉, 신체, 정서, 사회, 인지, 언어에서의 학습과 기술을 증가시키는 기회를 제공하므로, 학습, 성장, 긍정적 행동, 좋은 놀이를 수행하도록 하는 중요한 역할을 한다(Eliason & Jenkins, 1990). 영유아교육에 있어 교육목적을 달성시키는 데 효과적인 수단은 교육환경의 구성이며, 이는 질적으로 구성되고 계획된 교육환경 속에서 놀이를 통한 활동으로 이어진다.

영유아교육기관의 물리적 환경은, 설정한 교육목표에 도달하기 위한 기본적 조건임과 동시에 교사와 영유아 모두의 행동변화를 가져오게 하는 중요한 변인이다. 따라서 교사는 환경의 배역성과 구조성이 주는 의미를 인식하여 적절한 교구를 선택하고 제시하여야 한다. 또한 영유아가 의미를 부여하는 활동에서 다양한 흥미와 만족을 제공할 수 있도록 고안하며, 영유아에게 효과적이고 개별적인 교수를 할 수 있는 기회를 제공하여야 한다.

2) 환경구성의 원리

환경구성의 기본전제는 영유아를 위한 최적 학습환경을 조성하는 것이다. 최적 학습환경이란 영유아들의 개인적인 발달요구를 충족시켜 주어야 하며, 이 같은 환경을 구성하기 위해서는 다음과 같은 사항들을 고려하여야 한다.

- 프로그램의 유형에 관계없이 놀이 주체자는 영유아이므로 유아 지향적이어야 한다.
- 심리적, 신체적 안전과 발달적 적합성 및 다양성을 고려하여야 하며, 영유아의 안전이 절대적으로 보장되어야 한다.
- 영유아의 발달적 요구를 만족시킬 수 있는 개별성이 전제가 되어야 하며, 개

인과 집단 모두를 수용할 수 있는 유연성 있는 구성이 되어야 한다.

- 각 시설의 배정과 공간구성 계획은 심사숙고한 뒤에 이행되어야 한다.

3~5세 누리과정에서 제시하는 유아의 환경구성 원리는 다음과 같다[1].

- 공간은 유아가 활동할 수 있을 만큼 충분히 넓어야 하며, 청결하고 안전한 환경을 제공하고, 적정 온도나 습도를 유지해야 한다.
- 시설설비와 교구는 유아의 연령 및 신체발달에 적합하여 성인의 도움 없이 스스로 사용하고 정리할 수 있도록 한다.
- 유아에게 매력적이고 교육적으로 의미 있는 활동을 제공하도록 환경을 구성한다. 이를 위해 유아에게 활동선택권을 주는 다양한 흥미 영역을 실내 · 외 공간에 배치할 수 있다.
- 환경은 유아의 발달특성에 적합하여야 한다. 유아의 연령이 낮을수록 일상적이고 개별적인 보살핌을 위한 환경구성이 필요하며, 감각적인 경험의 기회가 많이 포함되는 환경을 제공한다.
- 유아가 장시간 유치원이나 어린이집에 머물 경우, 일상적인 보살핌이나 낮잠을 위한 물건이나 놀잇감 보관을 위한 저장공간을 마련한다.

또한 환경구성은 영유아가 쉽게 접근하여 사용할 수 있도록 하는 접근성과 실용성을 토대로 제시되어야 한다. 이는 활용성을 극대화하면서 사회적 제한과 유용성을 끌어내게 되어 환경구성의 원리적 측면으로 개방성과 폐쇄성이 강조된다. 개방적 공간구성은 영유아들이 제한 없이 한 활동에서 다른 활동으로 자유롭게 이동할 수 있게 하며, 학급운영에 있어서 대집단, 소집단, 개별 집단의 균형적인 구조가 필요하므로 개방적 공간과 폐쇄적 공간이 결합되어야 한다. 이러한 환경구성 원리는 교사의 긍정적인 안내와 감독이 요구되는 과업성취의 용이성, 질서, 미적 측면 또한 강조한다(Hilderbrand, 1990).

1) 교육과학기술부, 보건복지부(2013). 3-5세 연령별 누리과정 교사용 지침서, p.178.

2. 가구 설비 및 교구 선택의 기준

1) 가구 설비

영유아에게 놀이는 내적인 에너지를 외부로 출현시키는 기제가 됨과 동시에 이를 통하여 성장과 학습에 필요한 다양한 방법과 기술을 습득하게 된다. 영유아의 성장 · 발달은 놀이라는 활동의 매개체를 통하므로, 놀이기구와 교구는 전인적 발달을 돕는 주요한 역할을 한다.

가구 설비는 영유아들의 행동과 학습활동에 영향을 주기 때문에 특히 안전하고 잘 수선되어 있어야 하며, 물리적 환경이 영유아의 요구에 맞게 배열될 때, 학습기회가 증가된다. 이를 배치하는 데 있어 고려해야 할 구체적인 기준점은 다음과 같다 (Eliason & Jenkins, 1990).

- 설비와 교구들은 영유아의 키에 알맞도록 해야 하며, 옷걸이, 선반, 교구장 및 영유아가 사용하는 교구들은 스스로 사용할 수 있는 곳에 있어야 한다.
- 교실은 조직적이고 정돈되어 있어야 하며, 청결해야 한다. 건강과 위생상 깨끗해야 하며, 너무 많은 것들이 첨가되지 않도록 한다.
- 영유아들이 실내에서 쉽게 달릴 수 있는 공간구조와 배치는 행동을 제지하기 어렵게 한다. 따라서 유동적 공간(Traffic Flow)을 우선적으로 고려하여야 한다.
- 영역을 변화시키고 교구를 바꾸는 것은 영유아에게 새로운 환경을 접하게 되는 기쁨을 주게 되므로 필요시마다 재구성하고 배열할 수 있어야 한다.
- 소음이 나는 영역들은 서로 가까이 배치하고 조용한 영역들과 떨어져 배치한다.
- 교사가 교실의 모든 영역을 보고 감독할 수 있는 기본적인 체계구성을 염두에 둔다.

• 전체적인 설비, 교구의 관리, 보관을 고려하여야 한다.

영유아가 활동하게 되는 장소에는 영유아의 신체적, 정신적 발달을 가능케 하는 기본 가구와 설비가 충분히 마련되어야 한다. 교구의 설비를 선택할 때 고려해야 될 기본적인 준거는 다음과 같다(Spodek, Saracho & David, 1987).

• **안전성** : 교구를 선택하는 데 있어 가장 먼저 고려되어야 할 요소는 안전성이다. 이를 위해 체크해야 될 사항으로는 ① 날카로운 모서리나 끝, 노출된 못이나 핀이 있는가? ② 삼킬 수 없을 만큼의 크기인가? ③ 깨지지 않는 것으로 만들어졌는가? ④ 무독성으로 영유아가 입에 넣어도 되는가? ⑤ 전기가 필요한가? ⑥ 안전한 것인가? ⑦ 내재된 위험이 있는가? ⑧ 쉽게 청소할 수 있는가? 등이다.
• **적합성** : 영유아의 일반적인 흥미와 학습능력에 적합해야 함과 동시에 개별적, 독자적인 영유아의 특성에 부합되어야 한다.
• **질과 내구성** : 가정에서 사용이 적당하다고 생각되는 설비가 유치원에서는 부적당할 경우가 있다. 내구성이 있으며, 관리가 용이한 것으로 하여야 한다.
• **사용의 유연성** : 가구와 설비는 다양한 방식과 상황에서 사용될 수 있는 것을 선택해야 한다.

[그림 5-1] 견고하게 제작된 가구 설비

[그림 5-2] 다양하게 사용될 수 있는 책상

2) 교구의 선택 및 제시

교구를 선택할 때 고려해야 될 일반적인 사항으로는 첫째, 영유아의 연령을 고려한 것으로서 흥미를 유발하고 유지시킬 수 있도록 고안되어야 한다. 둘째, 잠재적 기능을 포함한 교구일수록 더욱 좋다. 단순 단원(Single Unit) 놀이에 필요한 교구보다 복합 단원(Complex Unit) 놀이를 찾을 수 있는 교구가 더 효과적으로 이용될 수 있다. 셋째, 교구 및 설비가 평형성과 견고성을 가지며, 끝마무리가 잘되고 세척하기 쉬운 것이어야 한다. 넷째, 영유아의 안전 및 건강을 보호하도록 고안된 것이어야 한다(김숙자, 1987).

교구를 선택하고 제시할 때 유의점과 교구사용에서 교사의 역할은 다음과 같다(Day, 1983).

(1) 교구의 선택

- **프로그램의 목적** : 프로그램의 목적과 각 영역에 알맞는 교구들을 사용하여 활동 간에 분명한 관계가 있는가? 이들 교구의 사용이 영유아들의 행동에 미치는 영향을 생각하였는가?
- **발달적 수준** : 영유아들의 발달적 수준에 적합한가? 영유아들에게 단순하고 복잡한 행동을 모두 제공할 수 있는 교구들인가?
- **교구의 복잡성** : 단순한 교구들, 복잡한 교구들, 아주 복잡한 교구들을 골고루 제공하고 있는가? 이는 단순 단원 놀이에서부터 복합 단원 놀이까지 확장될 수 있는 것들인가?

(2) 교구의 제시

- **개방된 선반** : 교구들이 닫힌 사물함이 아닌 개방된 선반에 있는가?
- **낮은 선반** : 교구들을 쉽게 볼 수 있고 영유아들의 손이 잘 닿는 곳에 있는가?

- **이동의 용이성** : 교구들을 보관된 영역으로부터 쉽게 가져올 수 있는가?
- **교구 / 영역 관계** : 각 영역의 교구들은 그 영역의 목적과 행동들을 지지하는가?
- **매력과 유용성** : 영유아들이 교구 사용하기를 즐겨하는가? 영유아들에게 흥미를 제공하여 쉽게 이용할 수 있는가?

(3) 교구사용에서 교사의 역할

- **지지** : 영유아들의 교구 사용을 얼마나 지지하고 격려하는가?
- **참여** : 교구 사용에 있어 영유아들과 협력적으로 참여하는가?
- **시범** : 영유아들이 교구를 사용하는 방법을 배우도록 돕는가?
  영유아들이 교구를 사용하는 방법을 탐색하도록 배려하는가?
- **관찰** : 영유아들의 상호작용을 관찰하는가?

(4) 교구의 다양성

- **다양성** : 영유아들의 행동과 생각의 다양성을 수용할 교구인가?
- **흥미** : 각 영역의 교구들은 영유아들의 흥미와 관심의 대상이 되는가?
- **양** : 교구는 활동을 전개하기에 충분한 만큼의 양인가?

상업적인 장난감이나 교구들을 선택하는 데 있어 고려해야 할 일반적인 준거들은 다음과 같다(Eliason & Jenkins, 1990).

- 영유아들의 연령, 발달수준, 능력, 요구, 흥미에 적절하여야 한다.
- 영유아 주도적 활동과 실용성을 지녀야 한다.
- 영유아의 참여를 격려하여야 한다.
- 외형적인 특성은 단순해도 창조적이고 발명적인 가능성이 있어야 한다.
- 내구력이 있고 안전해야 하며 부서졌을 경우 즉시, 수선될 수 있어야 한다.

3. 영유아를 위한 흥미 영역별 환경구성

흥미 영역은 각 영역마다의 개별성 뿐 아니라 전체 활동실과도 관계가 있는 일련의 작업 영역이다. 일반적인 측면에서 볼 때 흥미 영역은 각 영역에서의 구분성과 통합성을 모두 지니게 되며, 흥미 영역이 교실배열의 기초가 될 것인지의 여부는 프로그램의 목적과 철학 및 교육관 등의 다양한 변인에 의해 결정되어야 한다. 설정된 영역은 그 영역에서 요구하는 충분한 공간이 구분되어 배치되어야 하며, 이동이 가능한 선반이나 교구장 및 분리대를 이용하면 융통성 있는 공간구성이 가능하게 된다.

흥미 영역을 구성함에 있어서 프로스트는 놀이의 활동성과 물의 필요성을 원칙으로 다음과 같은 네 영역으로 구분하였다(Frost, 1992).

〈활동적이고 건조한 곳〉 쌓기 영역, 역할 영역, 목공 영역, 음률 영역	놀이의	〈활동적이고 물이 있는 곳〉 물 · 모래 영역, 미술 영역
물의		필요성
〈조용하고 건조한 곳〉 언어 영역, 수학 영역, 조작 영역, 컴퓨터 영역	활동성	〈조용하고 물이 있는 곳〉 요리 영역, 점토 영역, 과학 영역

1) 실내 환경구성

일반적인 측면에서 볼 때, 한 영역에서 발생되는 소음이 다른 영역에서의 활동에 방해가 될 수 있기 때문에 흥미 영역은 구분되어 구성된다. 흥미 영역이 효율적으로 운영되기 위해서는 다음과 같은 기본적인 조건들이 만족되어야 한다.

- 벽에 칠한 페인트나 벽지는 지나치게 눈에 띄지 않는 색을 이용한다.
- 작은 칠판이나 보드가 있는 전시공간이 필요하다.
- 필요시 빛을 차단하거나 휴식을 가능케 하는 블라인드가 설치되어야 한다.
- 카페트는 큰 것보다는 작은 것으로 된 여러 장을 이용하여 햇볕에 널거나 세탁하기에 용이하도록 하며, 정기적으로 세탁을 한다.

인위적으로 구분된 흥미 영역은 영유아의 실생활에서 접하는 생활유형과는 다르므로 영유아의 생활과 유사한 자연적인 상태 그대로를 지지하는 견해도 있다. 이는 조용한 영역과 시끄러운 영역을 구분할 필요가 없다고 보는 시각으로, 교사의 철학과 지역사회 및 영유아의 특성과 성격에 따라 결정할 수 있다.

[그림 5-3] 영역이 구분된 실내 환경구성

[그림 5-4] 영역이 구분되지 않은 실내 환경구성

유아의 교수-학습을 지원하기 위해 실내에 쌓기놀이 영역, 언어 영역, 역할놀이 영역, 수·조작 영역, 과학 영역, 음률 영역, 미술 영역 등의 흥미 영역을 구성하여 신체운동·건강, 의사소통, 사회관계, 예술경험, 자연탐구 등을 다양한 활동으로 전개할 수 있도록 한다. 흥미 영역에 제시되는 활동이나 자료는 주간 및 일일주제와 관련되도록 하여 게임, 발표, 토의, 관찰, 실험, 조사, 현장체험 등 다양한 유형의 활동과 연계되어 영유아의 학습을 심화시킬 수 있도록 한다(교육과학기술부, 보건복지부, 2013).

흥미 영역의 수는 전체 공간의 크기, 유아의 수, 연령, 흥미를 고려하여 조절할 수 있다. 상황에 따라 핵심 영역과 선택적 영역으로 구분하여 운영하며, 핵심 영역에는 쌓기놀이 영역, 언어 영역, 역할놀이 영역, 수 · 조작 영역, 과학 영역, 미술 영역, 물 · 모래영역이고, 선택적 영역으로는 음률 영역, 목공 영역으로 구분될 수 있으나, 기관의 특성과 요구에 따라 영역의 수와 내용을 융통성 있게 조정할 필요가 있다. 대체로 연령이 많아질수록 흥미 영역 개수가 늘어나며, 유아의 흥미에 따라 영역을 가감하기도 하며, 1년에 3~4번 위치를 바꾸어 줌으로써 변화를 줄 수 있다.

배치는 공간의 크기, 소음, 채광, 물의 사용 여부 등을 고려하며, 벽에 붙이는 부착물은 영유아의 눈높이에 맞추어 게시한다. 모든 교재교구는 안전과 위생을 고려해야 한다.

흥미 영역 구성과 배치는 유아와 의논하여 자율적으로 정할 수 있다. 이는 유아들에게 선택의 기회를 줌으로써 의견과 관심을 존중하는 영역 구성을 할 수 있을 뿐 아니라, 영유아들이 활동에 더 흥미를 가지고 참여하며, 스스로 정리를 할 수 있게 한다.

(1) 쌓기놀이 영역

이 영역은 블록 영역으로 불리기도 한다. 여러 가지 크기와 모양, 재질의 블록과 소품을 이용하여 어떤 사물을 구성하거나 구조물을 쌓고, 꾸며보는 등의 과정을 경험하는 영역이다. 블록은 유아들이 즐겨 사용하는 놀잇감으로 교육적 가치는 매우 크다. 일상생활에서 보고, 듣고, 느낀 것의 경험을 공간적 · 입체적으로 재구성해 보며, 사람들의 역할과 기능 및 공간지각능력, 수에 관한 개념을 형성할 수 있다. 또한 다양한 구성활동을 하면서 관찰력, 측정기술, 원인과 결과에 대한 사고력 등을 기를 수 있다.

쌓기놀이 영역은 활동적이며 소음이 발생하는 영역이므로 역할놀이 영역과 인접하여 배치하면 복합 단위적 활동까지도 유도할 수 있다. 언어나 과학 등 정적인 영역과는 떨어져서 배치하는 것이 좋으며, 블록으로 인한 소음을 방지하기 위해 바닥에 카펫이나 매트를 깔아준다. 유아가 구조물을 쌓을 때 방해받지 않도록 활동에 충분한 공간을 마련해 주며 통행이 많지 않은 곳에 배치한다.

유아의 구성능력 및 조작능력을 고려하여 다양한 종류의 블록을 순차적으로 제공하며, 확장활동으로 발전시킬 수 있도록 관련 사진이나 그림카드를 제시한다. 무거운 블록은 유아가 안전하게 꺼내 사용할 수 있는 위치에 놓으며, 블록 선반에도 융단을 깔아 주면 좋다.

또한 블록의 교구장이나 선반은 개방적인 것이 좋으며, 블록의 종류, 크기, 모양, 색깔 등에 따라 잘 구분해서 보관할 수 있도록 모양 그림을 붙여 주는 것도 좋은 방법이다. 다양한 블록과 더불어 인형이나 동 · 식물, 탈것 모형과 소품을 구비해 두면 복합 단위적 놀이활동을 유도할 수 있다.

[그림 5-5] 매트가 깔린 쌓기놀이 영역

[그림 5-6] 다양한 블록과 소품들

- **다양한 블록** : 종이 벽돌 블록, 유니트 블록, 공간 블록, 우레탄 블록, 끼우기 블록, 상자나 깡통을 활용한 블록 등
- **크고 작은 모형** : 동물 · 사람 · 공룡 등의 인형이나 모형, 탈것(예: 기차, 트럭, 레미콘, 구급차, 경찰차, 여객기, 운전대) 등

- **사회극 놀이 소품** : 여러 종류의 가면, 교통신호나 표지판, 신호등, 경사로, 널빤지 등
- **기타 자료** : 쌓기놀이에 도움을 주는 책, 그림자료 등

(2) 언어 영역

이 영역은 듣기, 말하기, 읽기, 쓰기와 관련된 활동을 경험하는 영역으로 유아는 활동을 통해 일상생활에 필요한 언어 능력을 향상시키고 올바른 의사소통능력 및 태도를 기를 수 있다. 개별 활동을 주로 하면서 생각과 상상에 잠길 수 있는 곳이므로 조용하고 밝은 곳에 위치하도록 하며, 소음이 발생되는 다른 흥미 영역과는 떨어져 있는 것이 좋다. 주변의 자극으로부터 격리될 수 있는 공간에 배치하며, 안정감 있는 분위기를 위해 창에 커튼이나 블라인드 등으로 햇빛이 직접 비추지 않도록 하고, 포근함을 주는 부드러운 소파나 등받이 의자, 쿠션이나 방석을 마련해 준다.

활동주제나 유아의 흥미에 따라 다양한 언어활동 자료를 비치하여 듣기, 말하기, 읽기, 쓰기활동이 통합적으로 이루어지도록 하며, 편안하게 언어활동에 몰입하도록 한다. 초기에는 주로 책 보기나 듣기 등의 활동을 계획하고, 점차 읽기나 쓰기를 위한 활동으로 구성하는 것이 좋다. 듣기를 위한 카세트와 헤드폰, 말하기를 위한 인형극 자료, 쓰기를 위한 다양한 종이와 필기구 등을 준비해주며, 읽기를 위해 동화책뿐만 아니라 우리나라의 위인전이나 고전적 내용을 만화로 재구성한 책도 준비해 주는 것도 좋다. 책이나 자료는 사용 후 영유아가 스스로 정리할 수 있도록 한다.

[그림 5-7] 다양한 그림책과 읽기를 위한 벽면구성

[그림 5-8] 읽고 쓰기를 위한 필기구와 단어카드

- 듣기자료 : 다양한 종류의 책, CD 플레이어와 동화 CD, 카세트와 테이프(동화테이프 및 공테이프), 헤드폰 등
- 말하기자료 : 이야기 꾸미기 자료와 융판, 융판용 동화자료, 그림카드, 테이블 동화자료, 다양한 인형(막대인형, 손인형, 손가락인형 등), 인형극 틀, 녹음기, 마이크 등
- 읽기자료 : 종류별 책(전래동화, 창작동화 등의 그림책, 위인전, 그림백과사전 등)과 책꽂이, 단어카드(친구이름 카드, 수수께끼 카드, 생활주제에 알맞은 그림카드 등), 동시판 등
- 쓰기자료 : 다양한 필기구 및 종이, 단어카드, 컴퓨터와 프린터, 글자 스탬프와 잉크, 화이트보드와 마카펜, 가위, 펀치, 고리, 스테이플러 등

(3) 역할놀이 영역

이 영역에서 유아는 가정이나 사회의 다양한 기능과 역할을 익힘과 동시에 직업의 기능과 역할에 관한 여러 가지 행동을 모방하면서 내면화한다. 이러한 활동을 통하여 유아들은 상상력, 경험 및 희망, 요구, 주제에 따라 자유롭게 활동을 전개하고 표현함과 동시에 부정적인 감정이나 갈등 및 억눌린 감정의 요소들을 발산시켜 정서적 안정을 찾게 된다.

가장 일반적인 유형은 소꿉놀이 코너로 싱크대, 테이블, 의자, 인형침대 같은 가구 배치에 공간을 필요로 한다. 많은 유아가 참여할 수 있도록 충분한 공간을 제공하며, 쌓기놀이 영역과 이웃하게 배치하면 놀이가 확장될 수 있다. 역할놀이를 확장시키기 위해 상자나 병, 베개, 보자기, 끈, 바퀴, 부속품 같은 재료를 제공해 주고 유아들이 원하는 경험을 극화하도록 격려한다. 양성평등 교육, 다문화 교육 등이 이루어질 수 있는 장소이기 때문에 그와 관련된 소품을 제공하여 자연스럽게 서로의 역할을 바꾸어 할 수 있도록 한다. 교사는 모든 자료를 항상 청결하게 관리하고, 적절한 참여와 알맞은 소품을 제시함으로써 적극적인 참여를 돕는다.

[그림 5-9] 다양한 역할놀이 의상과 소품들

[그림 5-10] 소꿉놀이를 위한 싱크대와 소파

- **기본 가구** : 소파(쿠션, 방석), 옷장(와이셔츠, 넥타이, 모자, 앞치마 등), 테이블(시계, 꽃병, 액자, 신문 및 잡지 등), 화장대(화장품 케이스, 안경, 악세사리 등), 싱크대(다양한 그릇, 냄비, 주전자, 컵, 수저, 주방도구 등), 거울, 의자 등
- **소품** : 가족놀이 소품(아기인형 및 포대기, 주방용품, 일상용품, 의류, 신발류, 가방, 앞치마 등), 가게놀이 소품(모형과일 및 채소, 모형 빵, 모형 떡, 과자상자, 시장바구니, 지갑, 계산기, 모형 돈 등), 병원놀이 소품(의사 가운, 청진기, 주사기, 붕대, 약통 등), 미용실놀이 소품(드라이기, 거울, 빗, 모형가위, 머리장식, 샴푸통, 수건, 보자기 등), 기타 주유소놀이, 슈퍼마켓놀이, 은행놀이, 방송국놀이 등의 주제에 맞는 각종 역할놀이 소품 등

(4) 수 · 조작 영역

이 영역에서는 일대일 대응, 분류, 비교, 서열 등의 수활동이나 퍼즐 맞추기, 끼우기, 판게임 등 논리적 문제해결 및 소근육 조작 등과 관련된 활동을 하는 영역이다. 개별 또는 소집단의 형태로 유아들의 발달수준에 따라 탐색적인 조작활동이나 구성활동을 전개해 나가면서 눈과 손의 협응력, 소근육 발달, 집중력, 논리 · 수학적 개념이나 어휘 및 문제해결력을 향상시킬 수 있다. 주의집중이 잘 되며, 조용한 분위기가 필요하므로 코너나 벽면으로 둘러싸인 공간을 이용하면 조용함과 편안한 분위기를 조성해 줄 수 있다.

난이도가 다양한 놀잇감을 준비하여 발달수준과 흥미에 따른 활동이 이루어지도록 하며, 그래프나 공간, 도형 등과 관련된 대 · 소집단활동이 자연스럽게 확장될 수 있도록 한다.

퍼즐의 조각들이 분실되거나 정리되지 않은 상태로 제공되지 않도록 하며, 정리정돈이 쉽게 이루어 질 수 있도록 바구니나 쟁반에 담아 둔다. 특히 자료들은 보관하는 교구장의 바닥이나 쟁반에 그림자 모양이나 사진을 붙여 주어, 유아들이 스스로 자료를 꺼내고 정리할 수 있도록 한다.

[그림 5-11] 쟁반과 바구니에 담긴 다양한 판게임 교구

[그림 5-12] 퍼즐과 끼우기 블록 등 조작놀이 교구

- **구성활동자료** : 레고 블록, 코코 블록, 다목적 블록, 꽃 블록 등
- **수활동자료** : 일대일 대응, 분류, 비교, 서열, 부분과 전체, 부피나 길이 · 무게 측정, 공간과 형태 개념에 도움이 되는 교구, 숫자카드 등
- **조작활동자료** : 퍼즐, 자물쇠 맞추기, 끼우기 자료(구슬, 끈, 단추 등), 볼트와 너트 맞추기 등
- **게임활동** : 메모리 게임, 주사위를 던져 옮겨가는 판게임 등

(5) 과학 영역

이 영역은 여러 가지 과학 기자재를 활용하여 생물과 무생물, 물질의 성질, 자연현상 등 유아가 접하는 자연환경을 관찰하고 실험하며, 탐구, 감상하는 활동을 하는 영역이다. 주변 환경과 자연현상에 대한 과학적 사고의 기초능력과 태도를 기르기 위한 곳으로 창가에 위치하는 것이 좋다. 주변의 환경이나 사물, 생명체에 대해 알고 지속적으로 탐색하고, 과학적인 사고를 형성할 수 있도록 돕기 위하여 곤충이나 작은 동물, 식물 기르기 등이 이루어질 수 있도록 햇볕이 잘 드는 안정된 장소에 배치하며, 물 공급이 용이하도록 수도 가까이에 배치한다. 살아 있는 동식물을 기를 경우, 교실에서 충분히 관찰한 후 자연을 소중하게 여기도록 원래 있었던 곳(숲, 연못 등)으로 보내주는 과정이 필요하다.

모든 사물과 현상이 학습자료로 활용될 수 있으며, 계절이나 주제, 유아의 흥미에 따라 확대경, 저울, 거울, 자석, 여러 가지 기계와 부품들, 여러 가지 식물과 표본들, 여러 종류의 돌, 조개껍질 등의 자연물을 제시해 준다. 과학은 탐구의 과정이 결과를 아는 것만큼 중요하므로, 영유아가 직접 실험해 보고 관찰해 볼 수 있는 교구나 설비가 충분히 준비되어야 한다. 따라서 일회성 실험보다 유아가 지속적으로 관찰하고 예측하며, 결과를 기록해 볼 수 있도록 하고, 자기주도적, 시행착오적 과정을 허락하는 환경구성이 절대적으로 필요하다.

[그림 5-13] 빛이 잘드는 창가에 배치된 과학영역

[그림 5-14] 관찰할 수 있는 다양한 자연물과 벽면 사진들

- **관찰도구** : 돋보기, 현미경, 거울, 자석(클립, 단추 등 붙여볼 수 있는 다양한 물체), 프리즘, 관찰지 및 필기구 등
- **측정도구** : 온도계, 습도계, 자, 모래시계, 저울(양팔저울, 윗접시저울, 체중계) 등
- **생물체 관련 자료** : 자연물(나뭇잎, 열매, 곡식, 솔방울, 조개껍데기 등), 식물(꽃씨, 채소씨앗 및 계절에 알맞은 식물), 곤충 및 동물(어항, 개미집, 장수풍뎅이, 거북이, 금붕어, 개구리, 달팽이 등), 동식물과 관련된 책, 표본 등
- **자연현상 관련 자료** : 기후관련 그림이나 사진, 돌, 흙, 모래, 달, 별, 해 등의 그림이나 사진, 과학사전 및 과학관련 서적 등

(6) 음률 영역

이 영역은 생활주변에서 듣는 다양한 소리에 관심을 갖고 탐색하며, 음악을 듣고 노래를 부르며, 여러 가지 악기를 다루어 보며 감상활동이 이루어지는 영역이다. 악기연주, 음악감상, 노래부르기, 신체표현 등의 활동을 통하여 유아는 자신의 생각과 감정을 표현할 수 있게 되고, 나아가 음악을 즐기며 생활의 부드러움을 알게 한다. 또한 음악에 맞추어 자유롭게 몸을 움직이거나 창의적인 신체표현을 경험하고, 음악적 아름다움의 요소를 찾아보며, 이를 음악, 움직임, 춤으로 표현하

고, 감상하는 능력을 키운다.

악기를 다루기 때문에 소음을 최소화할 수 있는 시설, 설비를 갖추어야 하며, 동시에 인접영역에 끼칠 수 있는 소리를 차단하는 것이 필요하다. 조용한 활동이 주로 일어나는 언어 영역이나 조작 영역과 떨어져 있는 것이 좋으며, 다른 영역의 활동에 방해가 되지 않도록 배치한다. 바닥에는 소음을 줄이기 위한 카펫을 깔아 안정된 분위기를 조성하고, 헤드폰을 사용하여 음악을 들을 수 있다. 유아가 스스로 음률활동에 참여할 수 있도록 여러 가지 악기와 매개체를 제공하고, 움직이는 모습을 볼 수 있는 거울을 준비해주는 것이 좋다. 유아가 쉽게 다룰 수 있는 리듬 악기나 타악기에서 시작하여 점차 멜로디 악기로 확장한다.

[그림 5-15] 음악감상을 위한 카세트와 벽면의 노래 가사판

[그림 5-16] 타악기와 신체표현을 위한 막대리본 및 스카프

- 기본 교구 : 카세트 및 CD플레이어, 헤드폰, 다양한 음악 테이프나 CD, 악보, 악기관련 사진, 각종 연주회나 춤 공연 등의 사진이나 동영상, 노래 가사판, 악기연주 악보 등
- 신체표현 교구 : 스카프, 막대리본, 부채, 한삼, 응원용 수술, 춤 공연 등에서 입는 무대 의상, 다양한 동작카드 등
- 제작한 악기 : 주방도구를 이용하여 만든 악기(젓가락, 주걱, 냄비뚜껑, 체 등), 콩부채, 빨래판, 마라카스(다양한 곡식 및 모래, 방울 등을 넣어 만든 것) 등
- 전통악기 : 장구, 소고, 북, 꽹과리, 징, 피리 등

- **외국악기** : 리듬악기(탬버린, 캐스터네츠, 트라이앵글, 마라카스, 우드블록), 멜로디 악기(실로폰, 멜로디언, 핸드벨, 키보드) 등

(7) 미술 영역

이 영역은 자연과 사물의 아름다움을 체험하며 그리기, 만들기, 꾸미기 및 구성하기 등의 활동을 하며 자신의 느낌이나 생각을 자유롭게 표현하고 아름다움을 감상하는 영역이다. 비언어적 표현으로서의 기능을 가진 미술활동은 그림 그리기, 색칠하기, 오리기, 풀칠하기, 만들기, 손가락 그림, 판화, 점토놀이와 같은 다양한 활동을 통하여 사물과의 관계를 배우고, 이를 통해 신체조정능력, 협응력과 소근육발달을 이루면서 표현과 의사소통을 가능하게 한다. 또한 미술적 아름다움의 요소를 이해하며, 자신의 생각이나 느낌을 표현하면서 성취감을 얻고, 정서적인 긴장감도 해소할 수 있다.

조용하고 밝은 곳이 좋으며, 물을 사용할 수 있는 공간과 가까이 배치한다. 50㎝ 정도의 높이로 된 이동식 테이블과 싱크대 등이 필요하며, 테이블 위나 바닥에 비닐 등을 깔아 보호하고 쉽게 청소할 수 있도록 하며, 바닥은 젖었을 때 미끄러지지 않도록 배려힌다. 또한 다양한 자료를 보관할 수 있는 자료 정리장을 구비하고, 유아가 쉽게 꺼내 활동할 수 있도록 한다. 완성된 작품을 말릴 수 있는 건조대나 작품을 전시할 수 있는 선반, 게시판 등을 준비한다. 흔히 사용되는 교재는 크기, 색, 질감이 다양한 종이, 붙이고 자르는 도구 및 만들기 재료, 그리기 재료, 다양한 점토, 꾸밀 수 있는 재료 및 깨끗하게 씻어 준비된 재활용품 등이다.

[그림 5-17] 작품을 전시할 수 있는 벽면구성

[그림 5-18] 오리고 붙일 수 있는 다양한 미술재료

- **종이류** : 도화지, 색종이, 색지, 골판지, 셀로판지, 포장지, 신문지 등
- **그리기 도구** : 색연필, 사인펜, 매직, 크레파스, 물감, 붓 등
- **만들기 도구** : 물풀, 딱풀, 목공풀, 테이프, 가위, 핑킹 가위, 스테이플러, 모양 펀치 등
- **점토류** : 찰흙, 고무점토, 밀가루점토, 유점토, 찍기 틀 및 깔개 등
- **꾸미기 재료** : 수수깡, 빨대, 실, 털실, 단추, 솜, 스티로폴, 스펀지, 자연물(나뭇잎, 꽃잎, 나뭇가지, 열매, 솔방울, 돌, 조개껍질, 깃털, 톱밥 등)
- **여러 가지 재활용품** : 다양한 크기의 상자, 뚜껑, 각종 통(깡통, PET병, 요구르트병 등), 휴지 속 심, 우유곽, 종이컵, 종이봉투, 종이접시, 은박접시, 다양한 천조각, 잡지 등

(8) 기타 - 영아를 위한 환경구성

쾌적한 보육공간과 적절한 놀잇감이 갖추어진 어린이집의 물리적 환경은 보육활동 전반에 영향을 미치는 중요한 요인이므로 영아를 위한 환경은 편안하고, 안전하며, 영아의 발달에 적합하도록 구성되어야 한다. 어린이집 표준보육과정에서 제시하는 영아를 위한 환경구성의 원리와 교구는 다음과 같다(보건복지부, 2013).

- 영아의 건강과 안전을 최우선으로 고려한다. 쾌적하고 위생적인 공간과 설비,

놀잇감이 마련되고, 지속적으로 청결하게 관리되어야 한다. 특히 책상과 교구장 등의 모서리가 날카롭지 않도록 하고, 영아가 삼킬 수 있는 직경 3.5cm 이하의 작은 크기의 물건이나 놀잇감은 제공하지 않는다.

- 정서적 안정감을 줄 수 있어야 하며, 특히 집과 같이 포근하고 편안하게 느껴지도록 구성한다. 또한 안락하게 쉴 수 있는 휴식공간을 갖추어야 한다. 조용한 영역에 깔개와 쿠션 등을 마련해주고, 영아 눈높이의 벽면에 영아나 가족, 또래, 친숙한 동물사진 등을 붙여준다. 영아의 개인사물함이나 물건에 이름이나 사진을 붙여주어 자신의 존재를 확인하고 친숙함을 느끼게 해 준다.
- 움직임과 이동성을 확보한다. 영아가 탐색하며 활동할 수 있을 만큼 공간이 충분히 넓어야 한다. 또한 걸음마를 배우고 활동성이 증가하는 영아의 발달 특성을 고려한 공간배치가 필요하다. 보육실을 포함한 실내 · 외 시설과 설비는 영아의 크기에 적절하고 안전하도록 구성하고, 책상과 의자, 침대 등은 영아의 신체 크기를 고려하여 배치한다.
- 탐색과 발견의 기회가 마련되어야 한다. 탐색과 놀이가 충분히 이루어지도록 놀이 영역을 구성한다. 0세에서 2세로 갈수록 놀이 영역의 수를 늘리며, 영아의 특성상 신체활동이 활발하게 일어나고 실내외로 자주 이동하기 어려운 점을 감안하여 신체영역을 보육실 내에 구성하며, 조용한 놀이와 시끄러운 놀이를 구분하여 배치한다.
- 영아의 일과를 고려하여 일상생활 영역과 놀이영역을 함께 구성한다. 수유, 낮잠, 기저귀 갈이 등 일상생활을 위한 공간이 필요하며, 0~1세는 일상생활이 편안하게 이루어지도록 일상생활영역과 함께 놀이 영역을 구성하고, 2세는 놀이영역을 중심으로 구성한다.

① 일상생활 영역

영아는 주로 먹고, 쉬고, 자는 등의 일상생활이 이루어지므로, 이러한 욕구를 충족시킬 수 있는 가정과 같은 편안함이 있는 일상생활 영역에 적절한 설비를 갖추어야 한다. 여러 개의 영역을 세분화하기 보다는 흥미 영역을 통합하여 구성하는 것이 좋다.

[그림 5-19] 개인 사물함의 여벌옷과 기저귀

[그림 5-20] 이불과 유아 사진이 붙어 있는 바구니

- 0~1세 : 개인 사물함, 휴식 영역, 수유 영역, 기저귀갈이 영역
- 2세 : 개인 사물함, 휴식 영역, 간식 및 식사 영역, 화장실

② 놀이 영역

영아는 감각 운동 기능을 활용한 활동이 주로 이루어지기 때문에 다양한 감각 및 탐색활동이 이루어지는 놀이 영역이 구성되어야 한다. 매트와 쿠션, 소파 등의 부드러운 소재를 이용하여 편안하게 활동할 수 있는 공간이 구성되어야 한다.

[그림 5-21] 영아용 낮은 교구장과 다양한 블록

[그림 5-22] 언어활동을 위한 헝겊책과 전화기 및 손인형

- 0~1세 : 신체 영역, 언어 영역, 감각 및 탐색 영역, 역할 및 쌓기 영역
- 2세 : 신체 영역, 언어 영역, 감각 및 탐색 영역, 역할 및 쌓기 영역, 미술 영역, 음률 영역

2) 실외 환경구성

영유아들의 행동특성상 가장 세심하게 배려되어야 할 환경은 실외공간이다. 프로그램 유형에 관계없이 영유아의 발달특성에 따라 환경구성상 만족되어야 하는 최적의 기준들은 다음과 같다.

첫째, 실외공간은 탐색하고 시험해보고자 하는 영유아의 요구가 만족될 수 있는 곳이다. 따라서 제한되지 않는 공간에서 가능한 심화된 자극과 놀이행동 내용을 충족시킬 수 있도록 개방성과 자유성이 요구된다.

둘째, 실외공간은 실내공간에서 수행된 교육내용의 연장이라는 측면에서 구성되고 준비되어야 한다. 실내에서 수행될 수 있는 정신적 활동, 사회적 상호작용, 신체적 활동이 실외에서도 발생될 수 있으며, 실내활동이 확대된 실외활동으로 연장되어 수행되어야 한다.

셋째, 실외공간은 안전해야 한다. 성인의 충분한 감독이 필요하지만 새로운 것, 심화된 것을 추구하려는 영유아의 도전성을 줄이지 않는 범위 하에서의 안전과 자유로움이 보장되어야 한다.

이 외에도 실외 환경구성에서 고려해야 될 구체적인 요소들을 종합하면 다음과 같다.

- 이용할 영유아의 수 · 연령을 고려한다.
- 배치될 각 영역 및 교구의 위치 선정은 놀이활동의 내용과 연계한다.
- 단순 단원놀이 보다 복합 단원놀이를 유도할 수 있는 교구들로 준비한다.
- 우천시에도 활동을 할 수 있도록 테라스를 설치한다.

- 창의적 미술 활동을 전개할 실외 미술 영역을 고려한다.
- 화장실과 싱크대 및 수도시설이 필요하다.
- 매일 사용되지 않는 교구들을 보관할 수 있는 창고가 필요하다.
- 바닥은 특별히 배수를 고려해야 한다.
- 교사가 실외활동을 하는 영유아를 지켜보거나 외부의 잠재적 위험을 막기 위해 울타리를 치거나 실내 영역과 인접해야 한다.
- 언덕이나 구릉이 있으면 동적 활동을 충분히 할 수 있다. 반면 물과 모래활동도 전개하여 정적, 동적 활동이 함께 발생되도록 한다.
- 실외영역의 표면은 시멘트나 아스팔트 같은 인위적 재료는 가급적 사용하지 않도록 하며, 흙이나 잔디로 하는 것이 좋다.
- 영유아가 놀이 도중 휴식을 하거나 이야기를 할 수 있는 조용한 은신처를 적절한 곳에 마련 한다. 그늘을 만들어 주거나 큰 나무가 있을 경우는 사다리를 이용하여 작은 오두막집을 올려 주는 것도 좋다.
- 실내와 실외를 연결하는 문은 걸려서 넘어지지 않도록 턱이 없도록 하며, 여닫이보다 미닫이 문이어야 한다.

(1) 운동놀이 영역

이 영역은 영유아의 운동기능발달에 기초가 되며, 몸의 균형을 유지하고 조정하여 몸을 움직일 수 있는 과정을 경험하게 된다. 대근육 운동능력을 기르고 기구를 이용하는 방법을 습득할 수 있도록 기어오르기, 매달리기 등 다양한 운동을 할 수 있는 놀이시설을 설치한다. 운동놀이기구 주변 바닥은 모래나 잔디를 깔아 충격을 흡수할 수 있도록 표면을 처리한다. 영유아의 신체치수에 적합한 놀이기구여야 하며, 모서리나 마무리 처리 등이 안전하게 되어 있어야 한다. 운동놀이 기구로는 시소, 미끄럼틀, 그네, 정글짐, 그물망, 흔들다리, 평균대 등이 있으며 놀이 기구로는 크기가 다양한 공, 훌라후프, 줄넘기 등이 있다.

[그림 5-23] 충격흡수를 위한 우레탄 바닥

[그림 5-24] 모래가 깔린 종합놀이 시설

(2) 물 · 모래놀이 영역

이 영역은 영유아가 장시간 놀이를 전개할 만큼 영유아의 흥미와 관심을 끄는 활동 영역이다. 또한 제반 교구들을 사용하여 조작하고 구성해보는 과정에서 다양한 개념과 기술을 습득하게 되는 매우 바람직한 활동 중의 하나이다. 물 · 모래놀이 영역은 실내에 설치해도 좋으며, 공간이 협소한 경우에는 실외에 설치할 수 있다. 통행이 빈번하지 않은 곳에 배치하며, 햇볕이 잘 들고 배수가 잘되는 곳이 적합하다.

모래놀이용 테이블은 물에 잘 견딜 수 있는 플라스틱이나 합성 금속판으로 하는 것이 효과적이다. 모래놀이자료로는 다양한 크기와 모양의 그릇, 흙 파기 도구, 모래놀이 테이블 등이 있으며, 물놀이자료로는 여러 가지 물에 뜨고 가라앉는 물체, 물뿌리개, 호스 등을 준비해 주면 좋다. 그 밖에 측정도구, 자연물(낙엽, 진흙, 톱밥, 돌멩이 등), 극화놀이를 위한 소품 등을 정리함, 청소도구와 같이 준비해 준다.

바깥놀이 기구를 정리하고 보관하기 위한 곳으로 놀이도구의 절적한 사용과 보관을 위해 보관창고가 필요하다. 물이 괴지 않도록 약간 경사진 곳에 위치하는 것이 좋으며, 위생관리를 위해 통풍이나 환기를 시킬 수 있도록 한다.

[그림 5-25] 모래놀이장과 도구 보관장

[그림 5-26] 모래놀이용 도구와 수돗가

(3) 자연탐구 및 관찰 영역

이 영역은 동식물을 기르기 위한 영역으로 영유아들이 관찰하고, 조사하고, 실험하는 등의 탐구과정에 적극적으로 참여하며 자연에 대한 이해와 정서적 교감을 나누게 된다. 동물 기르기 영역은 물과 사료의 공급이 쉬운 곳에 설치하며, 영유아들이 직접 먹이를 주고 관찰하도록 한다. 영유아들이 기르기 적절한 동물은 토끼, 닭, 새 등이 있으며, 청소가 용이하며 청결하게 관리하여야 한다.

식물 기르기 영역은 햇빛이 잘 들고 물 사용이 용이한 곳에 배치한다. 텃밭을 만들 공간이 부족하면 크고 작은 화분을 이용한다. 영유아들은 직접 씨를 뿌리고 재배하고 수확하는 과정을 통해 식물의 성장과정과 변화를 관찰하고 이해한다. 또한 사계절 꽃과 열매를 관찰할 수 있도록 꽃나무와 유실수를 계절별로 적절히 심는다. 영유아들이 기르기에 적절한 식물로는 감자, 고구마, 고추, 가지, 토마토, 상추, 배추, 무 등이 있다.

[그림 5-27] 계절별로 다양한 채소를 심을 수 있는 텃밭

[그림 5-28] 꽃과 식물을 키우는 화분으로 꾸며진 화원

(4) 작업 영역

이 영역은 바깥에서 접할 수 있는 다양한 환경 특성을 고려하여 생활주제와 활동으로 놀이를 확장할 수 있도록 한다. 영유아의 흥미와 교육내용에 따라 이해될 수 있으므로 도구를 영유아들에게 맞게 계획 및 운영한다. 영유아의 안전을 위해 영유아의 수를 제한하거나 교사나 보조교사가 감독하는 것이 필요하다.

작업한 활동물을 전시할 수 있는 공간이 마련되어야 하며, 물감놀이, 큰 블록놀이, 목공놀이, 점토놀이 등이 이루어진다. 물감놀이를 위한 이젤, 종이, 그림물감, 다양한 크기의 붓, 그리기 도구, 점토, 비닐 옷 등이 제시되어야 하며, 목공놀이를 위한 목공도구, 나무조각, 톱밥, 나무방치, 자, 장갑, 밀기막대 등의 도구류도 같이 제시해 준다. 특히 목공놀이는 수동적인 영유아와 여아에게 특별히 활동을 할 수 있도록 배려하는 것이 좋다.

[그림 5-29] 나무와 잔디밭에 전시된 미술활동 전시물

[그림 5-30] 다양한 활동이 이루어지는 바깥놀이 영역

(5) 정적놀이 및 휴식 영역

이 영역은 영유아들이 동적 활동 후 휴식을 취하거나 편안하게 시간을 보낼 수 있는 영역으로 조용한 공간을 마련하여 긴장을 풀 수 있는 장소로 구성한다.

다양한 종류의 나무 그늘이나 지붕이 있는 테라스를 설치하거나 파라솔 등을 이용하여 그늘을 마련한다. 의자나 벤치, 돗자리를 깔아 편안한 영역으로 구성하고 책이나 조작 놀잇감을 제공해 준다.

[그림 5-31] 놀이 중 휴식을 취할 수 있는 나무그늘과 벤치

[그림 5-32] 조용하게 놀이할 수 있는 휴식 영역

참고문헌

교육과학기술부, 보건복지부(2013). **3–5세 연령별 누리과정 교사용 지침서**. 서울: 교육과학기술부 · 보건복지부.

김숙자(1987). **유아교육과정**. 서울: 문음사.

보건복지부(2013). **제3차 어린이집 표준보육과정 교사용 지침서**. 세종: 보건복지부 · 육아정책연구소.

Day, D. E.(1983). *Early childhood education: A human ecological approach*. Glenview, Illinois: Scott, Foresman and Co.

Eliason, C. & Jenkins, L.(1990). *A practical guide to early childhood curriculum*. Ohio: Merrill Co.

Frost, J.(1992). *Play and playscapes*. Albany, N. Y.: Delmar.

Hilderbrand, V.(1990). *Management of child development centers*(2nd ed) N.Y.: Macmillian.

Spodek, B., Saracho, O. N., & David, M. D.(1987). *Foundations of early childhood education*. Engelwood Cliffs, N. J.: Prentice Hall.

Chapter 6

통합영유아교육과정

핵심개념

| 통합 | 통합교육과정 |

일반적으로 유아교육과정의 구성과 운영은 통합적으로 이루어진다. 이는 유아의 발달적 측면에서 전인적 발달을 위하여 통합되어야 하며, 교과 영역 또한 분리되어 가르쳐질 수 없으므로, 환경구성에서도 여러 흥미 영역도 통합적으로 이루어져야 함을 의미한다. 이를 위하여 우리나라 유치원교육과정에서도 여러 차례의 개정과 누리과정에 이르기까지 통합성을 고려하여 구성되어 왔으며, 통합적인 운영을 강조하고 있다.

이를 실천하기 위하여, 통합의 개념과 통합교육과정의 필요성, 통합교육과정의 장단점을 살펴봄으로써 교육과정을 구성하는 교사들이 질 높은 유아교육을 이끌고자 노력하는데 도움이 되고자 한다.

1. 통합 및 통합교육과정의 개념

통합교육과정에 대한 정의는 다양하게 공존하고 있다. 일반적으로 통합교육과정은 두 개 또는 그 이상의 교과목들을 하나의 통합된 교과목으로 묶는 것으로 널리 이해된다(이기숙, 김정원, 이현숙, 전선옥, 2013). 그러나 통합교육과정은 교과목의 통합이라는 일반적인 개념 외에도 학습경험의 통합, 인격의 통합, 간학문적 통합 등 그 의미와 수준이 다양하다(김재복, 2000).

통합에 대한 관심은 사람들이 전체성(Wholeness), 통일성(Unity)으로 인식하면서 부터 비롯되었다. 교육과정 통합이라는 개념이 중요하게 논의되기 시작한 것은 1920년대에서 1950년대에 걸쳐 미국의 진보주의 교육운동이 활발하게 진행되던 시기에 학습경험의 통합 또는 교육과정의 통합을 중요한 논제로 정하면서부터였다(교육과정개정연구회, 1996).

1900년대 이후 '경제대공황'이라는 시대적 변화를 겪으면서 진보주의 교육자들이 학습자의 요구와 관심에 기초한 교육과정이 필요함을 역설하였고, 이의 구체적인 방법으로 '통합'의 문제를 거론하였다. 진보주의 교육자들은 학습자의 인지적 발달이 누적된 경험들의 재구성에 의하여 일어나며, 이는 학습자가 본래부터 가지고 있는 창조적 지성의 내재화된 표현력의 결과라고 하였다. 학습자 내부에서 일어나는 '통합'은 누적된 경험들의 재구성을 통해 이루어지기 때문에, 교육과정을 구성하고 개발할 때는 학습자의 이전 및 현재 경험, 관심, 흥미 등의 가치를 존중하고 교육의 출발점으로 삼아 경험의 재구성이 일어나도록 해야 한다. 따라서 진보주의 교육자들은 경험의 재구성을 위한 도구(Managing Tools)로서 전통적 교과지식들을 보고, 학습자의 내부에서 새로운 경험이 구성될 때 교과지식이 사용, 통합된다고 하였다(Kneller, 1971). 이들은 교육과정에 있어서 통합에 대한 아이디어를 프로젝트 접근법 등의 교수방법으로 현실화시켰다.

교육에서 통합의 개념은 학문, 학습, 경험 등 모든 것의 전체성에 관심을 두고 접근하려는 입장으로 요약된다. 즉 부분들을 전체에 포함시켜 결합시키는 과정이다. 예컨데, 말릭(Malik, 2011)은 일반적으로 분리되어 가르쳐왔던 주제를 하나로 모으기 위한 교과 간의 조직으로 통합을 정의하였으며, 슈라이너(Shriner), 쉴레이(Schlee), 그리고 리브럴(Libler, 2010)는 통합교육과정은 하나 이상의 주제 영역에서 기술과 어휘를 적용하여 중심주제를 조사하는 것이라고 하였다. 또한 빈(Beane,

1997)은 통합교육과정이 교과 영역에 상관없이 교육자와 학습자가 공동으로 확인한 중대한 문제와 쟁점을 중심으로 교과과정을 조직함으로써 개인 및 사회통합의 가능성을 높이는 역할을 한다고 주장하였다.

2. 통합교육과정의 목적 및 필요성

통합교육과정은 교육 분야에서 매우 중요한 문제이다. 캠벨과 헤닌(Campbell & Hennin, 2010)이 언급했듯이, 오늘날의 지식은 학제 간 융합과 통합을 요구하고 있기 때문에 교육과정의 통합은 필요하다. 많은 교사들은 학생들의 참여를 유도하고 교육내용에 대한 깊이 있는 이해를 돕기 위한 방법을 끊임없이 연구하고 있으며, 통합교육과정은 그 목표를 달성하는 하나의 방법인 것이다. 예를 들면, 보락(Bolak), 비알라크(Bialach), 그리고 던피(Dunphy, 2005)에 따르면, 학생들이 새로운 지식을 발견하고 그 지식을 적용할 기회를 가질 때, 그들의 학습은 더 성공할 가능성이 크며, 베커와 벅(Becker & Park, 2011)는 학업 성취의 격차, 특히 과학과 수학 교과에서의 격차를 통합교육과정을 통해 줄일 수 있다고 주장한다. 따라서 학생들이 개인적인 삶의 경험과 교실의 내용을 연결하는 기회를 가질 때, 그들의 지식은 확장되고 그들에게 좀 더 많은 의미를 줄 것이다.

통합교육과정은 학생들로 하여금 여러 학문 분야 간에 의미 있는 연관성을 갖도록 돕는다. 교육과정을 통합함으로써 학생들은 특정 기술이나 지식이 활용되어지는 이유를 알게 되고, 더 높은 수준의 사고력(Watkins, Krisonnis, 2011) 즉, 비판적 사고 수준에서 내용을 습득하고 이해하게 되며, 이는 학생과 교사 모두에게 학습의 동기부여를 이끌기 때문에 매우 강조된다.

통합교육과정의 주된 목적은 학습자 중심의 교육과정을 마련하여 학습자를 수업에 적극 참여시키고, 학생의 흥미와 관심을 북돋아줌으로써 교육을 향상시키는 것이다. 이를 통해 고차원적인 사고력, 협동학습, 다른 학생들의 가치를 고려하고 배려함이 강조되고, 학생들은 교사와 협력하여 사회적 이슈들과 학생의 관심사를 다루는 수업과정을 경험한다(Vars, 2001). 통합교육과정을 통해 학습자는 교과지식의 의미와 목적을 알 수 있게 되고, 또한 교과지식에 대한 보다 깊은 이해를 가진다(Watkins & Kritsonis, 2011). 무스타파(Mustafa, 2011)에 따르면, 통합교육과정을 통해 학습자는 교실에서의 경험을 실제 세계에 적용하고 그들의 삶의 경험을 이해하게 되고, 이러한 과정은 평생학습이 되도록 학습자를 준비시킨다. 따라서 간학문적 또는 통합교육과정은 아동중심적이고 유아에게 더 높은 수준의 사고에 관여하게 하고, 교실을 넘어선 학습으로 확장시키고, 성인뿐 아니라 또래로부터의 학습이 이루어지도록 한다(Williams & Fromberg, 1992).

통합교육과정을 개발할 때, 심리적, 사회적, 철학적 기초에 근거해야 한다. 심리적 기초는 학생들의 학습동기를 포함해야 한다. 그 이유는 교육과정이 학생들의 삶과 관련이 있을 때 더 효과적이므로 학생들의 필요와 요구, 관심사 및 원하는 것을 고려하는 것은 매우 중요하다. 심리적 기초는 고차원적 사고 능력을 개발하는데 도움이 된다. 사회학적 기초는 주제설정 시 주요개념과 과정에 근거로 작용하며, 철학적 기초는 가치에 대한 틀과 학습을 위한 핵심을 제공한다. 이러한 가치관은 민주주의의 모든 시민에게 중요하고 필수적이다. 통합교육과정을 실천하는 교실수업은 전통적인 교과별 교육과정에 대한 효과적인 대안책이 될 것이며, 모든 교사들이 통합교육과정을 시행함으로써 생기는 긍정적인 학습자의 결과, 즉, 성취감, 자신감, 비판적인 사고 기술의 향상, 교과들 간의 연관성 구성, 배운 지식을 실생활에 적용하는 등을 검토하는 것이 중요하다(Kevin, Costley, 2015).

와킨스와 크리스오니스(Watkins & Kritsonis, 2011)에 따르면, 통합교육과정은 삶의 의미에 대한 인간의 욕구를 다룬다. 즉, 삶에 대한 관심을 불러일으키고, 폭넓은 지식을 접하고, 깊이있는 학습기회를 제공하며, 개인 및 사회적 행동의 가능성을 제시한다(Virtue, Wilson, Ingram, 2009). 따라서 유아의 적극적 참여, 동기부여, 유아중심 접근법, 비판적 사고능력의 향상은 교실에서 통합교육과정을 구성해야 하는 합당한 이유가 되며, 이 모든 것은 교사들이 기대하는 유아들의 교육적 효과인 것이다.

이상에서 살펴본 통합 및 통합교육과정의 개념에 기초하면, 유아교육과정에서 통합의 개념은 아동중심적인 철학에 기초하여 전인적인 인격체로서 성장하도록 돕기 위하여 유아들에게 보다 의미 있는 교육과정을 제공하는 것이다. 즉, 전인적 발달과 효율적 학습을 위하여 유아의 경험, 흥미 및 요구와 교육내용을 통합하고, 유아와 유아 주변의 인적 및 물적 환경을 통합하며, 또한 교과목들을 통합적으로 재조직하여 가르치는 방법으로 정의할 수 있다(교육부, 2000; 이기숙 외, 2010).

3. 유아교육에서 통합교육과정 적용

유아교육에 있어 통합적인 접근법은 매우 자연스러운 것으로 받아들여져 왔다. 그 이유는 발달의 통합적 특성에 대한 인식에서 비롯된 것이다. 통합적 접근은 유아의 인지적인 발달과 함께 유아의 사회적, 정서적 발달을 강화하는 데 적절하였기 때문에 유아교육과정 운영에 적절한 형태로 받아들여졌다. 이러한 접근은 유아들이 분리된 내용 영역보다는 통합된 전체 경험으로 세계에 대하여 경험하고 더 잘 학습한다는 연구 결과들에 의하여 더욱 지지되고 있다(Williams & Fromberg, 1992).

그러나 1980년대에 들어와 학문적, 기술적 접근이 강조됨으로써 유아들을 대상으로 한 테스트가 증가하여 유아교육과정에서의 통합은 평가절하되었다. 1960년대 이전의 준비성 개념은 1980년대의 천재아 선호 증상의 문제로 더욱 확산되어 놀이와 자료의 사용을 위한 시간은 점점 줄어들고, 학습을 위한 시간으로서의 가치도 감소하였으며, 유아들에게 학업성취를 일찍부터 강요하는 경향으로 바뀌었다. 그리하여 유아의 놀이시간 축소, 초등학교 준비교육을 해야한다는 인식이 부모들에게 확산되는 현상이 나타났다. 어린 연령부터 소위 교과형식의 공부를 가르쳐야 한다는 압력이 부모들에게 증대되고 있는 현상이 나타났다.

이러한 사회적 현상에 대한 반성으로서 유아교육에서의 첫 번째 움직임은 NAEYC에 의해 제시된 '발달에 적합한 실제'를 위한 지침이었고, 다음으로는 유아교육에 있어서 통합적 접근법을 확신시키는 것이었다(이기숙, 2013). 유아들은 그들의 세계에 대하여 분리된 내용 영역보다는 통합된 전체 경험으로 배운다는 것이 연구결과 분명하게 밝혀지고 있음에 따라(Krogh, 1990; Williams & Fromberg, 1992), 통합적인 접근방식을 중요하게 생각하는 유아교육자들은 유아교육과정의 통합적인 접근법으로써 프로젝트 혹은 단원을 통한 교육과정을 유아교육과정 구성에 적절한 방법이라고 제안하고 있다(Spodek, 1991; Gatzke, 1991; Brown, 1991; NAEYC, 1991; Krogh, 1990; Elkind, 1988).

개즈크(Gatzke, 1991)는 의미 있는 유치원교육과정 구성의 원칙으로서 첫째, 의미 있는 상황 안에서 학습경험을 제공하고, 둘째, 경험을 통해서 사고능력을 자극해야 하며, 셋째, 발달 이론에만 토대를 두는 것을 넘어설 것을 제안한다. 또한 교사와 유아가 의사결정자의 역할을 해야 한다면, 학습이 분리된 교과 지식으로서가 아니라 통합된 전체 속에 구조화된 프로젝트 경험을 통해 이루어져야 한다고 주장한다. 브라운(Brown, 1991)은 교사들이 유치원 교육과정을 의미 있는 구조로 조직할 수 있는 방법으로서 유아가 어떤 주제에 대해 깊이 있는 탐구를 할 수 있게 하는 단원 또는 프로젝트의 사용을 강조한다. 또한 아동의 자연스런 학습을 조장할 수 있는 가치 있는 교육과정 접근방식으로서 교사들이 주제(Theme) 또는 단원(Unit)을 사용하여 교과 영역을 통합시킨 통합적 교육과정망을 조직해서 활동을 제공해야 한다고 주장한다(Krogh, 1990). 캐츠와 차드(Katz & Chard, 1995)는 교사 주도의 체계적인 학문적 교수와 전적으로 유아의 흥미에 의존하여 활동이 전개되는 놀이

중심의 전통적인 유아교육 접근법이 둘 다 유아의 정신을 몰입(Engaging)시키는 데 실패하고 있다고 비판한다. 따라서 적극적인 활동참여와 교사의 적극적인 계획 및 안내로 의미 있는 주제를 중심으로 하여 각 교과 영역을 통합하는 다양한 활동을 하도록 하는 프로젝트 접근법을 제시하고 있는 것이다. NAEYC(1991)의 '발달에 적합한 실제'에 따르면 유아의 지식과 이해, 과정과 기술, 성향과 태도의 발달을 조장하기 위해 특정한 주제나 학습경험을 중심으로 교과영역을 통합할 것을 제시하고 있다. 또한 교육과정을 구성할 때, 개별 유아와 지역사회의 특성을 반영하여야 하며 그러기 위해서는 교사의 전문적인 판단이 요구되어야 함을 강조하고 있다.

이와 같이 학자들에 따라 다양한 용어를 사용하고 있으나-예를 들어, 유아교육 백과(Williams & Fromberg, 1992)에서는 프로젝트, 주제, 단원을 같은 의미로 쓰고 있으며, 크로그(Krogh)는 '통합적 교육과정', 개즈크는 '의미 있는 교육과정', 브라운은 '통합적 단원', 캐츠 등은 '프로젝트 접근법'이라는 표현을 사용하고 있다-모두 공통적으로 유아의 조화로운 발달을 위해 의미 있는 학습경험을 유아에게 흥미 있는 주제, 단원 또는 프로젝트를 중심으로 조직할 것과 유아와 교사 모두의 적극적인 역할을 강조하고 있다.

통합교육과정을 구성할 경우, 장점도 있으나 반면에 단점도 발생할 수 있다. 통합교육의 장단점을 구체적으로 살펴보면 다음과 같다.

1) 통합교육과정의 장점

① 통합교육과정은 학습을 총체적으로 수용하고 인식하는 데 적절하다.

유아들은 자연과학, 사회과학, 수학, 예술을 따로 구별하지 않으며, 언어에서도 듣기, 말하기, 읽기, 쓰기로 나누어서 인식하는 것이 아니다. 이러한 유아발달의 특성을 고려한다면, 신체적, 언어적, 인지적, 사회적, 정서적 발달이 통합적으로 이루어질 수 있도록 교육을 해야한다. 각각의 활동들을 분리된 활동으로, 또는 단일화된 활동으로 다루어질 것이 아니라 맥락을 통한 상호연관성을 고려하여 통합적으로 조직해야 한다. 많은 유아교사들은 다양한 활동들을 서로 유기적으로 연결되도록 하기 위하여 주제중심 교육과정을 운영하고 있는 것은 유아의 발달적 특성을 반영한 것이라고 할 수 있다.

② 통합교육과정은 유아의 자율성과 자기주도 학습능력을 기른다.

통합교육과정은 능동적인 참여를 유도하고 토론을 통한 지식의 공유를 이끌기 때문에 자율성이 획득된다. 이러한 자율성은 유아들이 스스로 생각하며, 자신의 학습을 이끌 수 있는 능력을 기른다. 문제해결을 위한 개별적인 상호작용뿐만 아니라 소그룹의 상호작용을 통해 유아들은 자신들의 생각을 효과적으로 표현하는 것을 배우며, 이 과정을 통해서 자신의 장점을 개발하고 학습을 추구할 수 있는 기회를 갖는다(Nesin, 2007).

③ 통합교육과정은 사전지식과 새로운 지식을 서로 연결함으로써 개념화에 초점을 둔다.

주제에 대한 탐구가 깊어질수록 사전에 학습한 개념과 현재의 개념들 간의 연결이 필요하게 되며, 이러한 과정을 통해 유아는 주도적으로 개념들을 나름대로 통합하게 된다. 유아에 의해 구성된 인지적 개념들 간의 연관성이 더 많아질수록 더 깊이 있는 이해를 이끌며, 더 기억하기 쉬워지고 나아가 적용, 추론 등의 고등정신기술의 발달을 돕는다(김재복, 2000).

2) 통합교육의 단점

통합교육이 잘못 전개되었을 때에는 다음과 같은 단점을 가질 수 있다. 따라서 이를 주의하여 계획 · 실행되어야 한다.

① 잡동사니(Potpourri) 교육과정이 될 가능성이 있다.

잡동사니 교육과정이란, 어떠한 교육적 의도와 긴밀한 연관성 없이 단편적으로만 서로 연결한 교육과정을 의미한다(문미옥, 2008; 이기숙 외, 2013; Jacobe, 1989). 이러한 외부적인 연결만을 강조한 통합은 단순한 사실과 단편적인 경험만을 유아들에게 제공할 뿐만 아니라 유아의 흥미와 요구에 따른 통합이라는 미명하에 진정한 학습의 기회를 놓치게 되는 것이다. 진정한 의미의 통합은 흥미와 교육적 가치를 동시에 추구해야 이루어질 수 있는 것이기 때문에, 통합된 하루일과의 구성을 지향하고 있는 유아교사들은 잡동사니 교육이 되지 않도록 주의해야 하며, 신중하게 계열과 깊이를 고려하여 설계되어져야 한다.

② 필수적으로 다루어져야 할 교과내용 및 기능이 누락될 가능성이 있다.

주제 안에서 진행되는 내용들 간의 긴밀한 계열성을 갖지 못할 경우, 동일한 활동이나 주제들이 반복적으로 되풀이하여 다루어질 수 있다. 따라서 통합교육과정을 구성할 때, 교사는 놀이활동 중에서도 교육되어야 할 가치로운 교육내용을 다양성과 계열성을 반드시 고려해야 한다.

③ 교사에 의해 특정 교육내용이 편중될 수 있다.

통합으로의 전환이 자칫 교사 자신들의 관점과 관심에만 치중되어질 가능성이 있으며, 이는 유아들이 다양하고 의미 있는 학습에 참여할 기회를 간과하게 된다. 따라서 유아교사는 자신의 취향이나 편견에 의해 교육내용이 편향되지 않도록 주의해야 할 것이며, 이를 위해 통합의 개념과 실천에 비판적 수준의 반성적 사고를 통해 확고히 노력해야 한다.

유아교사는 통합교육과정에 관한 의사결정을 할 때 두 가지 연결된 질문을 해보는 것이 중요하다(Bredekamp & Rosegrant, 1995). 즉, 어떤 것이 통합될 수 있는가와 어떤 것이 분리되어야 하는가에 대하여 생각해 보아야 한다. 예를 들어, 대부분의 유아교육 프로그램에서 실행되고 있는 일과운영방법은 통합된 일과이다. 이에 대하여 인그램(Ingram, 1979)은 통합된 일과가 주는 높은 가치성에도 불구하고 경험이 적거나 미숙한 교사가 비구조화되고 비계획적인 교육과정을 운영하면서도 이를 통합교육과정으로 운영하고 있다고 착각하고 있거나, 또는 유아에게 자유를 부여하고 있다고 잘못된 판단을 하는 것을 경계해야 한다고 강조한다. 이를 방지하기 위하여 통합된 일과에서도 교사의 치밀한 일과계획과 준비, 우발적 상황에 대한 대안적 활동계획, 또한 일과 진행에 대한 평가기록이 이루어져야 통합교육과정이 그 가치를 실현할 수 있다(이기숙 외, 2013).

참고문헌

이기숙(2013). **유아교육과정**. 서울: 교문사.

이기숙, 김정원, 이현숙, 전선옥(2013). **영유아교육과정**. 서울: 공동체.

교육과정개정연구회(1996). **통합교과의 교육과정 · 교과서 구조 개선**. 충북: 한국교육개발원교육부.

문미옥(2013). **교육과 보육을 위한 영유아교육과정**. 서울: 창지사.

김재복(2000). **통합교육과정**. 서울: 교육과학사.

Beane, J.(1997). Curriculum integration: Designing the core of democratic education. New York, NY: Teachers College Press.

Becker, K., & Park, K.(2011). Effects of integrative approaches among science, technology, engineering, and mathematics(STEM) subjects on students learning: A preliminary meta-analysis. *Journal of STEM Education, 12*(5), 23-37.

Bolak, K., Bialach, D., & Dunphy, M.(2005). Standards-based, thematic units integrate the arts and energize students and teachers. *Middle School Journal, 36*(5), 9-19.

Campbell, C., & Henning, M.(2010). Planning, teaching, and assessing elementary education interdisciplinary curriculum. *International Journal of Teaching and Learning in Higher Education, 22*(2), 179-186.

DeCorse, C.(1996). Teachers and the integrated curriculum: An intergenerational view. *Action in Teacher Education, 18*(1), 85-92.

Erlandson, C., & McVittie, J.(2001). Student voices on integrative curriculum. *Middle School Journal, 33*(2), 28-36.

Harrell, P.(2010). Teaching an integrated science curriculum: Linking teacher knowledge and teaching assignments. *Issues in Teacher Education, 19*(1), 145-165.

Hinde, E., Osborn, S., & Dorn, R.(2007). The integration of literacy and geography: The Arizona GeoLiteracy program's effect on reading comprehension. *Theory and Research in Social Education, 35*(3), 343-365.

Malik, A., & Malik, R.(2011). Twelve tips for developing an integrated curriculum. *Medical*

Teacher, 33(2), 99–104.

Mills, R., & Lehman, N.(1996). Curriculum integration: Changing classrooms. *Action in Teacher Education, 18*(1), 82–84.

Mustafa, J.(2011). Proposing a model for integration of social issues in school curriculum. *International Journal of Academic Research, 3*(1), 925–931.

Shriner, M., Schlee, B., & Libler, R.(2010). Teachers perceptions, attitudes and beliefs regarding curriculum integration. *The Australian Educational Researcher, 37*(1), 51–62.

Vars, G.(2001). Can curriculum integration survive in an era of high-stakes testing? *Middle School Journal, 33*(2), 7–17.

Virtue, D., Wilson, J., & Ingram, N.(2009). In overcoming obstacles to curriculum integration, L.E.S.S. can be more. *Middle School Journal, 40*(3), 4–11.

Watkins, D., & Kritsonis, W.(2011). Developing and designing an effective school curriculum: Enhancing student achievement based on an integrated curriculum model and ways of knowing through the realm of meaning. *Focus on College, Universities, and Schools, 6*(1), 1–15.

Chapter 7

주요 유아교육보육 프로그램

핵심개념

- 프뢰벨 프로그램
- 몬테소리 프로그램
- 프로젝트 접근법
- 발도로프 프로그램
- 레지오에밀리아 접근법
- 생태 프로그램

1. 프뢰벨 프로그램

1) 배경

19세기 낭만주의 시대에서 프뢰벨의 철학은 탄생했다. 프뢰벨은 페스탈로치(Pestalozzi)의 영향을 많이 받았다. 프뢰벨의 삶을 자연과학자에서 교육자로 바꾸어 놓은 것은 페스탈로치였다. 프뢰벨은 부르크도르프 고아원의 원장직을 하면서 유아교육에 관심을 갖게 되었다. 이곳에서의 경험으로 프뢰벨은 유아기 교육이 앞으로의 성장에 매우 중요하다고 믿게 되었나. 더불어 숲속 자연의 모습에 매료되어서 교육기관의 명칭도 '어린이의 정원(Kindergarten)'이라고 하였다. 코메니우스(Comenius)에서 페스탈로치로 이어지는 '개화(Unfolding)'의 개념에 기초하여 프뢰벨은 아동의 본성과 학습을 이해하였다. 교육의 목표는 루소(Rousseau)의 '소극적 교육' 이념에 영향을 받아서 인간 내부의 신성이 자연스럽게 나타나도록 가급적 방해하지 않는 것이라고 하였다. 프뢰벨은 이러한 이념들을 바탕으로 억지로 간섭을 하지 않고, 자연스럽게 개화하여 전인발달을 추구하는 '발달순응적 교육'의 가치를 발전시켜 나갔다.

프뢰벨 프로그램에서 보는 영유아는 스스로 발전하려는 의지를 가지고 자기주도적인 존재이다. 교사가 지식을 무리하게 가르치는 것은 영유아 스스로의 자발적인 탐구심을 억제하고 막는 것이 된다. 따라서 영유아가 스스로 알아가도록 교사는 안내해주고 지원해주는 역할을 해야 한다. 영유아는 자연을 통해 신과 우주의 원리를 알게 되므로, 교구는 자연물로 만들어지고 자연을 형상화하여 만들어져야 한다.

2) 교구

기하물인 공, 입방체, 막대기 등으로 교구를 만든다. 영유아는 은물로 활동을 하면서 신과 인간과 자연이 하나 됨을 경험하며, 프뢰벨의 궁극적인 교육목적은 신에게로 향하는 것이다.

3) 교육목표 및 원리

- 타고난 본성이 영유아에게는 중요하다.
- 영유아는 기본적으로 발전 가능성이 있다.
- 영유아는 나선형으로 성장, 발달한다.
- 영유아는 발달을 위해 발달과업으로 요구되는 것을 달성하도록 노력해야 한다.
- 성인이나 부모는 영유아의 발달을 안내하고 지원하는 역할을 해야 한다.
- 영유아는 우주의 법칙과 신이 만든 자연을 이해할 수 있도록 수학을 통해 논리와 법칙을 배워야 한다.

4) 교육내용 및 활동

(1) 은물

교육활동은 열 개의 교구로 구성된 은물과 11종의 작업이 있다. 프뢰벨은 은물을 기초로 다양한 노래와 게임도 개발하였다.

- **첫 번째 단계**: 구 형체를 통해 크기, 움직임, 형태, 색깔을 관찰하고 비교한다.
- **두 번째 단계**: 입체도형인 구, 정육면체, 원기둥으로 면, 꼭짓점, 모서리를 비교하고 물체의 회전을 안다.
- **세 번째 단계**: 입방체를 통해 분할과 조합을 익힌다.
- **넷째, 다섯째, 여섯째 단계**: 여러 가지 다르게 분할된 입방체를 통해 건축, 비례, 구성에 대한 경험을 한다.
- **일곱 번째 단계**: 정사각형과 삼각형 면 평판을 통해 입체에서 평판으로의 이동을 경험한다. 영유아는 제시되는 색을 통하여 색감을 느끼고 발달시킨다.
- **여덟 번째, 아홉 번째 단계**: 직선과 곡선을 이용하여 어떠한 형태를 전의 형태에서 발전시키는 방법을 경험해보고, 여러 가지 각들을 연구하는 출발점을 경험한다.
- **열 번째 단계**: 점과 같은 작은 막내를 이용하여 구체적인 것에서 추상적인 것으로의 경험을 한다.

(2) 일과 및 활동구성

하루 일과의 오전, 오후에는 은물활동이 포함되고, 농작물이나 꽃을 밭에서 키우는 노작활동도 하루일과에 포함된다.

프뢰벨 은물활동 지침서에는 여러 측면의 다양한 활동이 있으며 1단계는 은물 설명, 2단계는 묘사, 3단계는 활용수준, 4단계는 훈련방법, 5단계는 교수방법, 6단계는 언어를 통한 환상화 또는 사물의 개념학습으로 구성되어 있다.

5) 교사 및 부모의 역할

프뢰벨 프로그램에서의 교사 및 부모의 역할로는 영유아의 발달상 자연스러운 개화현상을 잘 관찰하고, 이미 배우려는 준비가 잘 되어 있는 영유아에게 적합한 활동을 안내하고 제공해줌으로써 유아의 자연스러운 학습성향이 바람직하고 적절하게 발달될 수 있도록 도와주는 것이다. 프뢰벨은 영유아의 발달을 싹에서 꽃이 피어나는 개화의 개념을 토대로 설명하였다. 따라서 유아는 하나의 씨앗에 비유되는데 이 씨앗은 연약하고 작은 씨앗에서 과일이 열리는 성숙된 식물로 성장해나가는 씨앗이 된다.

그는 '어린이의 정원(Kindergarten)'에서 우주의 본성과 유아의 타고난 본성이 조화를 이룰 수 있도록 교육하려고 하였고, 이에 따라 그는 교사의 역할을 정원사(Gardener)에 비유하였다(Morrison, 1998).

프뢰벨은 놀이의 가치를 인정하였다. 그러나 그는 비구조화된 놀이가 잠재적으로 위험하다고 생각하였다. 이것은 페스탈로치가 자신의 아들 장 자크(Jean-jacques)를 키우면서 유아를 별다른 계획 없이 그냥 놀도록 내버려두면 결코 유익하지 못하다는 것을 깨달은 것과 유사한 것이다. 그러므로 프뢰벨은 영유아가 그 사회의 구성원으로서 기여하고 창의적 · 생산적인 사람이 되도록 하기 위해서는 교사가 영유아를 체계적으로 안내하고 지원해야 한다고 하였다. 프뢰벨이 체계적으로 계획된 교육과정을 개발한 이유도 이러한 목적을 달성하기 위한 것이다.

전통적인 프뢰벨 유치원 교사는 영유아를 안내하고, 관찰하며 영유아의 활동을 방해하지 않는 역할을 한다. 교사는 노래와 정서적인 경험, 적절한 지식이 포함되도록 유아에게 적합한 계획을 세우고, 영유아의 발달수준을 정교하게 파악할 수 있는 민감성을 가져야 한다.

6) 시사점

프뢰벨 프로그램은 놀이를 통하여 영유아의 발달과 학습을 촉진시키고, 교사는 영유아 스스로의 자기주도적인 활동을 방해하지 않고 오로지 유아를 안내하고 관찰하며 지원하는 것이 주 목적이다. 그러나 프뢰벨 프로그램이 기업에 의해 제공되면서 본래의 의도가 왜곡된 측면이 있다. 우리나라에서 은물이 관심을 받게 된 것도 주로 학습을 위한 교육적 목적에서 시작되었다. 은물이 초등학교 수학학습에 도움이 된다고 여겨지며 초등학교 준비를 위한 수학선행학습으로 은물이 사용되었다. 더군다나 영유아기에 은물을 사용하여 가르치며 면 몇 개, 모서리 몇 개, 선 몇 개식으로의 교사에 의한 주입적 학습이 이루어지도록 하는 영유아학습지가 등장하였고, 이것을 사용하는 유아교육기관도 있다. 그러나 프뢰벨의 은물활동에서 가장 핵심적이고 중요한 것은 학습지를 통한 교사의 주입식 교육이나 면 몇 개, 선 몇 개를 아는 것이 아니다. 은물은 유아의 자발적인 참여와 스스로의 놀이를 통해 자연스럽게 영유아가 배우는 것이다. 은물의 특징은 놀잇감이면서 또한 영유아의 정신적, 지적인 통합을 자연스럽게 이끌어 줄 수 있는 매개체이자 도구라는 것이다. 따라서 우리는 은물을 개발한 프뢰벨의 정신과 의도를 현 시점에서 바르게 반영하려는 노력이 필요하다고 여겨진다.

2. 몬테소리 프로그램

1) 배경

교육철학에 있어 마리아 몬테소리(Maria Montessori, 1870~1952)의 철학은 이탈리아의 빈민촌에 그녀가 개원한 '어린이의 집(casa dei bambini)'과 몬테소리의 저서에 잘 나타나 있다. 이탈리아의 엄격한 가톨릭 집안에서 태어난 몬테소리는 1907년 산 로렌초의 빈민가에 어린이집을 개원하였다. 그 후로 이탈리아의 다른 곳에도 점차 어린이집이 세워지면서 어린이집의 대상 아동이 빈민가의 자녀에서 상류층의 자녀로까지 확대되었고, 대상 연령의 폭도 점차 확대되었다. 그리하여 현재는 0~3세 영아 프로그램과 3~6세 유아 프로그램, 6~12세의 초등학교 프로그램과 12~18세의 청소년 프로그램이 세계 여러 나라에서 운영되고 있다.

영유아가 사물을 직접 만지거나 오감으로 느낄 때 학습이 가장 잘된다는 원리에 바탕하여 몬테소리는 정신병원에 있는 정신지체아를 위한 교육을 개발하였다. 그리고 빈곤한 지역의 일반 영유아에게도 몬테소리 교육을 적용하였다. 몬테소리는 영유아의 세심한 관찰을 통해 영유아는 환경이 자유로운 가운데 스스로 발달할 수 있는 잠재능력을 지니고 있다는 신념과 철학을 지니게 되었다. 이로 인하여 몬테소리는 영유아가 자신의 성숙기제에 따라 자기스스로 학습한다는 '자율교육 개념'을 정립하고 제시하였다.

2) 프로그램의 교육목표

몬테소리 프로그램은 영유아의 자율적 본성에 근거를 두고 '정상화(Normalization)'를 강조한다. 정상화란 유아가 준비된 환경 속에서 스스로 내면의 발달속도에 따라 환경의 의미를 자연스럽게 이해해 나가는 것을 말한다. 정상화된 어린이란, 교구를 가지고 몰입하여 놀면서 영유아가 기쁨을 느끼는 상태를 말한다.

몬테소리 교육목표인 정상화의 기초가 되는 것은 흡수정신과 민감기의 개념이다. 영유아가 정상화를 이루기 위한 몬테소리 이론에서 민감기와 흡수정신은 핵심이다. 민감기는 결정적 시기와 비슷한 개념으로 영유아가 특정한 과제를 수행하고자 하는 열성이 강하고 수행할 능력도 있는 기간이며, 이 기간은 유전적으로 계획되어 있다. 일반적으로 민감기는 출생 후부터 6세까지를 의미한다. 그러나 민감기는 영유아마다 다를 수 있고, 영유아의 관심 영역마다 나타나는 시기가 차이가 날 수 있다. 따라서 교사는 유아가 자신의 발달속도에 맞게 스스로 최적의 발달을 이룰 수 있도록 지지해 주어야 한다.

흡수정신은 영유아가 특정한 환경에 있을 때, 그 환경을 잠재적이고 무의식적으로 흡수하여 지식을 획득하는 능력을 의미한다. 즉, 영유아가 어떠한 환경에서 정신적인 양식이 되는 요소를 흡수하여 자기 스스로를 적극적이고 능동적으로 성장시켜 나가는 무의식적인 정신상태를 말한다. 그러므로 몬테소리는 영유아의 학습욕구를 충족시켜 주는 것으로써 환경이 중요하다고 보았다.

3) 교육내용 및 활동

몬테소리 프로그램의 교육내용은 일상생활훈련, 감각교육, 언어, 수학의 네 영역으로 구분된다(Humphryes, 1998). 국제 몬테소리협회에서는 3~6세용 몬테소리 프로그램으로 위의 네 영역에 문화를 추가하여 일상생활훈련, 문화교육, 수학교육, 감각교육, 언어교육의 5가지 영역으로 구분하여 내용을 제시하였다(www.montssoriami.org).

일상생활훈련이란 유아가 일상생활을 하는 데 요구되는 기본적인 기술을 훈련시키는 것이다. 일상생활훈련에는 동작의 조정과 분석, 개인관리, 사회적 관계, 환경관리 등이 포함된다. 감각교육은 영유아의 감각자극을 발달시키는 교육이다. 감각교육에는 단일감각을 교육시키기 위한 교구와 복합감각을 교육시키기 위한 교구가 있다. 수학교육은 영유아의 논리적 사고의 발달을 목표로 한다. 수학교육에서는 유아들이 양, 서열, 차이의 개념 등을 학습하게 되는데 수 세기와 카드, 방추형 막대상자, 수의 기억게임, 숫자막대, 모래종이 숫자카드, 숫자막대와 카드 등의 교구가 활용된다. 언어교육은 말하기 언어교육과 읽기, 쓰기를 위한 언어교육으로 구분된다. 문화교육에는 다양한 사회의 습관, 예술, 문학양식 등의 여러 가지 삶이 포함되어 있으며, 역사, 물리, 생물, 지리, 음악에 대해 세계지도와 사진을 이용하여 학습하도록 되어 있다.

4) 교사의 역할

몬테소리 교사의 일차적 역할은 '준비된 환경'을 영유아들에게 잘 제공해 주어 영유아의 자기 주도적이고 자발적인 활동이 자연스럽게 이루어질 수 있도록 하는 것이다. 준비된 환경이란, 영유아의 신체 크기에 적합한 시설, 설비, 교구와 영유아의 타고난 호기심을 만족시켜 줄 수 있는 조직화되고 체계적인 환경을 말한다. 교사는 영유아가 준비된 환경에서 스스로의 발달속도에 따라 정상화를 이루어가며 자율적이고 책임감 있게 성장할 수 있도록 개입시기를 적절하게 조절하고 영유아를 관찰하면서 지원해 주는 역할을 한다. 이것을 위해 몬테소리는 교사의 역할 중에서 관찰자로서의 역할을 가장 강조하였다. 이러한 몬테소리 교사의 역할은 유아가 타고난 탐구능력을 발휘할 수 있게끔 하고, 교사가 유아를 올바르게 이해하는 기초가 된다. 그러나 아무리 교사가 훌륭하게 '준비된 환경'을 제공한다 할지라도, 유아 혼자서 모든 것을 환경으로부터 스스로 학습하기는 어렵다. 따라서 영유아의 의미 있는 학습과 활동이 이루어지기 위해서는 교사의 역할 중에서 안내자로서 역할이 매우 중요하다.

교사는 안내자로서 새로운 과제와 교구를 때때로 제시하는데, 영유아가 자율적이고 스스로 학습할 수 있도록 한 발자국 뒤로 물러나 있어야 한다. 또한 교사는 관찰자, 환경제공자로서 역할을 한다. 이러한 역할은 교사가 유아에게 필요한 교재 · 교구를 잘 갖춘 환경을 만들어, 영유아가 자기스스로 어떤 과제를 수행하고 새로운 기술을 익히게 한다. 교사는 이러한 시간동안 영유아를 잘 관찰한다. 이러한 경험들은 영유아에게 수준 높은 탐색의 기회를 제공해주고 교사에게는 영유아를 잘 관찰하여 개별 영유아에 대한 이해를 좀 더 깊게 할 수 있게 해 준다.

5) 시사점

몬테소리 프로그램은 영유아 스스로의 독립적이고 자율적이며 주도적인 능력을 인정하고 있다는 점에서 긍정적으로 평가받고 있다. 그리고 훈련된 교사들이 민감기에 있는 영유아에게 여러 영역에서 반복적인 경험을 적절히 제공해 주는 것은 영유아기의 발달특성을 잘 반영하고 있다고 볼 수 있다.

다만 프로그램 자체는 아주 광범위하게 보급되었음에도 불구하고, 몬테소리 프로그램을 전문적으로 소화할 수 있는 교사는 그다지 많지 않아서 제대로 된 교육이 잘 이루어지지 않는다는 것이 문제점으로 지적되고 있다. 또한 넛브라운(Nutbrown, 2006)은 몬테소리 어린이집을 경험한 영유아가 몬테소리 프로그램이 아닌 환경에 접하거나 초등학교에 입학하게 되면 적응상의 문제를 보이기도 한다고 하였다. 몬테소리 프로그램은 처음 시작할 때 정신지체아나 학습문제를 지니고 있는 아동을 대상으로 고민하고 개발된 프로그램이므로 잘 준비된 환경 내에서 과학적 교구를 통한 활동이 핵심을 이루고 있다. 그러므로 사람과의 상호작용, 즉 또래나 교사와의 상호작용이 다른 프로그램에 비하여 다소 부족하며, 인지발달에 비해 사회정서발달이 덜 강조되고 있다는 점이 아쉬운 점으로 여겨지고 있다. 따라서 이러한 점에 대한 보완이 다소 필요하다.

3. 프로젝트 접근법

1) 배경

듀이(Dewey)는 여러 중요한 교육방법 중의 하나로 프로젝트 접근법을 도입하였다. 듀이는 자신이 설립한 실험학교에 프로젝트 접근법과 비슷한 교수방법을 도입하였다. 킬패드릭(Kilpatrick, 1918)은 기존에 연구되고 실시되어 온 프로젝트 활동들과 듀이(1916)의 이론을 바탕으로 「프로젝트 방법, 구안법(The Project Method)」이라는 논문을 컬럼비아 대학교의 논문집에 게제함으로써 프로젝트 접근법을 체계화하였다.

듀이도 프뢰벨과 마찬가지로 놀이의 중요성은 인정하였다. 그러나, 듀이는 은물에 대해서는 비판적이었다. 그는 생산적 경험을 통한 가정에서의 교육, 실물교육, 단계적 교육, 행함으로써 배우는 교육을 『학교와 사회』라는 자신의 저서를 통해서 강조하였다. 따라서 듀이는 전통적인 교사 주도의 교수방법과 놀이중심의 유아 주도의 교수방법의 다리역할과 중간자적인 역할을 하는 교수방법을 택하였으며, 그의 이러한 생각은 프로젝트 방법으로 표출되게 되었다.

그 후 진보주의 교육의 쇠퇴와 함께 프로젝트 접근법도 점차 쇠퇴하기 시작하였다. 그러나 1960~1970년대에 이르러 영국의 개방교육이 전 세계적으로 확산되고 미국의 뱅크 스트리트 프로그램이 활기차게 이루어지면서 개방교육의 중요한 하나의 방법으로 프로젝트 방법이 또다시 부각되기 시작하였다. 이후로 프로젝트 방법은 1980년대 말부터 카츠와 차드(Katz & Chard, 1989)에 의해 미국과 캐나다를 중심으로 세계 각국에 소개되기 시작하였고, 그 후 프로젝트 방법은 '프로젝트 접근법(Project Approach)'이라는 용어로 세계 각국의 교육현장에서 적용되고 있다.

듀이가 세운 실험학교에서 1886년 시작된 프로젝트는 개별 영유아, 대집단 또는 소집단이 교사의 안내로 학습할 가치가 있다고 여겨지는 한 주제를 적극적이고 깊이 있게 탐구하는 교육 형태다. 인간중심교육이 1960년대 후반에 관심이 높아지면서 프로젝트 접근법은 다시 부각되었다. 영유아가 학습할 만한 가치가 있다고 여겨지는 한 주제에 대해 능동적이고 깊이 있게 탐구하는 교수-학습방법, 즉 '특정한 주제에 대해 심도 있는 탐구'를 하는 프로젝트 접근법은 1990년 이후부터 카츠와 차드에 의해 재구성되어 전 세계적으로 주목받고 있다.

2) 교육목표

프로젝트 접근법의 목적은 '삶으로서의 학습'이다. '의미 있는' 경험이 궁극적으로 영유아의 학습이 되도록 하는 것이다. 따라서 프로젝트 활동은 단순히 단편적인 지식과 정보, 기술을 영유아가 습득하기 위한 것이 아니라, 자신들의 관심과 경험에서 시작된 흥미를 반복, 심화, 확장시켜서 일상생활 속에서, 삶 속에서 의미 있는 경험을 하며 알아가고 느낄 수 있도록 하는 기회를 제공하는 접근이다.

따라서 주요 교육목표는 일상생활 속에서, 삶 속에서의 경험을 통한 이해와 지식습득, 다양한 느낌의 발달과 바람직한 태도의 발달, 신체적 · 인지적 · 의사소통 능력 발달에 필요한 기술습득이다.

3) 교육과정

(1) 1단계: 시작

1단계는 영유아의 주제에 대한 사전지식을 살펴보는 단계다. 주제와 관련된 이전 경험을 말로 이야기하거나, 표상(경험 나누기, 극놀이, 그림, 쓰기)으로 주제에 대한 자신의 지식을 재방문 또는 재검토한다.

(2) 2단계: 전개

2단계는 프로젝트 활동을 하면서 영유아가 주제와 연관된 구체적인 목표를 세우고 목표달성을 위해 여러 가지 다양한 활동을 하는 단계이다. 이때 조사 · 탐구활동이 같이 이루어질 수도 있다. 이 단계에서 영유아는 직접 경험, 현장학습을 통해 보다 실제적인 정보를 얻는다. 정보수집방법은 견학과 같은 직접 경험과 책, 인터넷, 전문가 초빙 등 다양한 방법으로 이루어진다.

(3) 3단계: 마무리

3단계는 영유아가 개별적 혹은 대소집단으로 학습한 것을 마무리하고 정리하는 단계이다. 자신들의 프로젝트 결과물을 전시, 발표하고, 서로서로 감상하는 시간을 통해 경험을 공유하여 자기 지식의 재구성, 경험의 재구성을 하면서 영유아 스스로 각자의 안목과 시야를 넓히는 단계이다.

4) 교사의 역할

프로젝트 접근법에서 교사의 역할 중 매우 중요한 것은 관찰자, 환경제공자로서의 역할이다. 교사는 프로젝트 준비단계에서 특정한 주제를 선정하기 전에 유아들과 함께 주제망을 구성하고, 주제와 관련된 중심개념과 기본 어휘를 확인하고, 학습활동 목록을 작성해 본다. 이러한 활동과 더불어 프로젝트 활동에 요구되는 자원목록을 구체적으로 작성하고, 기존에 있는 자원이라면 미리 준비해놓고, 기존에 없는 자원은 다양한 방법으로 구해 본다. 이때 부모들에게도 프로젝트에 대해 미리 알리고 프로젝트 전반에 걸쳐서 협조를 구한다. 다만 부모와의 협력 및 부모의 협조는 각 가정의 상황에 따라 숙제나 부담이 되어서는 안 된다. 교사는 프로젝트 시작 단계에서 교사와 유아, 유아와 유아들 간의 주제에 대한 이전 지식과 경험이 충분히 공유될 수 있도록 한다. 또한 유아의 이전 경험은 여러 가지 방법으로 표상해 볼 수 있다. 전개 단계에서 교사는 각각의 유아를 자신이 흥미 있어 하는 활동에 적극적으로 참여시키고, 유아들의 활동과정을 계속해서 관찰하고 안내, 지도한다. 그리고 교사는 프로젝트가 주제를 향하여 바람직하게 나아가고 있는지를 수시로 확인하고 안내한다. 마무리 단계에서 교사는 주제망과 질문목록을 다시 한 번 검토하고, 여기에 적절한 내용이 다루어졌는지를 평가하며, 유아들이 계획하고 실행한 활동이 마무리가 잘 되었는지도 살펴본다. 그리고 모든 유아들이 전시회나 발표회에 되도록 골고루 참여하도록 민감하게 살펴본다. 유아들의 작품은 전시회가 끝난 후에는 잘 보관하거나 사진을 찍어 둔다. 이러한 연속적인 활동에서 교사는 민감한 안내자, 촉진자, 관찰자 역할을 하는 것이 중요하다.

5) 시사점

프로젝트 접근법은 교사 주도적이고 구조화된 전통적 교육과정과는 다르게 유아의 요구와 관심, 흥미를 충분히 반영하기 때문에 자발적인 참여, 창의성과 자기주도성, 사회성 빌달, 자신감 발달 등에 매우 긍정적인 영향을 미치는 것으로 평가된다. 또한 주제를 선정하고 최종 결과물을 공유할 때 이루어지는 유아들 간의 활발한 상호작용은 의사소통기술의 함양, 사회성 발달, 공동체 정신을 발달시키고 이러한 점은 프로젝트 접근법의 가장 큰 장점이다. 그러나 이러한 접근은 교사의 능력, 집단의 크기나 적용조건 및 방법에 따라 프로그램 효과의 차이가 많이 나기 때문에 프로그램을 실행해 나가는 교사의 능력이 프로그램 성패에 매우 중요한 요인으로 작용된다. 최근에는 여러 종류의 현장적용 프로그램과 교사용 지침서 등이 개발되어 교사들의 실제 현장적용을 도우면서 이러한 문제점들을 극복해 나가고 있다. 특히 한국은 프로젝트 현장적용의 가장 대두되는 문제점으로 교사 대 아동의 비율이 다른 선진국에 비해 비교적 높아, 교사가 개별 영유아에게 세심하게 관심을 가지기 어렵다는 것이 지적된다.

4. 발도로프 프로그램

1) 배경

발도로프 교육은 루돌프 슈타이너(Rudolf Steiner, 1861~1925)에 의해 19세기 중순 자유학교운동이라는 시대적 배경 속에서 시작되었다. 슈타이너는 인지학의 창시자이다. 독일의 슈투트가르트 발도로프 아스토리아 담배공장 노동자들의 자녀를 위하여 슈타이너는 1919년 4월 '자유 발도로프 학교'를 설립하였고, 그 이후로 이 기관은 발도로프라는 이름을 얻었다. 최초의 발도로프 유치원은 1926년 엘리자베스 그린레스에 의해 설립되었으며, 오늘날 전 세계 40여 국가에 발도로프 유아교육기관이 1,600개 이상 설치되어 있고 세계적으로 점점 더 확대되고 있다. 우리나라에서의 발도로프 교육의 시초는 2002년 6월 서남재단이 국제적인 인증을 얻어 '별나라 어린이집'을 운영한 것이 최초이다. 이곳에서는 영유아를 대상으로 혼합연령 학급을 두 학급 운영하고 있다.

2) 교육목표 및 원리

① 감각교육

② 모방과 본보기교육

③ 반복과 리듬교육

④ 상상력 발달을 중시하는 감성과 창의성 교육

3) 교육내용 및 활동

① **놀이와 놀잇감**: 조각, 매듭, 바느질 등의 놀이를 하며 놀잇감으로는 나무로 만들어진 블록, 그릇 등이 있다.

② **예술작업**: 특별한 날 준비하기, 절기음식 만들기, 인형 만들기, 수놓기 등이 있다.

③ **리듬을 경험하는 교육**: 발도로프 교육은 우주적 교감과 통일성, 인간의 영성과 자연을 강조하는데, 교사는 삶의 리듬을 영유아가 스스로 느낄 수 있도록 생활을 구성한다. 즉, 계절과 절기에 따른 하루의 생활, 주의 생활, 연간 생활로 나누어져 있다(윤선영, 2002).

④ **예술교육**: 몸을 움직이는 놀이인 오이리트미가 예술교육의 대표적이다. 오이리트미는 몸의 움직임을 통해 영혼과 마음을 보여주는 움직임의 예술이다. 영유아는 간단한 리듬에 맞추어 몸을 움직이거나 막대를 사용하여 간단한 오이리트미를 시작하여 점차 동화의 내용, 복잡한 시까지 몸의 움직임으로 표현한다. 또한 도화지를 물에 담구고 건져내어 물기를 닦아 내고, 그 도화지에 물에 젖은 붓을 물감에 찍어 그려보는 수채화 그리기도 예술적 요소를 이용한 교육이다. 발도로프에서는 영유아의 수채화 그리기가 특정한 대상을 그리는 것이 아니라 색을 탐구하는 것이다.

⑤ **창의성과 상상력을 중시하는 교육**: 이야기 들려주기나 동화를 통하여 영유아의 상상력을 길러 준다. 발도로프에서는 이야기를 들려줄 때 그림 없이 들려주고 이야기가 끝난 후에도 절대 교훈을 주입하지 않는다. 이것은 동화 자체의 문학적 의미를 순수하게 보존하고, 영유아 스스로 상상을 하여 이야기를 재창조, 재구성할 수 있도록 하기 위함이다.

⑥ **손놀림의 노작교육**: 뜨개질, 음악과 미술 등 손놀림의 노작교육을 통해 정신적이고 기술적인 능력계발이 이루어진다.

4) 교사의 역할

발도로프 유아용 프로그램은 한 반에 전 연령이 속해 있는 혼합연령 학급을 구성하며, 영유아가 어린이집을 다니는 동안 동일한 교사가 연속적으로 영유아들을 지도한다. 교사들은 실내나 실외에서 영유아들이 놀이를 하며 상상력을 발휘할 수 있도록 격려하고, 정교한 주의집중이 필요한 수공예 작업이나 창의성이 필요한 일에도 영유아들이 참여하도록 안내한다. 교사들은 또한 영유아의 활동을 자세히 관찰하여 영유아들이 새로운 과제를 시도해 볼 수 있도록 하고, 교사가 직접 본보기를 보이면서 작업이 일상적인 경험이 될 수 있도록 한다. 발도로프에서 모방과 본보기의 교육은 중요하다. 교사의 역할 중에서 동료 협의체와 부모회와의 긴밀한 협력관계를 지속하는 것도 중요하다. 발도로프 프로그램에서는 끊임없이 자기교육을 실천하는 교사, 정신과 영혼과 신체를 통합하려는 교육을 실시하려는 교사가 요구된다.

5) 시사점

상상력과 전인교육, 정신의 자유로움을 추구하는 발도로프의 교육이념은 신체와 정신의 균형잡힌 발달을 지향하고 좀 더 나아가서 영유아기 이후의 문제행동까지도 예방할 수 있다는 점에서 이벤트 중심의 보여주기 위한 교육, 인지발달 위주의 우리나라 교육에 많은 시사점을 준다고 볼 수 있다. 발도로프 프로그램은 현재 우리나라에도 유아교육기관에서 혼합연령 보육 프로그램 등이 실시되면서 부분적으로 실시되고 있는 곳이 있다. 다만, 한국의 여건으로 이러한 프로그램을 소화할 수 있는 시설과 교구를 갖출 수 있을지, 이 이념을 교사진들이 얼마나 이해하고 접근할 수 있을지가 발도로프 프로그램 시행 성패에 관건이 될 수 있을 것이다.

5. 레지오에밀리아 접근법

1) 배경

말라구치(Malaguzzi)는 제2차 세계대전 이후 고향인 레지오에밀리아로 돌아와서 황폐화된 고향의 상황에 큰 충격을 받았다. 그는 교육기관이 사람들에게 희망을 주고 마을의 결속력도 높여줄 수 있을 것이라고 생각하였다. 레지오에밀리아 학교는 말라구치와 말라구치의 생각에 찬성하는 부모들 등 다양한 출처를 통해 모집된 자금을 바탕으로 하여, 1940년대 중반에 문을 열었다. 레지오에밀리아 접근법에서는 교육목표를 완전히 미리 계획하기보다는 지역의 사회문화적인 맥락과 배경요인, 교사, 유아, 부모, 지역사회 구성원 간의 관계를 통해 발현적, 상호협력적으로 구성한다. 따라서 레지오에밀리아 프로그램은 특정한 하나의 이론을 토대로 만들어졌다기보다는 교육현장에서 유아와 부모, 교사, 지역사회가 그 사회문화적 맥락에서 직접적 경험을 통해 얻은 교육적인 직관을 기반으로 발전된 프로그램이다. 그러니 레지오에밀리아 접근법은 '지식은 스스로 구성한다.'는 능동적이고 적극적인 아동의 이미지와, 지식습득과정에 있어 아동의 주체성을 강조하였다는 점에서는 구성주의인 피아제와 비고츠키의 영향을 많이 받았다. 특히 주변 인물과의 상호작용을 강조하고 사회문화적 맥락을 중요하게 여겼다는 점에서 비고츠키의 영향을 많이 받았다고 볼 수 있다.

즉, 레지오에밀리아 접근법은 비고츠키의 사회문화적 구성주의와 피아제의 인지적 구성주의의 영향을 많이 받아 지식을 영유아 스스로 구성하는 과정을 중요하게 생각한다. 따라서 레지오에밀리아 접근법은 영유아가 스스로 또는 다른 영유아, 교사, 부모, 지역사회 구성원 간의 상호적인 관계 속에서 생활하고 학습하며, 새로운 개념과 상징적인 표상을 이해한다는 원리에 기반하여 교육의 실제를 구성해 왔다.

레지오에밀리아 접근법은 1940년대 중반 이후부터 지금까지 이탈리아에서 영유아, 부모, 교사, 지역사회가 같이 협력하여 지속적으로 발전되어 온 유아교육체제이다. 레지오에밀리아 접근법이란 영유아 교육에 있어서 교육철학 및 교육과정, 교수법과 학교조직방법, 교육내용, 환경구성을 총칭하는 것이다.

2) 교육목표

레지오에밀리아 접근법은 출생에서부터 유아는 자신만의 고유한 생각을 지니고 있고, 또래나 부모, 교사와의 상호작용을 하면서 스스로 지식을 형성하는 능력을 지니고 있다고 본다. 이 프로그램의 목표는 아동이 자신의 감정이나 생각, 관심사를 자발적이고 독창적으로 표현하는 것이다.

특히 레지오에밀리아 접근법에서는 교사와 부모, 지역사회가 교육의 중요한 요소이며 이들의 적극적인 참여가 강조된다. 레지오에밀리아 접근법은 사회적 상호작용을 통한 교육을 중요하게 여기고, 상호협력을 통해 공동체 의식을 함양하며 지역사회 구성원으로서의 기본적인 자질을 함양시키는 것에 주안점을 두고 있다. 교육은 또래, 교사, 가족, 학교환경, 지역사회와의 상호관계를 통해 이루어지며, 유아, 교사, 부모, 지역사회 모두가 교육의 주체이다. 그러므로 유아의 요구와 관심뿐 아니라 이들 모두의 요구와 관심에도 귀를 기울인다. 교사는 가급적이면 영유아에게 필요한 인적 · 물적자원을 항상 제공할 수 있으면 더욱 좋다.

3) 교육내용 및 활동

① 귀 기울임의 교육: 영유아와 교사 간의 안정적이고 애정어린 관계 속에서 학습은 가장 잘 이루어지고, 교사는 영유아의 말에 세심하게 귀를 기울이는 것

이 중요하다고 보는 가치관이다.

② **프로젝트 중심의 발현적, 상호조정적인 교육과정**: 교사가 개략적인 교육의 목표는 정하지만 활동이나 프로젝트의 구체적이고 세밀한 수업 안은 계획하지 않고, 지속적인 교사와 영유아 간의 협상과 의사소통에 의해 교육과정이 만들어진다.

③ **의사소통을 통한 협동**: 교사나 친구와의 상호작용이 레지오에밀리아에서는 중요한 학습수단이다.

④ **다 상징적 표상활동의 활용**: 주제에 관해서 다양한 매체를 활용하고, 그림, 점토, 구조물로 주제 표현활동을 하면서 표상과 재표상을 하고 이를 통해 주제에 대한 영유아의 이해를 지속적으로 깊게 하는 학습이 이루어진다.

⑤ **기록화와 분석**: 학급 프로젝트를 진행해 나가는 교사와 협력하여 미술교사(Atelierista)는 영유아의 프로젝트 진행과정을 기록화하고 분석해 나간다. 이러한 과정은 영유아에게 경험의 재방문, 경험의 재발견을 통해서 지식을 스스로 재구성할 수 있는 좋은 기회가 된다. 레지오에밀리아 프로그램에서 이러한 과정은 상징화주기로 나타난다.

4) 시사점

레지오에밀리아의 나선형 교육과정은 유아에게 경험한 것을 재경험하게 해보고, 관찰한 것을 재관찰하게 해보고, 표상한 것을 재표상하게 해보도록 격려하여 반복, 확대, 심층적인 학습을 하게 한다. 또한 레지오에밀리아에서의 부모참여, 지역사회의 연계 등 사회문화적 맥락을 중요하게 여기는 것은 현재 유아교육과 보육의 전체 흐름으로 자리를 잡았다. 그러나 우리나라에서는 여전히 여러 인적 · 물적 환경의 열악함, 경제적 부담, 높은 교사 대 아동비율 등으로 인하여 실제 적용상의 어려움이 다소 있다.

6. 생태 프로그램

1) 배경과 개념

생태 프로그램의 목적은 자연과 사람이 하나되는 세상, 사람과 사람이 함께 사는 세상, 아이들이 행복한 세상을 지향하며, 신명나는 어린이를 키우는 것이다. 즉, 개성과 창의력을 지니고, 흥겨움과 우리 멋을 중요시하며, 자연, 사람과 함께 행복한 삶을 영위하는 어린이다운 어린이를 키우고자 하는 것이다(임재택 외, 2006).

이것을 위해 생태 유아교육은 자연의 순리를 따르는 자연교육을 향하며, 유아중심의 교육에서 생명중심의 교육으로, 개인중심의 교육에서 공동체중심의 교육으로 이성중심의 교육에서 전인적 교육으로의 실천적 방향성을 지닌다(최애경 외, 2010).

생태주의는 생태학의 원리를 받아들이는 사회 이론과 실천, 둘 다를 포함하는 용어이다. 생태학의 관점은 자연과 인간의 관계에 대한 대안적 관점이라고 할 수 있다(이순형 외, 2009).

생태 프로그램은 전통 육아의 지침과 우리의 민간신앙, 여러 종교적 사상 등에 그 기반을 두고 있다. 생태 프로그램은 자연친화적 프로그램으로 기본적인 틀을 상징하는 소재도 나무이다. 나무는 자연의 일부이고, 주역에서 말하는 오행의 하나로서 우주만물을 생성하는 주된 요소이다. 나무는 태어나고 자라고 결실을 맺고 소멸하는 일련의 순환 과정을 반복하는 생명체로서 그 모습은 인간이 성장하는 모습을 상징하며, 잎, 줄기, 꽃, 뿌리, 열매 등으로 구성되어 생태 프로그램의 기본 골격을 표현하기에 적절하다(임재택 외, 2006).

2) 기본 전제와 교육목적

생태주의 교육은 환경적 자각과 존중, 인간과 자연에 대한 생태적 이해와 연관성, 지구적 책임감을 영유아들에게 향상시켜 준다. 즉, 체계적 사유방식, 생태학 원리에 대한 지식, 생태적 가치의 실천을 획득하도록 돕는 것이 생태주의 교육의 주된 목적이다.

생태 프로그램에서는 현대의 아동들이 놀이와 자연, 자연스러운 아름다움을 잃어버린 채 자란다고 생각한다. 따라서 생태 프로그램은 잃어버린 아이다움, 놀이, 자연을 아이들에게 다시 회복시켜주고 되찾아 주는 것에 역점을 둔다. 이를 토대로 생태 프로그램에서 지향하는 최종의 교육목표는 '신명나는 어린이'를 실현하는 것이다. 신명나는 어린이상은 몸과 영혼이 건강한 어린이 상을 의미한다. 이를 구체적으로 살펴보면 튼튼한 어린이, 즐거운 어린이, 스스로 하는 어린이, 새로운 것을 생각하는 어린이, 예의 바른 어린이, 생명을 존중하는 어린이, 일을 귀하게 여기는 어린이, 지구를 지키는 어린이, 더불어 사는 어린이를 의미한다(임재택 외, 2006).

3) 교육내용

생태 유아교육의 내용은 다음과 같다(임재택, 하정연, 2004).

① **바깥놀이 프로그램**: 일상생활에서 영유아가 자연 속에서 생명의 소중함을 느끼고 자신의 개념, 경험, 지식을 자유롭게 펼친다.

② **산책 프로그램**: 영유아가 여러 자연물을 보고, 만지며, 느끼는 직접적 체험교육활동으로 하루일과 중 10분 또는 길게는 2시간 이상이 소요된다.

③ **텃밭 가꾸기 프로그램**: 텃밭에서 1년 내내 채소를 기르면서 식물의 생장과 수확에 대한 기쁨, 계절과 날씨의 변화를 알고 자연을 이해한다.

④ **노인 · 아동 상호작용 프로그램**: 노인들이 유아교육 보육활동에 자원봉사자로

참여하여 영유아와 함께 생활하면서 노인과 아동 간의 직접적인 상호작용의 기회를 제공한다.

⑤ 세시풍속 프로그램: 영유아가 우리겨레의 얼을 느끼도록 하는 것이다.

⑥ 동물 기르기 프로그램: 동물을 기르며 영유아는 생명세계를 경험한다.

⑦ 명상 프로그램: 영유아의 마음, 영혼, 몸을 치유하고자 노력하는 명상을 한다.

⑧ 절제 · 절약 프로그램: 생태의 핵심가치인 순환과 돌림의 경제를 영유아들에게 인식시키고 이를 실천하도록 하는 데 목적이 있다.

⑨ 먹을거리 프로그램: 영유아는 먹으면서 자라므로 급식 및 간식을 신선한 유기농 먹을거리로 제공한다.

⑩ 도시 · 농촌 프로그램: 먹을거리와 자연의 소중함을 영유아가 느끼는 경험을 제공하고, 도시와 농촌 영유아가 함께 무언가를 할 수 있는 경험을 제공한다.

⑪ 손끝놀이 프로그램: 영유아에게 손끝을 사용하여 할 수 있는 놀이를 제공하여 영유아가 전인적 존재가 됨을 느끼게 한다.

⑫ 몸짓놀이 프로그램: 영유아의 몸을 자극하여 오장육부를 튼튼히 하고 몸을 유연하게 하는 놀이를 제공한다.

⑬ 초기 적응 프로그램: 유아교육기관에 입학하는 영유아가 익숙하지 않은 환경에 적절히 적응하도록 돕는 과정이다.

참고문헌

김명순, 이기숙, 이옥(2005). 한국 유아교육, 보육과정의 역사와 미래, 한국유아교육과 보육의 자리매김. **한국유아교육학회 정기학술대회 자료집**, 151-186.

김정원, 이경화, 이연규, 전선옥, 조순옥, 조혜진(2006). **보육과정**. 서울: 파란마음.

양옥승, 김영옥, 김현희, 신화식, 위영희, 이옥, 이정란, 이차숙, 정미라, 지성애, 홍혜경(1999). **영유아보육개론**. 서울: 학지사.

여성가족부(2005). 영유아보육법 시행규칙 개정령.

여성가족부(2005). 영유아보육법.

윤선영(2002). **발도르프 유아교육의 첫걸음: 유아교사를 위한 안내서**. 서울: 문음사.

이기숙(2000). **유아교육과정**. 서울: 교문사.

이순형, 이경화, 문무경, 이영미, 한유진, 이성옥, 권혜진, 김영명, 권기남, 김혜라, 안소영, 임송미, 엄성애(2000). **발달수준별 주제탐구표현활동 프로그램의 운영**. 서울: 창지사.

이순형, 이혜승, 이성옥, 황혜신, 이완정, 이소은, 권혜진, 이영미, 정윤주, 한유진, 성미영(2009a). **보육학개론(3판)**. 서울: 학지사.

이순형, 이성옥, 권혜진, 이소은, 황혜신, 이혜승, 한유진, 정윤주, 이영미, 이옥경, 성미영, 권기남, 김지현(2009b). **보육과정(3판)**. 서울: 학지사.

이정환(1999). 유아교육 교수학습방법(개정판). 서울: 교문사.

임재택, 김은주, 하정연, 권미량, 조채영(2006). **생태유아교육프로그램 운영**. 경기: 공동체.

임재택, 하정연(2004). 부산대학교 부설 어린이집 프로그램: 생태 유아교육 프로그램. 한국유아교육학회 발표 논문.

최애경, 송연숙, 남미경(2010). **보육학개론**. 서울: 파란마음.

한국유아교육학회(1996). **유아교육사전(용어편)**. 서울: 교문사.

한국유아교육학회(1997). **유아교육사전**. 서울: 한국사전연구사.

2003년 유아교육 활동 보고서. 국제몬테소리협회(AMI) 〈www.montessoriami.org〉

서울대학교 생활과학대학 어린이집 〈http://kidshome.snu.ac.kr〉

Bredekamp, S.(1986). *Developmentally appropriate practice*. Washington, DC: NAEYC.

Humphryes, J.(1998). The developmental appropriateness of high-quality Montessori programs. *Young Children, 53*(43), 4-16.

Katz, L. G., & Chard, S. C.(1989). *Engaging children's mind: The project approach*. Norwood, NJ: Ablex.

Morrison, G. S.(1998). *Early childhood education today*. Upper Saddle River, NJ: Prence-Hill.

NAEYC(1991). Accreditation criteria and procedure. National Association for the Education for Young Children. URL: http://www.naeyc.org

Nutbrown, C.(2006). *Key concept in early childhood education and care*. London: Sage.

Petersen, E. A.(2003). *Early childhood curriculum: Linking thematic, emergent, and skill-based planning to children's outcome*(2nd ed.). Boston: Allyn and Bacon.

Saracho, O. N., & Spodek, B.(1992). *Introduction: Child care in early education*. In O. N. Saracho & B. Spodek(Eds.), Issues in child care. New York, NY: Teachers College.

Chapter 8

영유아교육평가

핵심개념

| 영유아 | 평가 |

1. 영유아교육평가의 기초

1) 영유아교육평가관

교육은 잠재적 교육과정을 제외하고 계획으로 이루어진다. 계획수립 시 가치판단과 의사결정을 위한 자료가 필요하며 계획의 이행결과가 지향하는 목적에 도달하였느냐 혹은 그렇지 못하느냐의 판단이 요구된다. 즉, '평가'의 과정은 인간의 모든 의도적 계획이행의 과정 속에서 찾아볼 수 있으며, 교육에 있어서 이 문제는 특히 중요하다.

교육은 인간으로서의 학습자가 발현하고 있는 현실성보다는 미래의 가능성이 더 크다는 신념에 기초하여야 한다. 유아들은 현재 보여주는 능력보다 미래에 나타날 가능성이 크다는 발달적 특징을 가지고 있으므로, 미래의 모습에 강조점을 두어야 한다. 교육평가의 목적은 학습자의 현재 상태에 대한 진술과 가치 판단이기 보다는 수집된 결과에 기초하여 '어디가 어떠하니 어떻게 해야겠다.'라는 형성적 목적(황정규, 1991: 55)을 달성하는 것이 중요하기 때문이다. 또한 교육의 효율성 확보를 위해서는 영유아평가에 더하여, 교육과정, 교수–학습방법, 교사평가, 교육기관평가 등을 통해 포괄적으로 평가해야 한다.

(1) 평가의 세 가지 관점

객관적 평가를 위해서는 다양한 과정을 통해서 정보를 수집해야 한다. 유아에게 나타난 변화와 그 변화의 정도를 객관적으로 드러내고 있는 증거를 수집하는 과정이 평가이기 때문이다.

평가의 목적과 과정, 결과에 따라 관점을 구분하면 측정관, 평가관, 총평관으로 나눌 수 있다.

① 측정관

측정관은 모든 사물이 안정된 상태에 있다는 가정에서 출발한다. 따라서 어느 시각, 어떤 개인의 반응행동은 그 개인의 상태를 나타내는 표본으로 간주될 수 있다. 다만, 개인이 보인 반응점수의 신뢰성과 객관성을 어떻게 유지하느냐가 문제된다. 즉, 아무리 타당한 검사라도 신뢰성과 객관성이 결여된다면 표본으로서의 가치를 상실하므로, 신뢰성과 객관성이 타당성에 우선하여 강조되어야 한다는 것이다.

이와 같이 신뢰성이 높고, 객관적인 측정을 위해서는 검사도구의 표준화가 요구된다. 검사도구의 표준화는 언제, 어디서, 누가 측정해도 같은 결과를 얻을 수 있는 보증의 절차를 거쳤음을 말한다. 수집된 자료는 반드시 계량화를 거쳐 규준집단에 비추어져 해석된다.

② 평가관

평가관의 기저는 인간의 행동과 존재하는 모든 것은 항상 변한다는 것이다. 이 관점에서 교육이란, 의도에 따라 교육적 작용을 투입하는 과정으로 개념화 되고, 결국 평가란 투입한 교육적 과정의 효과성을 검증하는 과정이 된다.

효과성 검증에 활용되는 자료는 양적 자료와 질적 자료가 모두 포함된다.

③ 총평관

총평관의 기저는 인간과 환경은 항상 상호작용하고, 환경은 인간에게 변화를 요구한다는 것이다. 머레이(Murray, 1983)의 전인적 평가와 같은 맥락으로 쓰이는 총평관은 인간이 속한 환경을 분석하는 것에서 출발한다.

총평에서는 환경의 심리적 압력, 즉, 한 개인에게 기대되는 역할이 무엇인지를 결정해야 할 뿐만 아니라, 그 사이에 존재하는 위계적 질서, 일관성 및 갈등관계의 분석이 중요한 목표가 된다. 개인에 대한 분석은 그 후의 과제이다. 총평에서의 자료 수집방법은 다양하다. 구조화 높은 객관식의 검사형태, 자기보고법, 관찰, 면접, 장면검사, 역할연출, 자유연상 등의 투사적 방법 등이 사용될 수 있다. 수집된 자료의 해석은 낱낱의 자료들이 가지는 합치도에 주안점을 두어 이루어진다. 또한 총평에서는 예언타당도에도 관심이 주어진다. 개인과 환경의 구체적 상호작용은 어느 한 쪽의 특성에 관한 정보에 의해 다른 한 쪽을 얼마나 예언할 수 있는냐의 문제가 된다.

2. 영유아교육평가 실제

1) 영유아교육평가의 범위

영유아교육평가의 범위는 영유아에 대한 평가와 교육과정 및 기관에 대한 평가로 나누어 볼 수 있을 것이다.

2) 영유아평가

영유아평가라고 하면 영유아의 성취수준에 관련된 것을 떠올리기 쉬우나 영유아를 대상으로 하는 평가의 목적은 학습자로서의 영유아의 상태를 파악하여 학습 준비상태를 점검하는 데 있다. 즉, 영유아평가는 학습성취도평가뿐만 아니라 교육계획의 수립, 집단선정, 평가계획의 수립 등에 관련된 기초자료로서 현재 상태를 파악하는 평가활동이 주가 된다. 또한 영유아를 평가한다는 것은 교육과정 운영 이후의 유아의 변화상태를 파악하고자 하는 것이므로 오히려 교육과정평가와 같은 맥락에서 이해된다.

영유아평가에 일반적으로 쓰이는 방법에는 교사관찰, 검사 및 유아의 자기평가 등이 있고 영유아발달 특성상 교사관찰이 대표적으로 활용된다.

영유아교육기관에서 영유아들의 기능, 흥미, 이해, 감정, 사회적 기능 등의 평가에 가장 흔히 쓰이는 것이 관찰법이다. 이러한 형태의 평가를 통하여 수집된 자료를 기록하는 방식에 다음의 방법 등이 활용될 수 있다.

(1) 표본식 기술

표본식 기술은 관찰자가 미리 계획한 활동시간 혹은 교육활동이 종료될 때까지 대상의 동작과 언어를 관찰하고, 관찰하고 있는 내용을 비디오를 찍듯이 객관적 관점에서 순서에 따라 세세하게 기술한다. 표본식 기술에서는 관찰하는 동안 일어나고 있는 상황과 대화내용들을 모두 포함하는 것을 강조한다. 즉, 누구라도 관찰상황을 한 편의 영화처럼 떠올릴 수 있을 만큼 세세하게 작성하는 것이다. 표본식 기술을 통해 몇 분, 몇 주 심지어 몇 달까지 다양하게 기술할 수 있다. 이런 점에서 이 방법은 교사가 자연스럽게 유아들을 관찰할 때 사용하기보다는 교실집단에 소속되지 않은 연구자들이 교실상황이나 교사 혹은 유아를 대상으로 하는 관찰 연구를 진행할 때 주로 활용된다(Beaty, 1997).

〈표 8-1〉 표본식 기술 예시

관찰 대상(들) : Christopher
연령 : 4
관찰 장면 : Kinderkare 교실
관찰 일자 : 2010년 6월 21일 8:40 ~ 9:10
관찰자 : Perlita
관련 영역 : 사회/인지 영역

시간	관찰상황	코멘트
8:41	Mary와 Jane은 역할놀이 영역에서 식사를 준비하고 있다.	Mary와 Jane은 자주 같이 노는 친구들로 다른 친구들이 자신들의 놀이에 끼어드는 것을 좋아하지 않는 경향이 있다. Robbie는 어떻게 하면 그들과 함께 놀이할 수 있는지를 알고 있었다. Robbie는 그 친구들이 화나지 않도록 주의하면서 접근한 것이다. Robbie가 자신들의 놀이에 도움이 되고 싶다는 것을 제안하자 그녀들은 그가 자신들의 놀이에 합류하는 것에 대한 거부감을 거두게 된 것이고, Robbie는 그녀들의 놀이에 성공적으로 합류할 수 있게 된 것이다.
8:42	Robbie가 역할놀이 영역으로 들어와 자기도 식사를 하고 싶다고 말한다. Mary와 Jane은 Robbie를 쳐다본다. Jane이 "너는 여기에서 놀 수 없어. 우리는 지금 바빠."라고 말한다.	
8:43	Robbie는 Mary와 Jane이 과일모형을 식탁으로 옮기는 것을 쳐다보며 계속해서 서 있는다.	
8:44	Robbie는 Mary와 Jane에게 "내가 아빠역할을 하면 설거지를 할께."라고 말한다. Mary는 잠시 생각한 후 Jane을 한 번 보며 "그래 좋아. 너도 같이 놀자."라고 대답한다.	

※ 표본식 기술 예시 〈표 8-1〉은 Wortham(2001)에서 인용하여 변형시킨 것임.

관찰기간이 다양하기 때문에 표본식 기술에 대한 코멘트나 해석은 관찰 즉시 이루어지지 않고, 연구진행 후에 제시한다.

(2) 일화기록

관찰대상의 특정 행위를 자세하게 묘사하여 기술하고 기록함으로써 관찰대상의 특정 영역을 이해하는 데 중요한 역할을 하게 되는 것이 일화기록이다(Wortham, 2001). 즉, 하나의 사건을 사건 발생 맥락을 포함하여 구체적이고 객관적인 서술로 즉시 기록하는 방법이다.

일화기록 시 유의점은 사건이 일어난 즉시 순서대로 정확하게 기록하여야 하나, 유아교육 상황하에서 즉각적으로 기록하는 데에는 여러 어려움이 발생할 수 있다는 점이다. 일화기록이 바로 이루어지지 못할 때에는 이후 기록을 도울 수 있는 누가, 언제, 어디서, 무엇을, 왜 등의 키워드를 기록함으로써 이후에 활용하게 된다.

굿윙과 드리스콜(Goodwin & Driscoll, 1980)은 일화기록의 특징으로 다음의 다섯 가지를 제시하고 있다.

① 직접 관찰한 것을 기록한다.

② 하나의 사건을 관찰한 즉시, 정확하고 구체적으로 기록한다.

③ 관찰행동의 맥락을 포함한다.

④ 관찰상황에 대한 해석은 객관적 관찰상황 제시와 분리하여 별도로 표시하여 제시한다.

⑤ 관찰대상의 일반적인 행동과 특정 행동 모두에 초점을 맞추어 기록한다.

〈표 8-2〉 일화기록법 예시

관찰 대상(들) : Robbie, Mary, Jane
연령 : 4
관찰 장면 : Sunnyside 유아원 교실
관련 영역 : 사회/정서 영역

관찰 상황	코멘트
Mary와 Jane은 역할놀이 영역에서 식사를 준비하고 있다. Robbie가 역할놀이 영역으로 들어와 자기도 식사를 하고 싶다고 말했다. Mary와 Jane이 Robbie를 쳐다보았다. Jane이 "너는 여기에서 놀 수 없어. 우리는 지금 바빠."라고 말했다. Robbie는 Mary와 Jane이 과일모형들을 식탁으로 옮기는 것을 쳐다보며 서 있었다. Robbie는 그들에게 "내가 아빠가 되서 설거지를 할 수 있어."라고 말하자 Mary가 잠시 생각한 후 Jane을 한 번 보며 "오 좋아. 너도 같이 놀 수 있겠다."라고 대답하였다.	Mary와 Jane은 자주 같이 노는 친구들로 다른 친구들이 자신들의 놀이에 끼어드는 것을 좋아하지 않는 경향이 있다. Robbie는 어떻게 하면 그들과 함께 놀이할 수 있는지를 알고 있었다. Robbie는 그 친구들이 화나지 않도록 주의하면서 접근한 것이다. Robbie가 자신들의 놀이에 도움이 되고 싶다는 것을 제안하자, 그녀들은 그가 자신들의 놀이에 합류하는 것에 대한 거부감을 거두게 된 것이고 Robbie는 그녀들의 놀이에 성공적으로 합류할 수 있게 된 것이다.

※ 위의 〈표 8-2〉는 Wortham(2001)에서 인용하여 변형시킨 것임.

이러한 일화기록법은 유아교육기관에서 흔히 사용되는 관찰기록방법이다. 주의할 점은 선정된 관찰 장면이 해당 유아의 특성을 대표할 수 있는 상황이 될 수 있는가에 대한 확신 여부와 관찰자의 개인적 성향에 의해 관찰되는 영역이 편중될 수 있다는 점이다(김아영, 2007). 이러한 문제점을 보완할 수 있는 방법으로 일화기록법 운영계획이 세워질 수 있다(Mindes, 2006). 매일매일 관찰하여 일화기록할 유아들 명단을 계획하고, 아래 제시한 〈표 8-3〉에 근거하여 각 유아들의 누락된 영역을 중심으로 관찰하고 기록할 수 있을 것이다. 기록물은 유아마다 월별폴더로 정리하고 누리과정 영역의 해당 영역으로 분리하여, 각 영역이 모두 관찰되었으면, 그 결과에 기초하여 총평을 작성할 수 있게 된다. 이 과정에서 각 영역 관련 일화기록을 수시로 기록할 수 있고, 효율성을 극대화할 수 있는 방법이 접착메모지의 활용이다. 위와 같은 계획 및 정리 과정을 통하여 일화기록법의 단점인 관찰 장면의 대표성과 관찰 영역의 편중성이 보완되어질 수 있을 것이다(김현정, 2014).

〈표 8-3〉 일화기록법 관리 예시

(바다)반 (배수빈) (5)월 일화기록철		
신체운동 · 건강	의사소통	사회관계
	▪ **관찰일자** : 5월 2일 ▪ **관찰 영역** : 역할놀이 영역 슬기와 민영이는 역할놀이 영역에서 과일가게 놀이를 하고 있다. 슬기가 과일들을 정리하며 역할놀이 영역에 들어오려고 하는 민기와 영희를 막으며 "야, 들어오지마. 우리 안 팔거란 말이야."라고 말한다. 민기는 슬기를 쳐다보며 "지금 물건 안 팔아?"라고 묻자, 슬기는 민기를 보며 큰 소리로 "우리 지금 과일 사러 가. 물건 정리한다고, 가게 문 닫았어."라고 말한다. 그리고 쓰기 영역에서 흰 종이, 검은 싸인펜, 테이프를 가져와 흰 종이 위에 "문다다써요"라고 한 글자씩 쓴 후 역할놀이 표시판에 테이프로 붙인다.	▪ **관찰일자** : 5월 2일 ▪ **관찰 영역** : 역할놀이 영역 영희와 수희는 역할놀이 영역에서 식사를 준비하고 있다. 수빈이가 역할놀이 영역으로 들어와 자기도 식사를 하고 싶다고 말했다. 영희와 수희는 수빈이를 쳐다보았다. 영희가 "나는 여기에서 놀 수 있어, 우리는 지금 바빠."라고 말했다. 수빈이는 영희와 수희가 과일모형들을 식탁으로 옮기는 것을 쳐다보며 서있었다. 수빈이는 그들에게 "내가 이모가 되서 설거지를 할 수 있어."라고 말하자, 영희가 잠시 생각한 후 수희를 한 번 보며 "오 좋아, 나도 같이 놀 수 있겠다."라고 대답하였다.
예술경험	자연탐구	총평
	▪**관찰일자** : 5월 9일 ▪**관찰 영역** : 역할놀이 영역 화장실을 다녀온 후 민기가 소리를 지른다. 어른 새끼 손가락 길이의 지렁이가 책상위를 기어다니고 있는 것을 민기가 본 것이다. 수빈이가 민기에게 다가가 "무서워? 무서워하지마. 지렁이는 좋은 동물이야. 책에서 읽었어. 조심해서 살려주자." 라고 말한다. 민기가 조용해지자 미술 영역에서 휴지심을 가져와 지렁이가 들어갈 수 있도록 지렁이 앞에 내려놓는다. 지렁이가 그 안에 들어가자 수빈이는 그 휴지심을 창문 밖으로 조심하여 내려놓았고, 잠시 후 지렁이는 휴지심에서 나와 수풀속으로 들어갔고 교실은 다시 조용해졌다.	

※ 위의 〈표 8-3〉은 본 장에서 예시로 제시된 일화기록들을 변형시켜 제시하였음.

(3) 사건표집법

특정 사건이 발생할 수 있는 상황을 전후맥락을 중심으로 관찰기록하는 방법이 사건표집법이다. 특정 사건 하나가 사건표집법의 관찰 단위이므로 사건의 원인과 결과가 드러나도록 발생 맥락을 시간적 순서에 맞추어 기록하는 것이 중요하다 (Wortham, 2001).

사건표집법을 활용하여 기록하기 위해서는, 유아발달 특성 상 특정한 영유아 행동은 우연히 나타나거나 발생빈도가 낮다는 것을 반영하여, 관찰자가 보고자 하는 특정 사건이 일어나게 되는 단서들을 미리 인지하고 있어야 한다. 사건표집법의 경우 특정 사건이 관찰대상이 되므로 관찰 시에 그 사건에 포함된 특성들을 미리 유목화 하여 파악하는 것이 중요하다.

3) 영유아교육기관평가

위에서 논의한 영유아평가 외에도 질적인 영유아교육의 전개를 위해서는 영유아교육기관에 대한 평가도 필요하다. 영유아는 주변의 인물들을 포함하여 총체적인 주위 환경과의 상호작용을 통해 자신이 몸담고 있는 세계를 파악해 가는 존재이기 때문이다.

대표적인 영유아교육기관평가가 유치원평가와 보육시설평가 인증이다.

(1) 유치원평가

유치원평가는 누리과정을 충실히 운영할 수 있는 유치원 운영체계 구축 및 유치원의 책무성 제고를 통해 유치원 교육서비스의 질적 수준 제고하고, 유치원 운영 전반을 체계적 · 종합적으로 점검하고 평가결과 환류 및 맞춤형 지원을 통해 유치원 운영을 개선하며 평가결과 공개를 통해 학부모의 알 권리 및 유치원 선택권 보장으로 학부모의 유치원교육에 대한 만족도 제고를 그 목적으로 한다.

유치원평가 영역은 교육과정, 교육환경, 건강 및 안전, 운영관리, 지역화 5개로 이루어져 있다. 각 영역별 평가 방향을 살펴보면 아래의 표와 같다.

유치원평가 영역별 평가 방향	
교육 과정	• 교육과정은 유치원 운영의 가장 핵심적인 요소이다. 교육과정을 어떻게 운영하느냐에 따라 교수-학습 경험의 질이 결정되고, 그 결과 유아교육의 효과도 크게 좌우된다. • 교육과정 영역에서는 적합하고 타당한 교육목표를 설정하고 있는지, 생활주제 및 유아발달에 적합한 교육계획을 수립하고 있는지, 통합적 · 균형적 일과 운영을 하고 있는지, 적절한 교수-학습방법을 하며 교사가 질적인 상호작용을 유도하는지, 타당하고 신뢰로운 교육 평가가 적절히 실행되고 활용되는지를 점검한다.
교육 환경	• 교육환경은 교육과정의 성공적 운영과 밀접한 관련이 있다. 특히, 유아는 주변 환경과의 긴밀한 상호작용을 통해 학습 · 발달하므로 유치원의 교육환경을 어떻게 구성 · 제공하느냐가 매우 중요하다. • 교육환경 영역에서는 실내외 교육환경 및 시설 · 설비가 적합한지, 유아의 발달수준과 주제에 적합한 충분한 교재 · 교구를 제공 · 관리하는지 점검한다.
건강 및 안전	• 유아의 건강 및 안전관리는 유치원의 교육적 기능과 더불어 매우 중요한 기능이다. 유치원에서도 유아의 심신의 건강을 유지하고 안전한 환경을 제공하는 일은 강조되어야 하며, 유아기의 영양은 이후 정상적인 성장 · 발달을 위해 중요하다. • 건강 및 안전 영역에서는 유아의 건강관리 및 지도를 적절하게 실시하고, 다양한 급 · 간식을 위생적으로 제공하며, 적절한 식습관 지도를 하고 있는지를 점검한다. 또한 유아와 교사를 대상으로 안전교육을 실시하며, 각종 보험가입과 실내외 시설 · 설비에 대한 안전관리를 하고 있는지 점검한다.
운영 관리	• 유치원이 설정한 교육목표를 제대로 날성하기 위해서는 기관의 운영관리가 잘 되어야 한다. 유치원의 운영관리는 유아교육활동을 보다 효과적으로 추진하게 하는 지원체제로서 유치원의 장기적인 발전을 위하여 체계적인 관리가 필요하다. • 운영관리 영역에서는 교직원의 인사 · 보수 · 복지 규정을 마련 · 준수하고 있는지와 교직원의 전문성 제고를 위한 지원을 하고 있는지, 원장이 기관 운영개선을 위한 노력을 하고 있는지를 점검한다. 또한 예산의 편성과 운영이 적절한지, 다양한 부모교육 · 참여활동을 실시하며 가정과 지역사회와 연계를 하고 있는지, 방과후 과정을 위한 프로그램과 인적 · 물적 환경이 적절한지를 점검한다.
지역화	• 제주 유아교육 내용의 지역화 영역에서는 유아기 독서교육에 대한 관심과 노력을 통하여 유아의 책 읽는 즐거움과 책을 가까이 할 수 있도록 독서교육 기반조성을 위한 예산을 확보하고 다양한 독서교육 프로그램 계획하여 운영하고 있는지 점검한다. • 제주의 지역적 특성/사회적 변화를 반영한 교육활동을 유아발달 수준에 맞게 교육계획을 수립하여 운영하고 있는가에 대한 내용을 의미하며, 유치원 특색교육활동을 다양한 교수매체와 방법으로 운영하고 지역 내 다양한 문화시설, 전문 인사 등과 연계한 활동을 계획 · 추진함으로써 유치원 실정에 맞는 교육을 실천하고 있는지 점검한다.

구체적인 제 3주기('14년~'16년) 유치원 평가 지표를 살펴보면 아래의 표와 같다.

평가영역 (배점)	평가지표 (배점)	평가요소
Ⅰ. 교육 과정 (30)	1. 교육목표 및 교육계획 수립의 적절성(10)	1) 교육목표는 국가수준의 교육과정과 교육청의 운영지침을 근거로 유아의 전인발달 · 교육을 지향하고 있다.
		2) 연간(월간), 주간, 일일교육 계획의 목표와 내용이 적절하며 연계성이 있다.
		3) 일일교육 계획안에는 소주제, 목표, 활동시간 및 내용, 자료, 평가 등이 포함되어 있다.
	2. 일과운영 및 교수–학습방법의 적합성(15)	1) 교육계획에 따라 일과를 통합적이며 균형 있게 운영하고 있다.
		2) 교육내용 · 활동에 적합한 교수 – 학습방법 및 매체를 사용하고 있다.
		3) 교사 – 유아 간에 질적인 상호작용이 이루어지고 있다.
	3. 평가방법 및 활용의 적절성(5)	1) 유아평가 실시방법과 활용이 적절하다.
		2) 교육과정(누리과정) 운영평가의 실시방법과 활용이 적절하다.
Ⅱ. 교육 환경 (15)	4. 실내외 교육환경구성 및 활용의 적합성(10)	1) 실내 공간에는 흥미 영역의 구성이 적합하며 전시 및 게시가 교육적이다.
		2) 실외 공간에는 각종 놀이기구를 비롯하여 다양한 활동 영역이 있다.
		3) 실내외 시설 및 설비가 유아의 발달수준 및 유아교육 특성에 적합하다.
	5. 교재 · 교구의 제공 및 관리의 적절성(5)	1) 유아의 발달수준과 주제에 적합한 교재 · 교구를 충분히 구비하여 제공하고 있다.
		2) 교재 · 교구의 사용이 용이하도록 정리 · 관리하고 있다.
Ⅲ. 건강 및 안전 (15)	6. 유아의 건강관리 및 지도의 적절성(10)	1) 유아를 대상으로 청결 · 위생지도 등 건강교육을 실시하고 있다.
		2) 균형 있는 영양을 고려한 다양한 급 · 간식을 위생적으로 제공하고 있다.
		3) 유아를 대상으로 식습관 지도를 하고 있다.
	7. 유아의 안전관리 및 지도의 적절성(5)	1) 유아와 교사를 대상으로 안전교육을 실시하고 있다.
		2) 유아, 교직원 및 시설에 대한 보험에 가입하고 있다.
		3)실내 · 외 시설 및 설비를 안전하게 설치 · 관리하고 있다.

Ⅳ. 운영 관리 (30)	8. 교직원의 근무 여건 및 전문성 제고(10)	1) 교직원 관련 규정(인사 · 보수 · 복지)이 있으며, 이를 준수하고 있다.
		2) 교직원의 전문성 제고를 위한 연수기회를 부여하고 있다.
		3) 원장은 기관을 민주적으로 운영하고 개선을 위하여 노력하고 있다.
	9. 예산편성 및 운영의 적절성(5)	1) 예 · 결산서를 운영위원회 심의 · 자문을 거쳐 확정하고, 대내외적으로 공개하고 있다.
		2) 입학금과 수업료 외의 기타경비 관련 규정을 마련하여 준수하고 있다.
	10. 가정 및 지역사회와의 연계(5)	1) 부모교육 및 참여 활동을 체계적으로 계획 · 운영하고 있다.
		2) 유치원의 교육활동 및 유아발달 상황을 학부모에게 안내하고 있다.
		3) 지역사회와의 협력을 도모하고, 지역사회의 인적 · 물적자원을 활용하고 있다.
	11. 방과후 과정 운영의 적절성(10)	1) 국가 및 시도교육청의 방과후 과정 운영지침에 따라 활동 및 프로그램을 적절하게 계획하여 운영하고 있다.
		2) 방과후 과정을 위한 기본시설 · 설비가 구비되어 있다.
		3) 방과후 과정에 전담인력이 배치되어 있다.
Ⅴ. 제주 유아교육의 지역화 (10)	12. 독서교육 활동의 적절성	1) 유아발달에 적합한 독서교육을 위해 예산을 적절하게 수립 · 집행하고 있다.
		2) 책을 가까이하는 습관 형성을 위해 다양한 독서교육 프로그램을 운영하고 있다.
	13. 제주의 특성을 반영한 교육 운영의 적절성	1) 제주 특성을 반영한 창의적 특색교육 계획을 수립 · 운영하고 있다.
		2) 제주 특성을 반영한 특색교육 프로그램을 다양하게 실시하고 있다.

(2) 보육시설평가인증

보육시설평가인증은 보육서비스의 질적 수준 향상이라는 사회적 요구를 충족시키기 위해 2003년 보육시설 평가인증제 모형 개발 시범운영을 거쳐 년도부터 평가인증제도를 본격적으로 운영하여 현행 4주기 평가인증이 운영되고 있다.

보육시설평가인증은 다음과 같은 목적을 가진다.

첫째, 안전한 보육환경에서 영유아가 건강하게 양육될 권리를 보장할 수 있도록 보육서 비스의 질적 수준을 향상시킨다.

둘째, 보육시설이 보육서비스의 질적 수준을 높이고자 준비하고 노력하는 과정을 통해 ,시설장과 보육교사의 전문성이 증진되도록 하여 보육의 질적 수준도 점진적으로 향상될 수 있도록 한다.

셋째, 부모들이 합리적으로 보육시설을 선택할 수 있도록 보육서비스의 질적 수준에 대한 정보를 제공한다.

넷째, 보육정책 수립의 주체인 정부가 보육현장을 효율적으로 지원하고 관리하는 체계를 확립한다.

보육시설평가인증의 운영체계는 다음 [그림 8-1]과 같다.

[그림 8-1] 보육시설평가인증 운영체계

보육시설평가인증 평가항목을 필수항목과 기본항목으로 나누어 설명하면 다음 〈표 8-4〉와 같다.

〈표 8-4〉 보육시설평가인증 필수항목 4항목

항목	평점	평점기준
총 정원 준수	준수	보육시설의 현원이 총 정원 이내인 경우
	미준수	보육시설의 현원이 총 정원을 초과한 경우
예 · 결산서 및 회계서류 구비	준수	예산서와 결산서 및 회계서류가 구비되어 있는 경우 * 상시 영유아 20명 이하인 시설로써 보육시설의 장이 보육교사를 겸임하는 시설의 경우 예산서와 결산서를 구비하지 않을 수 있음(「영유아보육법 시행규칙」 별표 8 참조)
	미준수	예산서 또는 결산서가 없는 경우 회계서류가 전혀 없는 경우
안전사고에 대한 보험 (상해, 화재, 배상보험) 가입	준수	모든 영유아에 대한 상해보험과 보육시설에 대한 회계 및 배상보험에 가입되어 있는 경우
	미준수	영유아 상해보험에 가입되지 않은 경우 화재보험 또는 배상보험에 가입되지 않은 경우
「영유아보육법」 관련 행정처분 등	준수	아래와 같은 행정처분사항이 신청마감일 후 발생하지 않은 경우 -「영유아보육법」 제40조의 제2호, 제3호 -「영유아보육법」 제45조 제1항 -「영유아보육법」 제46조 -「영유아보육법」 제47조 -「영유아보육법」 제48조 * 신청마감일 기준으로 행정처분 종료, 보조금 반환명령 이행완료(참여자격 참조)
	미준수	아래와 같은 행정처분사항이 신청마감일 후 발생한 경우 -「영유아보육법」 제40조의 제2호, 제3호 -「영유아보육법」 제45조 제1항 -「영유아보육법」 제46조 -「영유아보육법」 제47조 -「영유아보육법」 제48조 * 신청마감일 기준으로 행정처분이 종료되지 않았거나, 보조금 반환명령 이행이 완료되지 않은 경우(참여자격 참조)

〈표 8-5〉 보육시설평가인증 기본항목 7항목

항목	평점	평점기준
보육시설의 설치기준	양호 (1점)	보육시설 내 영유아용 화장실, 목욕실, 조리실이 모두 설치되어 있는 경우 *「영유아보육법 시행규칙」 제9조 [별표 1] 참조
	미흡 (0점)	보육시설 내 영유아용 화장실, 목욕실, 조리실 중 설치되지 않은 시설이 있는 경우 *「영유아보육법 시행규칙」 제9조 [별표 1] 참조

보육시설의 설치기준	양호 (1점)	인가정원 대비 보육실의 면적이 설치기준을 충족한 경우 *「영유아보육법 시행규칙」 제9조 [별표 1] 참조 * 기존시설('05. 1. 29. 이전 설치 신고된 시설)은 구법 적용
	미흡 (0점)	인가정원 대비 보육실의 면적이 설치기준 미만인 경우 *「영유아보육법 시행규칙」 제9조 [별표 1] 참조
종사자 배치기준	양호 (1점)	보육종사자 배치기준 중 일반기준을 모두 충족한 경우 *「영유아보육법 시행규칙」 제9조 [별표 2] 참조
	미흡 (0점)	보육종사자 배치기준 중 일반기준을 충족하지 못한 경우 *「영유아보육법 시행규칙」 제10조 [별표 2] 참조
종사자의 정기 건강검진	양호 (1점)	모든 종사자에 대하여 연 1회 건강검진을 실시한 경우 * 해당년도 및 전년도 기록 검토
	미흡 (0점)	건강검진에서 누락된 종사자가 있는 경우
예 · 결산서 및 재무회 관련	양호 (1점)	아래 사항을 모두 충족한 경우 – (세입, 세출) 예 · 결산서 구비 : 구체적 산출기초 명기 – 수입 · 지출 기록 명확 : 영수증 – 수입 : 금융기관 통한 수납, 납부고지서 발급 – 지출 : 5만 원 이상 카드결재, 1기관 1계좌 사용
	미흡 (0점)	평가기준 중 충족하지 못한 항목이 1개 이상 있는 경우
행정처분 및 위반사항, 민원사항	양호 (1점)	1년 이내 「영유아보육법」 관련 행정처분사항 및 식품위생법 관련 위반사항, 영유아보육관련 민원사항이 발생하지 않은 경우 * 보육시설, 대표자 및 보육시설 종사자 관련 민원
	미흡 (0점)	1년 이내 「영유아보육법」 관련 행정처분사항 및 식품위생법 관련 위반사항이 발생한 경우, 1년 이내 영유아보육관련 민원사항이 발생한 경우 * 보육시설, 대표자 및 보육시설 종사자 관련 민원이 발생하여 시정조치가 이루어진 경우
비상대피시설 설치	양호 (1점)	비상시 각 층별로 양방향 대피가 가능한 대피시설을 구비한 경우 – 보육시설이 1층, 2층 이상인 경우 모두 포함 * 보육사업 안내 참조
	미흡 (0점)	비상시 각 층별로 양방향 대피가 가능한 대피시설을 구비하지 않은 경우 – 보육시설이 1층, 2층 이상인 경우 모두 포함 * 보육사업 안내 참조

참고문헌

김숙자(2010). **유아교육과정**. 경기: 교문사.

김아영(2007). **관찰연구법**. 서울: 교육과학사.

박효진(2005). 동화를 활용한 이야기 나누기 및 확장 활동에 따른 만3세 유아의 또래 간 갈등 양상 변화. 덕성여자대학교 교육대학원 석사학위청구논문.

이미정(1999). 사회극적놀이에서 나타나는 유아의 쓰기 기능 분석. 한국교원대학교 대학원 석사학위청구논문.

정이비(2014). **마리아몬테소리 관찰의 즐거움**. 서울: 한울림.

Beaty, J. J.(1997). *Observing development of the young child.*(4th ed.). New York: Merrill/Prentice Hall.

Cohen, D. H., Stern, V., & Balaban, N.(1997). *Observing and recording the behavior of young children*(4th ed.). New York: Teachers College Press.

Goodwin, W. L., & Driscoll, L. A.(1980). *Handbook for measurement and evaluation in early childhood education*. San Francisco: Jossey−Bass.

Mindes, G.(2006). *Assessing Young Children*. Upper Saddle River, NJ: Merrill/Prentice Hall.

Wortham, S. C.(2001). *Assessment in early childhood education*. Upper Saddle River, NJ: Merrill/Prentice Hall.

Chapter 9

유·초 연계교육

핵심개념

▍유·초 연계교육 ▍연계 ▍누리과정 ▍초등학교교육과정 ▍

1. 유 · 초 연계교육의 이해

1) 유 · 초 연계교육의 개념

학습자의 교육적 성취는 교육이 이루어지는 기간 동안의 학교급 간 교육이 유기적으로 연결될 때 가장 효과적으로 이루어진다. 특히 형식적인 교육이 처음 시작되는 유아교육기관과 초등학교 간의 연계는 다른 학교급 간의 연계보다도 더욱 체계적으로 이루어져야 할 필요가 있다.

연계 및 연계교육의 의미는 연계에 대한 접근방식, 강조점, 범위 등에 따라 다양하게 정의되고 있다. 교육과정의 구성과 실행에 있어서 연계의 의미를 타일러가 제시한 교육과정 내용조직 원리인 계속성, 계열성, 통합성의 속성을 통해 살펴보면 〈표 9-1〉과 같다.

〈표 9-1〉 연계의 속성별 의미

속성	의미
계속성	교육과정 구성 시에 고려해야 될 요소들(개념, 지식, 기능)이 계속적으로 제시되는 것
계열성	동일한 교육내용의 교수가 이루어지지만 수준에서의 점진적인 심화나 확장이 이루어지는 것
통합성	교과 내에서의 계속성과 계열성을 근간으로 하되, 교과 간이나 교과외 교육활동으로 확장되면서 상호직조되는 것

연계교육은 교육과정을 구성하고 있는 여러 요소들의 상호관계를 구축하고자 하는 교육적 노력인 것이다. 다시 말해서 연계교육은 학습자의 발달적 특성을 근간으로 하여 학교급 간 교육에서 추구하고자 하는 교육내용 및 교수 · 학습방법과 전략에서의 적절한 연결을 꾀하는 작용을 의미하므로 유 · 초 연계교육을 통해 학습에서의 의미 있는 구분을 이룸과 동시에 학교급간의 교육내용들이 상호연결되도록 하여 학습에서의 원활성과 효율성을 추구할 수 있다.

유 · 초 연계교육에서 사용하는 교육과정의 의미가 문서상 교육과정에만 제한되는 것은 아니며, 보다 확대되어 유아의 삶을 총체적으로 지원할 수 있는 교육과정으로까지 이해되고 있다. 유아 차원에만 초점을 두기보다는 가정, 학교, 지역사회의 역할을 함께 강조하는 연계에 대한 생태학적 관점이 강조되고 있는 것이다. 교육철학이나 교수법 및 물리적 환경 등으로 연계의 범위가 확대되고 있는 것 또한 연계교육에서 사용하는 교육과정의 의미와 연계의 개념이 확장되고 있는 것을 반영한다. 좁은 의미에서의 유 · 초 연계교육은 유치원교육과정과 초등학교교육과정 간의 연계로 볼 수 있으며, 넓은 의미로는 교육과정에서의 교육내용과 교육방법은 물론 교육행정 체계, 교사 양성과정 등을 포함하는 포괄적 의미를 갖는다.

정리하면, 유 · 초 연계교육이란 유아교육기관과 초등학교가 교육과정을 비롯해서 교육정책과 교육환경 등에서 적절히 연관성을 가지며, 두 교육기관의 교육이 서로 단절되거나 중복되지 않으면서 계속성과 계열성을 갖는 것을 의미한다.

2) 유 · 초 연계교육의 필요성

우리나라 초등학교 1학년 학생 중 상당수가 입학 후 교사 및 또래와의 관계, 교실의 물리적인 환경과 분위기, 규칙적인 일과 수행 등에서 스트레스를 경험하는 것으로 나타난다. 이 같은 결과를 초래한 원인은 다양하겠지만, 그 중 가장 근본적인 원인은 유아교육기관과 초등학교에서 조화로운 연계교육이 이루어지지 못하고 있는 것에 있다. 유아교육기관을 졸업한 유아는 초등학교에 입학하게 되면서 교육과정을 포함한 두 교육기관의 내 · 외적인 환경변화에 따른 생활에서의 괴리와 단절감을 경험하게 되는 것이다. 따라서 초등학교 입학 후 유아가 경험하는 어려움을 해소하기 위해서는 유아교육과 초등교육 간의 조화로운 연계가 이루어져야 한다.

이 같은 유 · 초 연계교육의 필요성을 논하는 첫 번째 근거는 피아제의 발달 이론에 기반을 둔 발달적 측면에 있다. 피아제는 발달 이론에서 광역적이면서 생물학적인 체계에서의 지능을 설명하였고, 지능은 유아 스스로의 행함을 통하여 발달된다고 보았다. 이러한 발달은 모든 유아들이 공통적으로 거치게 되는 발달적 단계를 통하여 이루어지며, 유아는 주변 환경 사물들을 조작적으로 행하는 과정에서 '동화'와 '조절'의 기제를 통한 '적응'을 한다. 따라서 발달은 한 단계에서 다음 단계로의 변화를 이루는 것이고, 그러한 변화는 유아로 하여금 지금 무엇을 이해할 수가 있는지와 어떻게 이해하는지와 같은 발달상의 차이를 나타내게 한다. 피아제가 설명하는 발달의 4단계 중 2~7세는 전조작의 단계로, 이 시기의 유아는 자기중심적이고 직관적인 사고를 하고, 구체적 사물을 활용한 구체적인 경험과 조작 활동을 하는 놀이경험을 하게 된다. 따라서 유치원의 3~5세와 초등학교 1~2학년 유아는 놀이와 활동의 유형과 내용에서 유사한 발달단계에 속한다는 점에서 교육과정이 단계적으로 자연스럽게 연결되어 유아의 학습성취를 높일 수 있는 교육과정을 운영하는 유 · 초 연계교육의 필요성이 대두된다.

두 번째 근거는 유치원과 초등학교교육내용의 성격에서 찾을 수 있다. 유치원과 마찬가지로 초등학교 저학년의 경우 학교교육과정은 축적된 지식을 가르치기보다 생활에서의 활동을 통한 학습경험을 강조하고 있다. 이처럼 유치원과 초등학교의 교육내용은 서로 다른 새로운 개념을 배우는 것이 아니라, 상호조직적(Interwoven)으로 맞물리기 때문에 유 · 초 연계교육의 필요성을 논하게 되는 것이다. 유 · 초 연계교육이 적절히 계획 및 수행되면 유아의 발달수준에 맞는 보다 체계적이고 지속적인 교육을 제공할 수 있게 되고, 이는 유아의 초등학교 적응력 향상과 전인적 발달로 이어지는 초석이 된다.

3) 국외 유 · 초 연계교육 동향

대부분의 교육선진국에서는 유치원을 기본학제에 포함시키고 공교육체제 안에서 유아교육을 제공하고 있다. 따라서 국가 수준의 교육과정이 유아교육 단계에서부터 시작하며 유아교육과 초등교육의 연계가 실제적으로 이루어지고 있다.

(1) 핀란드의 유 · 초 연계교육(장혜진, 김정숙, 임준범, 2014, p.27에서 재인용)

핀란드에서는 취학 전 영유아를 대상으로 하는 ECEC(Early Childhood Education and Care)정책을 실시하고 있으며, 만 0~5세를 위한 'National curriculum guidelines on early childhood education and care'와 만 6세를 위한 'Core curriculum for pre-primary education'을 개발하여 제공하고 있다. 핀란드의 ECEC 정책은 보육과 돌봄을 중요하게 여겨 Educare(Education & Care)라고도 불린다. 우리나라를 포함한 대부분의 나라에서 만 6세가 된 유아는 초등학교에 입학하는 데 반해, 핀란드의 유아는 만 6세가 되어도 초등학교에 취학하지 않고 놀이교육을 중심으로 하는 취학 전 교육을 1년 동안 무료로 제공받는다.

(2) 스코틀랜드의 유 · 초 연계교육

스코틀랜드에서는 연속성을 지닌 학습을 위해 만 3세에서 만 18세까지 아우르는 교육과정인 'Curriculum for excellence'를 개발하여 각 학교급에서 실시하고 있다. 'Curriculum for excellence'에서는 학습의 과정을 일련의 발달적 연속선상에 놓고 다섯 수준으로 구분하고 있다. 그중 만 3~4세와 초등학교 1학년을 동일한 수준으로 통합하여 초기 수준으로 명하고, 교육과정 문서인 'Building the curriculum' 2에서 초기 수준인 유아기 단계의 능동적 학습을 설명하고 있다. 또한 유아교육기관과 초등학교 간 학습의 연속성을 강조하고 초등학교로의 전이를 돕는 방안을 제시하기 위해 'Curriculum for excellence: Pre-school into primary transitions'를 개발하여 제공하고 있다.

(http://www.educationscotland.gov.uk/thecurriculum/에서 2016. 11. 24. 검색)

(3) 호주의 유 · 초 연계교육(장명림 외, 2014, p.47에서 재인용)

호주에서는 만 0~5세를 위한 국가수준의 교육과정인 EYLF(Belonging, being & becoming: The early Years Learning Framework)와, 만 5세에서 10학년까지의 학교교육을 위한 교육과정인 'The first phase of the Australian curriculum'을 각각 2009년과 2011년에 개발하여 실시하고 있다. 'The first phase of the Australian curriculum'에서 육성하고자 하는 일곱 가지 핵심 역량은 EYLF에서 제시하는 다섯 가지의 핵심적인 학습목표를 기반으로 하여 서로 연계된다.

(http://www.education.gov.au/early-years-learning-framework에서 2016. 11. 24. 검색)

2. 누리과정과 초등학교교육과정

우리나라에서는 유아교육기관과 초등학교 간 연계의 필요성에 대한 인식이 점차 높아짐에 따라 유·초 연계교육을 위한 노력이 다각적인 측면에서 이루어지고 있다. 유·초 연계교육이 이루어지게 된 역사적인 배경과 그 과정을 유아교육의 측면에서 살펴본다면, 유·초 연계에 대한 인식의 시작은 1979년 고시된 문교부 유치원교육과정이 1981년 다시 개정되는 과정에서 이루어진 것으로 볼 수 있다. 초·중등학교교육과정을 개정하는 것과 동시에 유치원 교육과정이 상호간의 연계성 내에서 개정되었기 때문이다. 주목할 점은 1998년 「초·중등교육법」에 의거하여 교육부에서 고시한 유치원 교육과정의 편성과 운영지침에서 초등교육과의 연계를 공식적으로 제시하였다는 것이다. 그 후 2011년 고시된 만 5세 누리과정 공통과정에서도 초등학교교육과정과의 연계를 고려해야 함을 제시하면서 유·초 연계교육을 위한 적극적인 노력이 유아교육의 측면에서 강조되어 왔다. 그리고 2015년 개정 초등교육과정의 개발 방향에서도 유아교육과 초등교육 간의 연계를 강조하고 있는데, 그 예로 초등학교교육과정의 교수학습 및 평가 부분에서 만 5세 누리과정의 해당되는 영역과 연계해서 지도해야 한다는 지침이 제시되어 있다. 또한 초등학교 통합교육과정에 따른 교과서 개발 방향에서는 유아교육기관에서 다루는 생활주제와 통합교육과정의 8개 대주제가 유사함을 고려하여 개발해야 한다는 내용이 제시되어 있다.

1) 누리과정과 초등학교교육과정 운영규정

누리과정과 초등학교교육과정 고시 문서와 관련되어 있는 법규는 「유아교육법」, 「유아교육법 시행령」, 「초·중등교육법」, 「초·중등교육법 시행령」이다. 교육과정

관련 항목에 대한 관련 법규를 중심으로 유·초 연계 현황을 비교하면 다음 〈표 9-2〉와 같다.

〈표 9-2〉 유치원 교육과정과 초등학교교육과정 운영 규정 비교

	유치원교육과정 운영 규정	초등학교교육과정 운영 규정
교육 목적	만 3~5세 유아의 심신의 건강과 조화로운 발달을 도와 민주 시민의 기초 형성(2015 개정 유치원교육과정 고시문)	국민생활에 필요한 기초적인 초등교육을 하는 것(「초·중등교육법」 제38조)
국가·지역·유치원 수준 교육과정	• 교육부 장관 : 교육과정 및 방과후 과정의 기준과 내용에 관한 기본적 사항을 정함 • 교육감 : 교육부 장관이 정한 교육과정 및 방과후 과정의 범위 안에서 지역의 실정에 적합한 기준과 내용을 정할 수 있음 • 유치원 : 교육과정 운영과 방과후 과정을 운영할 수 있음(「유아교육법」 제13조1, 2항)	• 교육부 장관 : 교육과정 기준과 내용에 관한 기본적 사항을 정함 • 교육감 : 교육부 장관이 정한 교육과정의 범위 안에서 지역의 실정에 적합한 기준과 내용을 정할 수 있음 • 학교 : 교육과정 운영 • 학교의 교과 : 대통령령으로 정함(초·중등교육법 제24조1, 2, 3항) 국어, 도덕, 사회, 수학, 과학, 실과, 체육, 음악, 미술 및 외국어(영어)와 교육부장관이 필요하다고 인정하는 교과(「초·중등교육법」 시행령 제43조1항)
교과용 도서 사용	교과용 도서 사용에 대한 법적인 근거가 제시되어 있지 않음	국가 저작권, 검정 또는 인정 교과용 도서 사용(「초·중등교육법」 제29조)
운영 위원회 기능	• 유치원교육과정의 운영방법에 관한 사항 • 방과후 과정 운영에 관한 사항(「유아교육법」 제19조4항)	• 학교교육과정의 운영방법 • 교과용 도서와 교육자료의 선정 • 정규학습시간 종료 후 또는 방학기간 중의 교육활동 및 수련활동(「초·중등교육법」 제32조)
학년도	• 학년도 : 3월 1일부터 다음 해 2월 말일까지(「유아교육법」 제12조) • 학기 : 학년도를 두 학기로 구분 • 수업일수 : 매 학년도 180일 이상을 기준으로 원장이 정함 • 학급편성 : 같은 연령 학급 편성, 필요시 혼합연령 학급 편성 • 휴업일 : 관공서의 공휴일 및 여름·겨울 휴가 포함하여 원장이 결정 • 입학·수료 및 졸업 : 유치원 규칙에 의거하여 유아 선발, 수료 및 졸업 인정	• 학년도 : 3월 1일부터 다음 해 2월 말일까지 • 학년제 : 진급이나 졸업은 학년제 • 수업연한 : 초등학교 수업연한은 6년 • 학기 : 학년도를 두 학기로 구분 • 수업일수 : 정해진 기준에 따라 학교장이 정함 • 학급편성 : 같은 학년, 같은 학과 편성, 필요시 학교의 장은 2개 학년 이상의 학생을 1학급으로 편성 • 휴업일 : 관공서의 공휴일 및 여름·겨울 휴가 포함하여 학교 운영위원회 심의를 거쳐 학교의 장이 정함 • 수업 운영방법 : 학교의 장이 정함

	• 학급 수 및 학급당 유아 수 : 관할청이 정함(「유아교육법 시행령」 제11조, 제12조, 제13조, 제14조, 제15조, 제16조)	• 수업시각 : 학교의 장이 수업 시작 및 종료 시간 정함 • 수료 및 졸업 : 학교의 장이 각 학년과정의 수료 또는 졸업 인정, 각 학년과정의 수료에 필요한 출석일수는 수업일수의 3분의 2 이상 • 학급 수 및 학생 수 : 교육감이 정함(초 · 중등교육법 제24조, 제26조, 제39조, 제44조, 제45조, 제46조, 제47조, 제48조, 제49조, 제50조)

2) 누리과정과 초등학교교육과정 총론

유아교육기관과 초등학교의 내실 있는 연계교육을 위해서는 상호 교육과정을 바르게 이해하는 것이 필요하다. 현재 사용하고 있는 유치원과 초등학교교육과정은 2015년에 고시된 2015 개정 유치원교육과정(3~5세 연령별 누리과정)(교육부, 2015a)과 2015 개정 초등학교교육과정(교육부, 2015b)이다.

(1) 누리과정과 초등학교교육과정 구성방향

2015년 3~5세 연령별 누리과정에서는 초등교육과의 연계에 대한 개념정립에서부터 실질적 교육내용의 연계에 이르기까지 다양한 측면에서 초등교육과의 연계를 추구하였다. 2009 개정 교육과정이 시행된 2013년부터 초등학교 1, 2학년은 대주제 중심의 통합교과서로 교육을 받기 시작하였으며, 창의적 체험활동 또한 교과 간의 지식을 통합한 활동으로 진행되었다. 아울러 2015 개정 초등교육과정에서도 초등학교 저학년과 누리과정의 연계를 강화하고 있다. 2015 개정 누리과정과 2015 개정 초등교육과정의 구성방향을 살펴보면 다음 〈표 9-3〉과 같다.

〈표 9-3〉 누리과정과 초등학교교육과정의 구성 방향(교육부, 2015a, 2015b)

누리과정	초등학교 교육과정
가. 질서, 배려, 협력 등 기본생활습관과 바른 인성을 기르는 데 중점을 두어 구성한다. 나. 자율성과 창의성을 기르는 데 중점을 두고, 전인발달을 이루도록 구성한다. 다. 사람과 자연을 존중하고, 우리 문화를 이해하는 데 중점을 두어 구성한다. 라. 만 3~5세아의 발달특성을 고려하여 연령별로 구성한다. 마. 신체운동 · 건강, 의사소통, 사회관계, 예술경험, 자연탐구의 5개 영역을 중심으로 구성한다. 바. 초등학교교육과정과 0~2세 표준보육과정과의 연계성을 고려하여 구성한다.	가. 인문 · 사회 · 과학기술 기초 소양을 균형 있게 함양하고, 학생의 적성과 진로에 따른 선택학습을 강화한다. 나. 교과의 핵심 개념을 중심으로 학습내용을 구조화하고 학습량을 적정화하여 학습의 질을 개선한다. 다. 교과 특성에 맞는 다양한 학생 참여형 수업을 활성화하여 자기주도적 학습능력을 기르고 학습의 즐거움을 경험하도록 한다. 라. 학습의 과정을 중시하는 평가를 강화하여 학생이 자신의 학습을 성찰하도록 하고, 평가결과를 활용하여 교수-학습의 질을 개선한다. 마. 교과의 교육목표, 교육내용, 교수-학습 및 평가의 일관성을 강화한다. 바. 특성화 고등학교와 산업수요 맞춤형 고등학교에서는 국가직무능력표준을 활용하여 산업사회가 필요로 하는 기초역량과 직무능력을 함양한다.

(2) 누리과정과 초등학교교육과정 목적 및 목표

누리과정과 초등학교 교육과정의 목적을 살펴보면 누리과정은 만 3~5세 유아의 심신의 건강과 조화로운 발달을 도와 민주시민의 기초를 형성하는 것을 목적으로 한다(교육부, 2015a). 2015 개정 초등학교교육과정에서는 교육과정이 추구하는 인간상에서 우리나라 교육은 홍익인간의 이념 아래 모든 국민으로 하여금 인격을 도야하고, 자주적 생활능력과 민주시민으로서 필요한 자질을 갖추게 함으로써 인간다운 삶을 영위하며, 민주국가의 발전과 인류공영의 이상을 실현하는 데에 이바지하게 함을 목적으로 하고 있음을 밝히고 있다(교육부, 2015b).

2015 개정 누리과정과 2015 개정 초등학교교육과정에 제시된 교육목표를 살펴보면 다음 〈표 9-4〉와 같다. 누리과정의 교육목표는 5개 영역별로 제시된 반면, 초등학교교육과정은 추구하는 인간상을 실현하기 위한 목표로 진술된 점에서 차이가 있다.

〈표 9-4〉 **누리과정과 초등학교교육과정의 교육목표**(교육부, 2015a, 2015b)

누리과정	초등학교 교육과정
가. 기본운동능력과 건강하고 안전한 생활 습관을 기른다. 나. 일상생활에 필요한 의사소통능력과 바른 언어 사용 습관을 기른다. 다. 자신을 존중하고 다른 사람과 더불어 생활하는 능력과 태도를 기른다. 라. 아름다움에 관심을 가지고 예술경험을 즐기며, 창의적으로 표현하는 능력을 기른다. 마. 호기심을 가지고 주변세계를 탐구하며, 일상생활에서 수학적 · 과학적으로 생각하는 능력과 태도를 기른다.	초등학교 교육은 학생의 일상생활과 학습에 필요한 기본습관 및 기초능력을 기르고 바른 인성을 함양하는 데에 중점을 둔다. 가. 자신의 소중함을 알고 건강한 생활습관을 기르며, 풍부한 학습경험을 통해 자신의 꿈을 키운다. 나. 학습과 생활에서 문제를 발견하고 해결하는 기초 능력을 기르고, 이를 새롭게 경험할 수 있는 상상력을 키운다. 다. 다양한 문화활동을 즐기고 자연과 생활 속에서 아름다움과 행복을 느낄 수 있는 심성을 기른다. 라. 규칙과 질서를 지키고 협동정신을 바탕으로 서로 돕고 배려하는 태도를 기른다.

(3) 누리과정과 초등학교교육과정 편제

누리과정은 발달 특성을 고려하여 연령별로 신체운동 · 건강, 의사소통, 사회관계, 예술경험, 자연탐구의 5개 영역 중심의 통합교육으로 구성되었다. 초등학교교육과정은 2009 개정 초등교육과정에서부터 초등학교 1학년에서 중학교 3학년까지가 국민공통교육과정에 포함되었으며 학년군별로 운영되도록 편성되어 있다. 누리과정과 초등학교교육과정의 편제를 살펴보면 다음 〈표 9-5〉와 같다.

〈표 9-5〉 **누리과정과 초등학교교육과정의 편제**(교육부, 2015a, 2015b)

	누리과정	초등학교 교육과정
영역 및 교과	가. 신체운동 · 건강 영역 나. 의사소통 영역 다. 사회관계 영역 라. 예술경험 영역 마. 자연탐구 영역	가. 초등학교 교육과정은 교과(군)와 창의적 체험활동으로 편성한다. 나. 교과(군)는 국어, 사회/도덕, 수학, 과학/실과, 체육, 예술(음악/미술), 영어로 한다. 다만, 1, 2학년의 교과는 국어, 수학, 바른 생활, 슬기로운 생활, 즐거운 생활로 한다. 다. 창의적 체험활동은 자율활동, 동아리 활동, 봉사활동, 진로활동으로 한다. 다만, 1, 2학년은 체험활동 중심의 '안전한 생활'을 포함하여 편성 · 운영한다.

<table>
<tr>
<td>시간
편성</td>
<td>가. 1일 3~5시간을 기준으로 편성한다.
나. 5개 영역의 내용을 균형 있게 통합적으로 편성한다.
다. 유아의 발달특성 및 경험을 고려하여 놀이를 중심으로 편성한다.
라. 반(학급) 특성에 따라 융통성 있게 편성한다.
마. 성별, 종교, 신체적 특성, 가족 및 민족 배경 등으로 인한 편견이 없도록 편성한다.
바. 일과 운영시간에 따라 심화 확장할 수 있도록 편성한다.</td>
<td>1~2학년 시간 배당 기준
<table>
<tr><th colspan="2">구분</th><th>시간</th></tr>
<tr><td rowspan="5">교
과
(군)</td><td>국어</td><td>448</td></tr>
<tr><td>수학</td><td>256</td></tr>
<tr><td>바른 생활</td><td>128</td></tr>
<tr><td>슬기로운 생활</td><td>192</td></tr>
<tr><td>즐거운 생활</td><td>384</td></tr>
<tr><td colspan="2">창의적 체험활동</td><td>336
안전한 생활
(64)</td></tr>
<tr><td colspan="2">총 수업 시간 수</td><td>1,744</td></tr>
</table>
</td>
</tr>
<tr>
<td>운영</td>
<td>가. 연간, 월간, 주간, 일일계획에 의거하여 운영한다.
나. 실내외 환경을 다양한 흥미 영역으로 구성하여 운영한다.
다. 유아의 능력과 장애정도에 따라 조정하여 운영한다.
라. 부모와 각 기관의 실정에 따라 부모교육을 실시한다.
마. 가정과 지역사회와의 협력과 참여에 기반하여 운영한다.
바. 교사 재교육을 통해서 누리과정활동이 개선되도록 운영한다.</td>
<td>가. 1시간 수업은 40분을 원칙으로 하되, 기후 및 계절, 학생의 발달 정도, 학습 내용의 성격, 학교 실정 등을 고려하여 탄력적으로 편성 · 운영할 수 있다.
나. 학년군 및 교과(군)별 시간 배당은 연간 34주를 기준으로 한 2년간의 기준 수업 시수를 나타낸 것이다.
다. 학년군별 총 수업시간 수는 최소 수업 시수를 나타낸 것이다.</td>
</tr>
</table>

3) 누리과정 영역과 초등학교 교과

(1) 누리과정 영역과 초등학교 저학년 교과 편성

유 · 초 연계교육에 있어 해결해야 할 과제 중의 하나로 상호 교육과정에서 사용하는 명칭의 불일치를 들 수 있다. 현재 누리과정의 영역별 명칭과 초등학교교육과정의 교과명칭이 일치하지 않을 뿐 아니라, 누리과정 영역과 초등학교 교과가 중복되어 있는 실정이다. 누리과정은 신체운동 · 건강, 의사소통, 사회관계, 예술경험, 자연탐구의 5개 영역으로 구분되는 한편, 초등학교 1~2학년군의 교과는 국어, 수학, 바른 생활, 슬기로운 생활, 즐거운 생활로 구분되어 있다. 특히 누리과정은 자연탐구 영역에 수학과 과학이 포함되어 있는 반면, 초등학교 1~2학년군에서는 수학과 과학이 분리되어 있고, 슬기로운 생활 교과에 과학과 사회가 포함된다. 누리과정 영역과 초등학교 1~2학년군 교과 간의 관계는 다음 〈표 9-6〉과 같다(장명림 외, 2014: 66에서 재인용).

〈표 9-6〉 만 5세 누리과정 영역과 초등학교 1~2학년군 교과 간의 관계

초등학교 / 누리과정	국어	수학	바른 생활	슬기로운 생활	즐거운 생활
신체운동 · 건강			○	○	○
의사소통	○				
사회관계			○	○	
예술경험					○
자연탐구		○		○	

(2) 누리과정 영역과 초등학교 저학년 교과 목표

- 누리과정 신체운동 · 건강 영역과 초등학교교육과정 바른 생활, 슬기로운 생활, 즐거운 생활 목표

2015 개정 누리과정 신체운동 · 건강 영역과 2015 개정 초등학교교육과정 바른 생활, 슬기로운 생활, 즐거운 생활의 목표를 비교하여 살펴보면 다음 〈표 9-7〉과 같으며, 기본운동능력이나 생활습관 측면에서 연계되어 있는 것을 볼 수 있다.

〈표 9-7〉 누리과정 신체운동 · 건강 영역과 초등학교교육과정 바른 생활, 슬기로운 생활, 즐거운 생활 목표(교육부, 2015a, 2015b)

구분	누리과정	초등학교 교육과정(1~2학년군)		
	신체운동 · 건강	바른 생활	슬기로운 생활	즐거운 생활
기본 목표	기본 운동 능력과 건강하고 안전한 생활습관을 기른다.	일상생활에 필요한 기본생활습관과 학습습관을 길러 공동체의 구성원으로서 기본 소양과 인성을 갖춘 바른 사람으로 성장한다.	주변의 생활 세계에 관해 지속적으로 관심을 가지고 탐구하여 사회현상과 자연현상에 대한 이해를 넓힌다.	건강한 몸과 창의적 표현능력을 길러 일상생활을 즐겁게 영위하고 문화적 소양을 함양한다.
하위 목표	가. 감각 능력을 기르고, 자신의 신체를 긍정적으로 인식한다. 나. 신체를 조절하고 기본운동능력을 기른다. 다. 신체활동에 즐겁게 참여한다. 라. 건강한 생활습관을 기른다. 마. 안전한 생활습관을 기른다.	가. 가정, 학교, 사회에서 생활하는 데 필요한 기본생활습관과 학습에 필요한 기본 학습습관을 기른다. 나. 바른 생활을 실천하는 과정에서 가치와 태도를 내면화하고, 다양한 실천 기능을 익힌다. 다. 더불어 사는 데 필요한 공동체 의식을 함양하고, 자기관리능력과 의사소통능력을 기른다.	가. 자신의 주변에서 살아가는 사람들의 생활 모습과 자연의 모습, 주변 현상의 상호 관계와 변화에 관심을 가지고 탐구한다. 나. 주변을 대상으로 탐구활동을 수행하는 데 필요한 기초적인 탐구기능을 익힌다. 다. 주변에서 일어나는 현상을 창의융합적으로 생각하고, 자료를 수집 · 분류 · 이해하며, 탐구하는 과정에서 다른 사람과 의사소통한다.	가. 여러 가지 놀이와 표현활동을 통해 감각을 발달시키고 건강한 신체를 기른다. 나. 활동에 참여하는 과정에서 기초적인 표현기능을 익힌다. 다. 소리, 이미지, 움직임 등에 대한 심미적 감성능력을 기르고 창의융합적으로 표현하면서 서로 소통하는 능력을 기른다.

● 누리과정 의사소통 영역과 초등학교교육과정 국어과 목표

2015 개정 누리과정 의사소통 영역과 2015 개정 초등학교교육과정 국어과의 목표를 비교하여 제시하면 다음 〈표 9-8〉과 같다. 제시된 국어과 목표는 국민공통 교육과정을 포괄하고 있으므로, 누리과정 의사소통 영역의 목표와는 수준 차이가 크다.

〈표 9-8〉 누리과정 의사소통 영역과 초등학교교육과정 국어과 목표(교육부, 2015a, 2015b)

구분	누리과정	초등학교 교육과정(1~2학년군)
	의사소통	국어
기본 목표	일상생활에 필요한 의사소통능력과 바른 언어 사용 습관을 기른다.	국어로 이루어지는 이해 · 표현 활동 및 문법과 문학의 본질을 이해하고, 의사소통이 이루어지는 맥락의 다양한 요소를 고려하여 품위 있고 개성 있는 국어를 사용하며, 국어문화를 향유하면서 국어의 발전과 국어문화 창조에 이바지하는 능력과 태도를 기른다.
하위 목표	가. 다른 사람의 말을 주의 깊게 듣는 태도와 이해하는 능력을 기른다. 나. 자신의 생각과 느낌을 말하는 능력을 기른다. 다. 글자와 책에 친숙해지는 경험을 통하여 글자 모양을 인식하고 읽기에 흥미를 가진다. 라. 말과 글의 관계를 알고 자신의 생각, 느낌, 경험을 글로 표현하는 데 관심을 가진다.	가. 다양한 유형의 담화, 글, 작품을 정확하고 비판적으로 이해하고 효과적이고 창의적으로 표현하며 소통하는 데 필요한 기능을 익힌다. 나. 듣기 · 말하기, 읽기, 쓰기 활동 및 문법 탐구와 문학 향유에 도움이 되는 기본 지식을 갖춘다. 다. 국어의 가치와 국어 능력의 중요성을 인식하고 주체적으로 국어생활을 하는 태도를 기른다.

● 누리과정 사회관계 영역과 초등학교교육과정 바른 생활, 슬기로운 생활 목표

2015 개정 누리과정 사회관계 영역과 2015 개정 초등학교 바른 생활, 슬기로운 생활의 목표는 의미상 연계되어 있으며, 초등학교교육과정의 기본목표가 좀 더 구체적으로 기술되어 있다.

〈표 9-9〉 누리과정 사회관계 영역과 초등학교교육과정 바른 생활, 슬기로운 생활 목표(교육부, 2015a, 2015b)

구분	누리과정	초등학교교육과정(1~2학년군)	
	사회관계	바른 생활	슬기로운 생활
기본 목표	자신을 존중하고 다른 사람과 더불어 생활하는 능력과 태도를 기른다.	일상생활에 필요한 기본 생활 습관과 학습습관을 길러 공동체의 구성원으로서 기본 소양과 인성을 갖춘 바른 사람으로 성장한다.	주변의 생활 세계에 관해 지속적으로 관심을 가지고 탐구하여 사회현상과 자연현상에 대한 이해를 넓힌다.
하위 목표	가. 자신을 소중히 여기며 자율성을 기른다. 나. 자신과 타인의 감정을 알고, 자신의 감정을 적절하게 표현하고 조절한다. 다. 가족과 화목하게 지내며 서로 협력한다. 라. 친구, 공동체 구성원들과 서로 돕고, 예의·규칙 등 사회적 가치를 알고 지킨다. 마. 우리 동네, 우리나라, 다른 나라에 관심을 가진다.	가. 가정, 학교, 사회에서 생활하는 데 필요한 기본 생활 습관과 학습에 필요한 기본 학습 습관을 기른다. 나. 바른 생활을 실천하는 과정에서 가치와 태도를 내면화하고, 다양한 실천 기능을 익힌다. 다. 더불어 사는 데 필요한 공동체 의식을 함양하고, 자기관리능력과 의사소통 능력을 기른다.	가. 자신의 주변에서 살아가는 사람들의 생활모습과 자연의 모습, 주변현상의 상호 관계와 변화에 관심을 가지고 탐구한다. 나. 주변을 대상으로 탐구 활동을 수행하는 데 필요한 기초적인 탐구기능을 익힌다. 다. 주변에서 일어나는 현상을 창의융합적으로 생각하고, 자료를 수집·분류·이해하며, 탐구하는 과정에서 다른 사람과 의사소통한다.

● 누리과정 예술경험 영역과 초등학교교육과정 즐거운 생활 목표

2015 개정 누리과정 예술경험 영역과 2015 개정 초등학교교육과정 즐거운 생활의 기본목표는 창의적인 표현능력을 기른다는 측면에서 연계되며 하위목표도 의미상 연계되어 있다.

〈표 9-10〉 누리과정 예술경험 영역과 초등학교교육과정 즐거운 생활 목표(교육부, 2015a, 2015b)

구분	누리과정	초등학교교육과정(1~2학년군)
	예술경험	즐거운 생활
기본 목표	아름다움에 관심을 가지고 예술경험을 즐기며, 창의적으로 표현하는 능력을 기른다.	건강한 몸과 창의적 표현능력을 길러 일상생활을 즐겁게 영위하고 문화적 소양을 함양한다.

하위 목표	가. 자연과 주변 환경에서 발견한 아름다움과 예술적 요소에 관심을 갖고 탐색한다. 나. 자신의 생각과 느낌을 음악, 움직임과 춤, 미술, 극놀이를 통해 창의적으로 표현하는 것을 즐긴다. 다. 자연과 다양한 예술작품을 감상하며, 풍부한 감성과 심미적 태도를 기른다.	가. 여러 가지 놀이와 표현활동을 통해 감각을 발달시키고 건강한 신체를 기른다. 나. 활동에 참여하는 과정에서 기초적인 표현기능을 익힌다. 다. 소리, 이미지, 움직임 등에 대한 심미적 감성 능력을 기르고 창의융합적으로 표현하면서 서로 소통하는 능력을 기른다.

● 누리과정 자연탐구 영역과 초등학교교육과정 슬기로운 생활, 수학과 목표

2015 개정 누리과정 자연탐구 영역과 2015 개정 초등학교 슬기로운 생활, 수학과의 목표는 주변 세계에 대한 관심과 수학적으로 생각하는 능력과 태도를 기른다는 측면에서 연계된다.

〈표 9-11〉 누리과정 자연탐구 영역과 초등학교교육과정 슬기로운 생활, 수학과 목표(교육부, 2015a, 2015b)

구분	누리과정	초등학교교육과정(1~2학년군)	
	자연탐구	슬기로운 생활	수학
기본 목표	호기심을 가지고 주변세계를 탐구하며, 일상생활에서 수학적 · 과학적으로 생각하는 능력과 태도를 기른다.	주변의 생활세계에 관해 지속적으로 관심을 가지고 탐구하여 사회현상과 자연현상에 대한 이해를 넓힌다.	수학의 개념, 원리, 법칙을 이해하고 기능을 습득하며 수학적으로 추론하고 의사소통하는 능력을 길러, 생활 주변과 사회 및 자연현상을 수학적으로 이해하고 문제를 합리적이고 창의적으로 해결하며, 수학 학습자로서 바람직한 태도와 실천능력을 기른다.
하위 목표	가. 주변의 사물과 자연세계에 대해 알고자 하는 호기심을 가지고 탐구하는 태도를 기른다. 나. 생활 속의 여러 상황과 문제를 논리 · 수학적으로 이해하고 해결하기 위한 기초능력을 기른다.	가. 자신의 주변에서 살아가는 사람들의 생활 모습과 자연의 모습, 주변 현상의 상호관계와 변화에 관심을 가지고 탐구한다. 나. 주변을 대상으로 탐구활동을 수행하는 데 필요한 기초적인 탐구기능을 익힌다.	가. 생활주변 현상을 수학적으로 관찰하고 표현하는 경험을 통하여 수학의 기초적인 개념, 원리, 법칙을 이해하고 수학의 기능을 습득한다. 나. 수학적으로 추론하고 의사소통하며, 창의 · 융합적 사고와 정보처리능력을 바탕으로 생활 주변 현상을 수학적

	다. 주변의 관심 있는 사물과 생명체 및 자연현상을 탐구하기 위한 기초 능력을 기른다.	다. 주변에서 일어나는 현상을 창의융합적으로 생각하고, 자료를 수집·분류·이해하며, 탐구하는 과정에서 다른 사람과 의사소통한다.	으로 이해하고 문제를 합리적이고 창의적으로 해결한다. 다. 수학 학습의 즐거움을 느끼고 수학의 유용성을 인식하며 수학 학습자로서 바람직한 태도와 실천능력을 기른다.

4) 초등학교 1학년 입학초기 적응활동

입학초기 적응활동은 2009 개정 초등교육과정부터 창의적 체험활동 중 자율활동 영역의 적응활동 일부로 운영되고 있다. 이 활동은 초등학교 1학년 학생들이 학교생활을 원만하게 시작하고 적응하도록 돕고, 학생들의 학습 능력 출발점의 차이를 최소화하기 위한 교육활동이다. 입학초기 적응활동의 내용은 학교라는 새로운 물리적 공간의 특성을 이해하고 안전하게 이용하며 새로운 선생님 및 급우들과 적절한 관계를 형성하기 위한 '학교생활 적응 영역'과 기초적인 학습태도 및 학습 능력을 형성하여 교과 및 교과 외 활동에 적응하기 위한 '학습습관 형성 영역'으로 구분된다(교육과학기술부, 2010). 입학초기 적응을 위한 창의적인 특색사업의 세부 내용 및 활동구성의 예시를 제시하면 다음 〈표 9-12〉, 〈표 9-13〉과 같다.

〈표 9-12〉 창의적 특색사업의 세부 내용(예시)(교육과학기술부, 2010)

학교생활 적응 영역	학습습관 형성 영역
• 교실·학교 모습 알기 • 학교 시설물 사용하기 • 기본생활습관 익히기 • 안전하게 생활하기 • 바르게 인사하기 • 새로운 친구 사귀기 등	• 기본 학습태도 익히기 • 학습용구 바르게 사용하기 • 한글 기초 익히기 • 수 익히기 등

〈표 9-13〉 입학초기적응을 위한 활동 구성의 세부 내용(예시)(교육과학기술부, 2010 재구성)

영역	소영역	학습주제	활동내용	시간 운영
적응 활동	학교 생활 적응	• 학교 모습 알기	① 입학식 ② 학교 이름 알기 ③ 학교에서 어떤 활동을 하는지 알기 ④ 학교 시설의 이름, 위치, 기능을 알고 바르게 이용하기	4
		• 교실 모습 알기	① 우리 반 위치와 내 자리, 친구들 자리 알기 ② 질서 있게 교실 드나들기	2
		• 안전하게 생활하기	① 차례대로 줄서기 ② 오른쪽으로 다니기 ③ 위험한 행동하지 않기 ④ 차 조심하면서 안전한 길로 다니기	4
		• 청결하게 생활하기	① 몸 깨끗이 하기 ② 물건 제자리에 두기 ③ 쓰레기 함부로 버리지 않기 ④ 올바른 급식 방법익히기 ⑤ 급식 실습하기	8
		• 스스로하기	① 일찍 자고 일찍 일어나기 ② 입었던 옷과 신발 정리 하기 ③ 책가방 챙기기 ④ 자기 물건에 이름 쓰고 잘 보관하기 ⑤ 사물함과 서랍 정리 정돈하기	5
		• 시설물 사용하기	① 책상과 의자 바르게 사용하기 ② 교실에 있는 용구와 물건 바르게 사용하기 ③ 수도와 화장실 바르게 사용하기	3
적응 활동	학습 습관 형성	• 바른 자세로 듣기와 말하기	① 바른 자세로 듣기 ② 바른 자세로 자기 생각 말하기	2
		• 학습 용구 바르게 사용하기	① 색연필, 크레파스 바르게 사용하기 ② 풀, 가위 바르게 사용하기 ③ 그 밖의 학습 용구 바르게 사용하기	3
		• 낱자 익히기	① 낱자의 모양과 획순 익히기 ② 낱자의 이름 알기	10

5) 누리과정과 초등학교교육과정 교수–학습방법 및 교육환경

(1) 교수–학습방법

누리과정과 초등학교 저학년의 실행상 연계를 교수–학습방법 측면에서 살펴보면 다음과 같은 면에서 연계성을 갖는다(곽노의, 김창복, 이경순, 2012).

첫째, 누리과정이 유아의 생활 속 경험을 소재로 하여 지식, 기능, 태도 및 가치를 습득하는 교수–학습방법을 강조하는 것과 동일하게 초등학교 저학년 교과에서도 이러한 교수–학습방법이 사용된다.
둘째, 누리과정이 유아와 교사, 유아와 유아, 유아와 환경 간에 능동적인 상호작용이 일어나도록 하는 교수–학습방법을 강조하듯이 초등학교 저학년에서도 학생과 교사, 학생과 학생, 학생과 교구 간의 상호작용을 강조한다.
셋째, 누리과정이 주제중심의 다양한 활동을 통합적으로 운영하는 것과 같이 초등학교 저학년 교과도 대주제를 중심으로 바른 생활, 슬기로운 생활, 즐거운 생활 등의 통합교과를 활용해 교수–학습을 전개할 뿐 아니라 국어와 수학과도 연계하여 학습의 효율성을 극대화하도록 계획하여 운영한다.
넷째, 누리과정이 유아의 관심과 흥미, 발달이나 환경특성 등을 고려하여 개별 유아에게 적합한 방식으로 학습하게 하듯이 초등학교 기초교과에서도 수준별 개별화교육을 강조한다.

초등학교에 입학하는 것은 유아에게 아주 큰 변화를 의미하며, 이러한 변화에 유아가 원만하게 적응할 수 있도록 대부분의 유치원에서는 유아의 초등학교 적응을 위한 전이 프로그램을 실시하고 있다. 그리고 초등학교 저학년의 경우 통합교육과정을 적용하여 활동, 주제, 놀이중심의 교육을 강조하는 방향으로 나아가고 있다. 특히 1학년 교과서 자체에 놀이중심교육과 개별학습 교수법이 반영되어 있고, 학생의 흥미를 고려하여 구체물을 활용한 수업을 시행한다.

하지만 초등학교로의 성공적 적응을 위한 각급 교육기관의 체계적인 지원의 부족, 교수–학습방법 및 일과운영의 변화로 인해 유아는 학교생활에 적응하는 데 있어 많은 스트레스와 어려움을 경험하고 있다. 누리과정과 초등학교교육과정에서 제시한 교수-학습방법 및 일과운영 방식을 비교한 것은 다음 〈표 9-14〉와 같다.

〈표 9-14〉 유아교육기관과 초등학교의 교수-학습방법

유아교육기관	초등학교
• 누리과정 영역별 교수-학습 목표를 정하고 상황, 주제, 계절, 대상에 따른 학습경험을 중시함 • 교사가 재량으로 수업을 운영하며 정해진 교과서가 없음 • 교수-학습목표에 따라 주제를 선정하여 자율적으로 운영하며, 배워야 할 학습의 내용과 양이 정해져 있지 않음 • 유아는 다양한 교구를 가지고 시·공간 측면에서 자유롭게 놀이를 통해서 학습함 • 학습시간이 비고정적이고 융통성 있게 운영됨	• 교과별 교수-학습목표를 정하고 학습 준거 행동을 설정하며, 과제의 세분화 및 위계적 계열화가 이루어짐 • 교사가 교과서를 기준으로 조직적으로 수업하고 교육 내용에 있어서도 표준화된 일관성 있는 경험을 제공하는 경향이 있음 • 학습목표가 구체적이며 배워야 할 학습내용과 양이 정해져 있음 • 학생은 정해진 책상과 의자에서 오랜 시간 동안 과제에 집중할 것을 요구받음 • 학습시간이 40분 수업과 10분 쉬는 시간으로 고정되어 운영됨

(2) 교육환경

유아교육기관과 초등학교는 교육환경 측면에서 큰 차이를 보인다. 초등학교에 입학한 유아는 이러한 환경의 차이로 인한 스트레스를 경험하고 있으며, 부적응행동을 보이는 경우도 있다. 유아교육기관과 초등학교의 교육환경을 비교한 내용은 〈표 9-15〉와 같다.

〈표 9-15〉 유아교육기관과 초등학교의 교육환경 비교

유아교육기관	초등학교
• 교실이 흥미 영역별로 구성됨 • 교실 뒷면의 환경구성이 초등학교에 비해 더 자주 바뀌고, 주제에 관한 자료가 풍부함 • 공간이 통합되어 운영 • 화장실이 교실 안에 있어 놀이 도중에 언제든지 갈 수 있게 되어 있음	• 교실 앞면에는 칠판, 컴퓨터, 교사용 책상이 있고, 교실 측면에는 학습자료와 결과물 등이 있으며, 교실 뒷면에는 계절에 맞는 환경구성이나 학생작품들로 구성됨 • 공간이 분리되어서 운영 • 교실과 화장실이 분리되어 있음

참고문헌

교육과학기술부(2010). 손에 잡히는 창의적 체험활동(초등학교). 서울: 교육과학기술부.

교육부(2015a). 고시 제2015-61호 유치원 교육과정. 세종: 교육부.

교육부(2015b). 고시 제2015-74호 초등학교교육과정. 세종: 교육부.

곽노의, 김창복, 이경순(2012). 유치원과 초등학교 연계교육론. 서울: 창지사.

장명림, 현주, 박균열, 이정욱, 하민경(2014). 유아교육과 초등교육 연계 강화 방안 연구. 한국교육개발원.

장혜진, 김정숙, 임준범(2014). 누리과정 연계성 분석-초등학교와의 연계를 중심으로. 육아정책연구소.

Chapter 10

부록

1. 3~5세 누리과정 영역별 세부내용

〈표 10-1〉 신체운동 · 건강 영역의 세부내용

<table>
<tr><th rowspan="2">내용 범주</th><th rowspan="2">내용</th><th colspan="3">세부내용</th></tr>
<tr><th>3세</th><th>4세</th><th>5세</th></tr>
<tr><td rowspan="4">신체 인식하기</td><td rowspan="2">감각능력 기르고 활용하기</td><td>감각적 차이를 경험한다.</td><td>감각적 차이를 구분한다.</td><td>감각으로 대상이나 사물의 특성과 차이를 구분한다.</td></tr>
<tr><td colspan="2">감각기관을 인식하고, 활용해 본다.</td><td>여러 감각기관을 협응하여 활용한다.</td></tr>
<tr><td rowspan="2">신체를 인식하고 움직이기</td><td>신체 각 부분의 명칭을 알고, 움직임에 관심을 갖는다.</td><td colspan="2">신체 각 부분의 특성을 이해하고 활용하여 움직인다.</td></tr>
<tr><td colspan="3">자신의 신체를 긍정적으로 인식하고 움직인다.</td></tr>
<tr><td rowspan="7">신체 조절과 기본 운동하기</td><td rowspan="5">신체 조절하기</td><td>신체균형을 유지해 본다.</td><td colspan="2">다양한 자세와 움직임에서 신체균형을 유지한다.</td></tr>
<tr><td>공간, 힘, 시간 등의 움직임 요소를 경험한다.</td><td colspan="2">공간, 힘, 시간 등의 움직임 요소를 활용하여 움직인다.</td></tr>
<tr><td>신체 각 부분의 움직임을 조절해 본다.</td><td colspan="2">신체 각 부분을 협응하여 움직임을 조절한다.</td></tr>
<tr><td colspan="3">눈과 손을 협응하여 소근육을 조절해 본다.</td></tr>
<tr><td></td><td></td><td>도구를 활용하여 여러 가지 조작운동을 한다.</td></tr>
<tr><td rowspan="2">기본 운동하기</td><td>걷기, 달리기 등 이동운동을 한다.</td><td colspan="2">걷기, 달리기, 뛰기 등 다양한 이동운동을 한다.</td></tr>
<tr><td>제자리에서 몸을 움직여본다.</td><td colspan="2">제자리에서 몸을 다양하게 움직인다.</td></tr>
<tr><td rowspan="4">신체 활동에 참여하기</td><td rowspan="3">자발적으로 신체활동에 참여하기</td><td>신체활동에 자발적으로 참여한다.</td><td colspan="2">신체활동에 자발적이고 지속적으로 참여한다.</td></tr>
<tr><td colspan="3">다른 사람과 함께 하는 신체활동에 참여한다.</td></tr>
<tr><td></td><td>자신과 다른 사람의 운동능력의 차이에 관심을 갖는다.</td><td>자신과 다른 사람의 운동능력의 차이를 이해한다.</td></tr>
<tr><td>바깥에서 신체 활동하기</td><td colspan="3">규칙적으로 바깥에서 신체활동을 한다.</td></tr>
</table>

	기구를 이용하여 신체 활동하기	여러 가지 기구를 이용하여 신체 활동을 한다.		
건강하게 생활하기	몸과 주변을 깨끗이 하기	손과 이를 깨끗이 하는 방법을 알고 실천한다.		스스로 몸을 깨끗이 하는 습관을 기른다.
		주변을 깨끗이 한다.		주변을 깨끗이 하는 습관을 기른다.
	바른 식생활 하기	음식을 골고루 먹는다.		적당량의 음식을 골고루 먹는다.
		몸에 좋은 음식에 관심을 갖는다.	몸에 좋은 음식을 알아본다.	몸에 좋은 음식을 선택할 수 있다.
		바른 태도로 식사한다.	음식을 소중히 여기고 식사예절을 지킨다.	
	건강한 일상 생활하기	규칙적으로 잠을 자고, 적당한 휴식을 취한다.		
		하루 일과에 즐겁게 참여한다.		
		스스로 화장실에서 배변한다.	바른 배변습관을 가진다.	규칙적인 배변습관을 가진다.
	질병 예방하기	질병의 위험을 알고 주의한다.	질병을 예방하는 방법을 알고 실천한다.	
		날씨에 맞게 옷을 입는다.	날씨와 상황에 알맞게 옷을 입는다.	
안전하게 생활하기	안전하게 놀이하기	놀이기구나 놀잇감, 도구를 안전하게 사용한다.		놀이기구나 놀잇감, 도구의 바른 사용법을 알고 안전하게 사용한다.
		안전한 놀이장소를 안다.	안전한 장소를 알고 안전하게 놀이한다.	
		TV, 인터넷, 통신기기 등을 바르게 사용한다.	TV, 인터넷, 통신기기 등의 위해성을 알고, 바르게 사용한다.	
	교통안전 규칙 지키기	교통안전 규칙을 안다.	교통안전 규칙을 알고 지킨다.	
		교통수단을 안전하게 이용한다.		
	비상 시 적절히 대처하기	학대, 성폭력, 실종, 유괴상황을 알고 도움을 요청한다.	학대, 성폭력, 실종, 유괴상황 시 도움을 요청하는 방법을 알고 행동한다.	
		재난 및 사고 등 비상 시 적절하게 대처하는 방법을 안다.	재난 및 사고 등 비상시 적절하게 대처하는 방법을 알고 행동한다.	

〈표 10-2〉 의사소통 영역의 세부내용

<table>
<tr><th rowspan="2">내용 범주</th><th rowspan="2">내용</th><th colspan="3">세부내용</th></tr>
<tr><th>3세</th><th>4세</th><th>5세</th></tr>
<tr><td rowspan="7">듣기</td><td rowspan="2">낱말과 문장 듣고 이해하기</td><td colspan="2">낱말의 발음에 관심을 가지고 듣는다.</td><td>낱말의 발음에 관심을 가지고 비슷한 발음을 듣고 구별한다.</td></tr>
<tr><td colspan="2">일상생활과 관련된 낱말과 문장을 듣고 뜻을 이해한다.</td><td>다양한 낱말과 문장을 듣고 뜻을 이해한다.</td></tr>
<tr><td rowspan="2">이야기 듣고 이해하기</td><td>다른 사람의 이야기를 관심 있게 듣는다.</td><td colspan="2">다른 사람의 이야기를 듣고 이해한다.</td></tr>
<tr><td></td><td colspan="2">이야기를 듣고 궁금한 것에 대해 질문 한다.</td></tr>
<tr><td rowspan="2">동요, 동시, 동화 듣고 이해하기</td><td colspan="2">동요, 동시, 동화를 다양한 방법으로 듣고 즐긴다.</td><td>동요, 동시, 동화를 다양한 방법으로 듣고 이해한다.</td></tr>
<tr><td></td><td colspan="2">전래 동요, 동시, 동화를 듣고 우리말의 재미를 느낀다.</td></tr>
<tr><td>바른 태도로 듣기</td><td>말하는 사람을 바라보며 듣는다.</td><td>다른 사람의 이야기를 주의 깊게 듣는다.</td><td>다른 사람의 이야기를 끝까지 주의 깊게 듣는다.</td></tr>
<tr><td rowspan="9">말하기</td><td rowspan="3">낱말과 문장으로 말하기</td><td>친숙한 낱말을 발음해 본다.</td><td>친숙한 낱말을 정확하게 발음해 본다.</td><td>정확한 발음으로 말한다.</td></tr>
<tr><td>새로운 낱말에 관심을 가진다.</td><td>다양한 낱말을 사용하여 말한다.</td><td>다양한 낱말을 사용하여 상황에 맞게 말한다.</td></tr>
<tr><td colspan="2">일상생활에서 일어나는 일들을 간단한 문장으로 말한다.</td><td>일상생활에서 일어나는 일들을 다양한 문장으로 말한다.</td></tr>
<tr><td rowspan="3">느낌, 생각, 경험 말하기</td><td>자신의 느낌, 생각, 경험을 말해 본다.</td><td>자신의 느낌, 생각, 경험을 말한다.</td><td>자신의 느낌, 생각, 경험을 적절한 낱말과 문장으로 말한다.</td></tr>
<tr><td></td><td colspan="2">주제를 정하여 함께 이야기를 나눈다.</td></tr>
<tr><td></td><td>이야기를 지어 말한다.</td><td>이야기 지어 말하기를 즐긴다</td></tr>
<tr><td rowspan="3">상황에 맞게 바른 태도로 말하기</td><td></td><td colspan="2">듣는 사람의 생각과 느낌을 고려하여 말한다.</td></tr>
<tr><td>상대방을 바라보며 말한다.</td><td>차례를 지켜 말한다.</td><td>때와 장소, 대상에 알맞게 말한다.</td></tr>
<tr><td colspan="3">바르고 고운 말을 사용한다.</td></tr>
</table>

<table>
<tr><td rowspan="5">읽기</td><td rowspan="2">읽기에 흥미 가지기</td><td colspan="2">주변에서 친숙한 글자를 찾아본다.</td><td>주변에서 친숙한 글자를 찾아 읽어 본다.</td></tr>
<tr><td colspan="2">읽어 주는 글의 내용에 관심을 가진다.</td><td>읽어 주는 글의 내용에 관심을 가지고 읽어 본다.</td></tr>
<tr><td rowspan="3">책 읽기에 관심 가지기</td><td>책에 흥미를 가진다.</td><td colspan="2">책 보는 것을 즐기고 소중하게 다룬다.</td></tr>
<tr><td>책의 그림을 단서로 내용을 추측해 본다.</td><td colspan="2">책의 그림을 단서로 내용을 이해한다.</td></tr>
<tr><td></td><td colspan="2">궁금한 것을 책에서 찾아본다.</td></tr>
<tr><td rowspan="4">쓰기</td><td rowspan="3">쓰기에 관심 가지기</td><td>말을 글로 나타내는 것에 관심을 보인다.</td><td colspan="2">말이나 생각을 글로 나타낼 수 있음을 안다.</td></tr>
<tr><td>자기 이름의 글자에 관심을 가진다</td><td>자기 이름을 써 본다.</td><td>자신의 이름과 주변의 친숙한 글자를 써 본다.</td></tr>
<tr><td></td><td>자신의 느낌, 생각, 경험을 글자와 비슷한 형태로 표현한다.</td><td>자신의 느낌, 생각, 경험을 글자와 비슷한 형태나 글자로 표현한다.</td></tr>
<tr><td>쓰기 도구 사용하기</td><td></td><td>쓰기 도구에 관심을 가지고 사용해 본다.</td><td>쓰기 도구의 바른 사용법을 알고 사용한다.</td></tr>
</table>

〈표 10-3〉 사회관계 영역의 세부내용

<table>
<tr><th rowspan="2">내용 범주</th><th rowspan="2">내용</th><th colspan="3">세부내용</th></tr>
<tr><th>3세</th><th>4세</th><th>5세</th></tr>
<tr><td rowspan="5">나를 알고 존중하기</td><td rowspan="3">나를 알고, 소중히 여기기</td><td>나에 대해 관심을 갖는다.</td><td>나에 대해 알아본다.</td><td></td></tr>
<tr><td>나와 다른 사람의 차이에 관심을 갖는다.</td><td>나와 다른 사람의 차이점을 알아본다.</td><td>나와 다른 사람의 신체적, 사회적, 문화적 차이를 존중한다.</td></tr>
<tr><td>나를 소중하게 여긴다.</td><td>나에 대해 긍정적으로 생각하고 나를 소중하게 여긴다.</td><td></td></tr>
<tr><td rowspan="2">나의 일 스스로 하기</td><td>내가 할 수 있는 일을 알아본다.</td><td>내가 할 수 있는 일을 해 본다.</td><td>내가 할 수 있는 일을 스스로 한다.</td></tr>
<tr><td>내가 하고 싶은 일을 선택해 본다.</td><td>하고 싶은 일을 계획하고 해 본다.</td><td></td></tr>
</table>

<table>
<tr><td rowspan="3">나와 다른 사람의 감정 알고 조절하기</td><td rowspan="2">나와 다른 사람의 감정 알고 표현하기</td><td>자신에게 여러 가지 감정이 있음을 안다.</td><td>자신의 감정을 알고 표현한다.</td><td></td></tr>
<tr><td>다른 사람의 감정에 관심을 갖는다.</td><td>다른 사람의 감정을 안다.</td><td>다른 사람의 감정을 알고 공감한다.</td></tr>
<tr><td>나의 감정 조절하기</td><td colspan="2">자신의 감정을 조절해 본다.</td><td>자신의 감정을 상황에 맞게 조절한다.</td></tr>
<tr><td rowspan="4">가족을 소중히 여기기</td><td rowspan="2">가족과 화목하게 지내기</td><td colspan="2">가족의 소중함을 안다.</td><td>가족의 의미와 소중함을 안다.</td></tr>
<tr><td></td><td></td><td>가족과 화목하게 지낸다.</td></tr>
<tr><td rowspan="2">가족과 협력하기</td><td>가족구성원을 알아본다</td><td>가족구성원의 역할에 대해 알아본다.</td><td>다양한 가족구조에 대해 알아본다.</td></tr>
<tr><td>가족을 위하여 내가 할 수 있는 일을 알아본다.</td><td>가족을 위하여 내가 할 수 있는 일을 알아보고 실천한다.</td><td>가족은 서로 도와야 함을 알고 실천한다.</td></tr>
<tr><td rowspan="9">다른 사람과 더불어 생활하기</td><td rowspan="2">친구와 사이좋게 지내기</td><td>친구와 함께 놀이한다.</td><td>친구와 협동하며 놀이한다.</td><td></td></tr>
<tr><td>나와 친구의 의견에 차이가 있음을 안다.</td><td>친구와의 갈등을 긍정적인 방법으로 해결한다.</td><td></td></tr>
<tr><td rowspan="2">공동체에서 화목하게 지내기</td><td></td><td>도움이 필요할 때 다른 사람과 도움을 주고받는다.</td><td>다른 사람과 도움을 주고 받고, 서로 협력한다.</td></tr>
<tr><td colspan="3">교사 및 주변 사람과 화목하게 지낸다.</td></tr>
<tr><td rowspan="5">사회적 가치를 알고 지키기</td><td></td><td colspan="2">정직하게 말하고 행동한다.</td></tr>
<tr><td>다른 사람의 소유물을 존중한다.</td><td>다른 사람의 생각, 행동을 존중한다.</td><td>다른 사람을 배려하여 행동한다.</td></tr>
<tr><td></td><td colspan="2">친구와 어른께 예의 바르게 행동한다.</td></tr>
<tr><td>약속과 규칙을 지켜야 함을 안다.</td><td colspan="2">다른 사람과 한 약속이나 공공규칙을 지킨다.</td></tr>
<tr><td></td><td colspan="2">자연과 자원을 아끼는 습관을 기른다.</td></tr>
</table>

사회에 관심 갖기	지역사회에 관심 갖고 이해하기	우리 동네의 이름을 안다.	우리 동네에 대해 알아본다.	
		우리 동네 사람들에 관심을 갖는다.	우리 동네 사람들이 하는 일에 관심을 갖는다.	다양한 직업에 관심을 갖는다.
			물건을 살 때 돈이 필요함을 안다.	일상생활에서 돈의 쓰임에 대해 안다.
	우리나라에 관심 갖고 이해하기	우리나라를 상징하는 것에 관심을 가진다.	우리나라를 상징하는 것을 안다.	우리나라를 상징하는 것을 알고 예절을 지킨다.
		우리나라의 전통놀이와 풍습에 관심을 갖는다.		우리나라의 전통, 역사, 문화에 관심을 갖는다.
			우리나라에 대해 자부심을 갖는다.	
	세계와 여러 문화에 관심 가지기		세계 여러 나라에 대해 관심을 갖는다.	세계 여러 나라에 대해 관심을 갖고, 서로 협력해야 함을 안다.
			다양한 인종과 문화에 관심을 갖는다.	다양한 인종과 문화를 알아보고 존중한다.

〈표 10-4〉 예술경험 영역의 세부내용

내용 범주	내용	세부내용		
		3세	4세	5세
아름다움 찾아보기	음악적 요소 탐색하기	다양한 소리, 음악의 셈여림, 빠르기, 리듬 등에 관심을 갖는다.		다양한 소리, 악기 등으로 음악의 셈여림, 빠르기, 리듬 등을 탐색한다.
	움직임과 춤 요소 탐색하기	움직임과 춤의 모양, 힘, 빠르기 등에 관심을 갖는다.		움직임과 춤의 모양, 힘, 빠르기, 흐름 등을 탐색한다.
	미술적 요소 탐색하기	자연과 사물의 색, 모양, 질감 등에 관심을 갖는다.		자연과 사물에서 색, 모양, 질감, 공간 등을 탐색한다.

<table>
<tr><td rowspan="17">예술적 표현하기</td><td rowspan="4">음악으로 표현하기</td><td>간단한 노래를 듣고 따라 부른다.</td><td colspan="2">노래로 자신의 생각과 느낌을 표현한다.</td></tr>
<tr><td colspan="3">전래동요를 즐겨 부른다.</td></tr>
<tr><td>리듬악기로 간단한 리듬을 표현해 본다.</td><td colspan="2">리듬악기를 연주해 본다.</td></tr>
<tr><td colspan="2">간단한 리듬과 노래를 즉흥적으로 만들어 본다.</td><td>리듬과 노래 등을 즉흥적으로 만들어 본다.</td></tr>
<tr><td rowspan="3">움직임과 춤으로 표현하기</td><td colspan="2">신체를 이용하여 주변의 움직임을 자유롭게 표현한다.</td><td>신체를 이용하여 주변의 움직임을 다양하게 표현하며 즐긴다.</td></tr>
<tr><td colspan="3">움직임과 춤으로 자신의 생각과 느낌을 표현한다.</td></tr>
<tr><td colspan="2">도구를 활용하여 다양한 움직임으로 표현한다</td><td>다양한 도구를 활용하여 창의적으로 움직인다.</td></tr>
<tr><td rowspan="3">미술활동으로 표현하기</td><td>다양한 미술활동을 경험해 본다.</td><td colspan="2">다양한 미술활동으로 자신의 생각과 느낌을 표현한다.</td></tr>
<tr><td></td><td>협동적인 미술활동에 참여한다.</td><td>협동적인 미술활동에 참여하여 즐긴다.</td></tr>
<tr><td>미술활동에 필요한 재료와 도구에 관심을 가지고 사용한다.</td><td colspan="2">미술활동에 필요한 재료와 도구를 다양하게 사용한다.</td></tr>
<tr><td rowspan="2">극놀이로 표현하기</td><td>일상생활의 경험을 극놀이로 표현한다.</td><td>일상생활의 경험이나 간단한 이야기를 극놀이로 표현한다.</td><td>경험이나 이야기를 극놀이로 표현한다.</td></tr>
<tr><td></td><td colspan="2">소품, 배경, 의상 등을 사용하여 협동적으로 극놀이를 한다.</td></tr>
<tr><td rowspan="2">통합적으로 표현하기</td><td></td><td colspan="2">음악, 움직임과 춤, 미술, 극놀이 등을 통합하여 표현한다.</td></tr>
<tr><td colspan="2">예술 활동에 참여하여 표현과정을 즐긴다.</td><td>예술 활동에 참여하여 창의적으로 표현하는 과정을 즐긴다.</td></tr>
<tr><td rowspan="2">예술 감상하기</td><td>다양한 음악, 춤, 미술작품, 극놀이 등을 듣거나 본다.</td><td colspan="2">다양한 음악, 춤, 미술작품, 극놀이 등을 듣거나 보고 즐긴다.</td></tr>
<tr><td colspan="3">나와 다른 사람의 예술표현을 소중히 여긴다.</td></tr>
<tr><td>전통예술 감상하기</td><td colspan="2">우리나라의 전통예술에 관심을 갖는다.</td><td>우리나라의 전통예술에 관심을 갖고 친숙해진다.</td></tr>
</table>

〈표 10-5〉 자연탐구 영역의 세부내용

<table>
<tr><th rowspan="2">내용 범주</th><th rowspan="2">내용</th><th colspan="3">세부내용</th></tr>
<tr><th>3세</th><th>4세</th><th>5세</th></tr>
<tr><td rowspan="5">탐구하는 태도 기르기</td><td>호기심을 유지하고 확장하기</td><td>주변 사물과 자연세계에 대해 호기심을 갖는다.</td><td>주변 사물과 자연세계에 대해 지속적으로 호기심을 갖는다.</td><td>주변 사물과 자연세계에 대해 지속적으로 호기심을 갖고 알고자 한다.</td></tr>
<tr><td rowspan="2">탐구과정 즐기기</td><td>궁금한 점을 알아보는 과정에 흥미를 갖는다.</td><td>궁금한 점을 알아보는 탐구과정에 관심을 가지고 참여한다.</td><td>궁금한 점을 알아보는 탐구과정에 참여하고 즐긴다.</td></tr>
<tr><td></td><td></td><td>탐구과정에서 서로 다른 생각에 관심을 갖는다.</td></tr>
<tr><td>탐구기술 활용하기</td><td></td><td>일상생활의 문제를 해결하는 과정에서 탐색, 관찰 등의 방법을 활용해 본다.</td><td>일상생활의 문제를 해결하는 과정에서 탐색, 관찰, 비교, 예측 등의 탐구기술을 활용해 본다.</td></tr>
<tr style="display:none"></tr>
<tr><td rowspan="8">수학적 탐구하기</td><td rowspan="4">수와 연산의 기초개념 알아보기</td><td>생활 속에서 수에 관심을 갖는다.</td><td colspan="2">생활 속에서 사용되는 수의 여러 가지 의미를 안다.</td></tr>
<tr><td>구체물 수량의 많고 적음을 비교한다.</td><td>구체물 수량에서 '같다', '더 많다', '더 적다'의 관계를 안다</td><td>구체물 수량의 부분과 전체 관계를 알아본다.</td></tr>
<tr><td>다섯 개 가량의 구체물을 세어보고 수량에 관심을 갖는다</td><td>열 개 가량의 구체물을 세어보고 수량을 알아본다.</td><td>스무 개 가량의 구체물을 세어보고 수량을 알아본다.</td></tr>
<tr><td></td><td></td><td>구체물을 가지고 더하고 빼는 경험을 해 본다.</td></tr>
<tr><td rowspan="4">공간과 도형의 기초개념 알아보기</td><td>나를 중심으로 앞, 뒤, 옆, 위, 아래를 알아본다</td><td colspan="2">위치와 방향을 여러 가지 방법으로 나타내 본다.</td></tr>
<tr><td></td><td></td><td>여러 방향에서 물체를 보고 그 차이점을 비교해 본다.</td></tr>
<tr><td>물체의 모양에 관심을 갖는다.</td><td>기본 도형의 특성을 인식한다.</td><td>기본 도형의 공통점과 차이점을 알아본다.</td></tr>
<tr><td colspan="3">기본 도형을 사용하여 여러 가지 모양을 구성해 본다.</td></tr>
</table>

<table>
<tr><td rowspan="7"></td><td rowspan="2">기초적인 측정하기</td><td>두 물체의 길이, 크기를 비교해 본다</td><td>일상생활에서 길이, 크기, 무게 등을 비교해 본다.</td><td>일상생활에서 길이, 크기, 무게, 들이 등의 속성을 비교하고 순서를 지어본다.</td></tr>
<tr><td></td><td></td><td>임의 측정 단위를 사용하여 길이, 면적, 들이, 무게 등을 재 본다.</td></tr>
<tr><td rowspan="2">규칙성 이해하기</td><td>생활주변에서 반복되는 규칙성에 관심을 갖는다.</td><td>생활주변에서 반복되는 규칙성을 알아본다.</td><td>생활주변에서 반복되는 규칙성을 알고 다음에 올 것을 예측해 본다.</td></tr>
<tr><td></td><td>반복되는 규칙성을 인식하고 모방한다.</td><td>스스로 규칙성을 만들어 본다.</td></tr>
<tr><td rowspan="3">기초적인 자료수집과 결과 나타내기</td><td></td><td colspan="2">필요한 정보나 자료를 수집한다.</td></tr>
<tr><td>같은 것 끼리 짝을 짓는다</td><td>한 가지 기준으로 자료를 분류해 본다.</td><td>한 가지 기준으로 분류한 자료를 다른 기준으로 재분류해 본다.</td></tr>
<tr><td></td><td></td><td>그림, 사진, 기호나 숫자를 사용해 그래프로 나타내 본다.</td></tr>
<tr><td rowspan="6">과학적 탐구하기</td><td rowspan="2">물체와 물질 알아보기</td><td>친숙한 물체와 물질의 특성에 관심을 갖는다.</td><td>친숙한 물체와 물질의 특성을 알아본다.</td><td>주변의 여러 가지 물체와 물질의 기본 특성을 알아본다.</td></tr>
<tr><td></td><td colspan="2">물체와 물질을 여러 가지 방법으로 변화시켜 본다.</td></tr>
<tr><td rowspan="4">생명체와 자연환경 알아보기</td><td colspan="2">나의 출생과 성장에 대해 관심을 갖는다.</td><td>나와 다른 사람의 출생과 성장에 대해 알아본다.</td></tr>
<tr><td>주변의 동식물에 관심을 가진다.</td><td>관심 있는 동식물의 특성을 알아본다</td><td>관심 있는 동식물의 특성과 성장과정을 알아본다.</td></tr>
<tr><td colspan="3">생명체를 소중히 여기는 마음을 갖는다.</td></tr>
<tr><td></td><td>생명체가 살기 좋은 환경에 대해 관심을 갖는다.</td><td>생명체가 살기 좋은 환경과 녹색환경에 대해 알아본다.</td></tr>
</table>

	자연현상 알아보기	돌, 물, 흙 등 자연물에 관심을 갖는다.	돌, 물, 흙 등 자연물의 특성과 변화를 알아본다.	
				낮과 밤, 계절의 변화와 규칙성을 알아본다.
		날씨에 관심을 갖는다.	날씨와 기후변화에 관심을 갖는다.	날씨와 기후변화 등 자연현상에 대해 관심을 갖는다.
	간단한 도구와 기계 활용하기	생활 속에서 간단한 도구와 기계에 관심을 갖는다.	생활 속에서 간단한 도구와 기계를 활용한다.	
		도구와 기계의 편리함에 관심을 갖는다.		변화하는 새로운 도구와 기계에 관심을 갖고 장 · 단점을 안다.

2. 표준보육과정 영역별 세부내용

●0~1세 보육과정의 영역별 내용

〈표 10-6〉 기본생활 영역의 세부내용

내용범주	내용	1수준	2수준	3수준	4수준
건강하게 생활하기	몸을 깨끗이 하기	몸이 깨끗해졌을 때 기분이 좋음을 안다.			
		도움을 받아 손을 씻는다.			
			도움을 받아 이를 닦는다.		
	즐겁게 먹기	편안하게 안겨서 우유(모유)를 먹는다.	이유식에 적응한다.	고형식에 적응한다.	다양한 음식을 먹어본다.
				도구로 음식을 먹어 본다.	
		즐겁게 먹는다.			

	건강한 일상 생활하기	수면을 충분히 취한다.			
		편안하게 쉰다.			
		하루 일과에 편안하게 참여한다.			
				배변 의사를 표현한다.	
안전하게 생활하기	안전하게 지내기	안전한 상황에서 놀이한다.			놀잇감을 안전하게 사용한다.
		안전한 장소에서 놀이한다.			
		차량 승하차 시 안전 장구를 착용한다.			
	위험한 상황에 반응하기		위험하다는 말에 반응을 보인다.	위험하다고 알려주면 주의한다.	

〈표 10-7〉 신체운동 영역의 세부내용

내용범주	내용	1수준	2수준	3수준	4수준
감각과 신체 인식하기	감각적 자극에 반응하기	시각, 청각, 촉각, 후각, 미각으로 자극을 느낀다.			
		시각, 청각, 촉각, 후각, 미각으로 자극에 반응한다.			
	감각기관으로 탐색하기	감각기관으로 주변 환경을 탐색한다.			
	신체 탐색하기	손과 발 등을 바라보며 탐색한다.	주요 신체 부분의 움직임을 탐색한다.		
신체조절과 기본운동하기	신체 균형잡기	몸의 균형을 잡기 위한 자세를 시도한다.	붙잡고 서 있기 등의 자세를 취한다.	안정되게 서 있기 등의 자세를 시도한다.	
	대근육 조절하기	뒤집기 등 몸을 조절하여 위치를 바꾼다.	누웠다 앉기 등 몸의 움직임을 조절한다.		
	소근육 조절하기	보이는 물체에 손을 뻗는다.	눈과 손을 협응하여 소근육을 활용해 본다.		
	기본운동하기	배밀이 등 이동운동을 시도한다.	기기, 걷기 등 이동운동을 시도한다.	걷기 등 이동운동을 시도한다.	
		팔 다리 뻗기, 흔들기 등 제자리 운동을 시도한다.		서 있기, 앉기 등 제자리 운동을 시도한다.	

<table>
<tr><td rowspan="3">신체활동에 참여하기</td><td>몸 움직임 즐기기</td><td colspan="2">몸을 활발히 움직인다.</td><td colspan="2">몸의 움직임을 다양하게 시도한다.</td></tr>
<tr><td>바깥에서 신체 움직이기</td><td colspan="2">규칙적으로 바깥환경을 경험한다.</td><td colspan="2">규칙적으로 바깥에서 신체활동을 한다.</td></tr>
<tr><td>기구를 이용하여 신체활동 시도하기</td><td></td><td colspan="3">간단한 기구를 이용하여 신체활동을 시도한다.</td></tr>
</table>

〈표 10-8〉 의사소통 영역의 세부내용

<table>
<tr><th>내용범주</th><th>내용</th><th>1수준</th><th>2수준</th><th>3수준</th><th>4수준</th></tr>
<tr><td rowspan="7">듣기</td><td rowspan="3">주변의 소리와 말소리 구분하여 듣기</td><td colspan="3">여러 가지 소리와 말소리 듣기에 흥미를 보인다.</td><td>친숙한 낱말의 발음에 흥미를 보인다.</td></tr>
<tr><td colspan="4">익숙한 목소리를 듣고 그것에 반응한다.</td></tr>
<tr><td colspan="2"></td><td colspan="2">높낮이와 세기 등 말소리의 차이에 반응한다.</td></tr>
<tr><td rowspan="2">경험과 관련된 말 듣고 알기</td><td colspan="4">눈 앞에 보이는 경험과 관련된 말에 반응한다.</td></tr>
<tr><td></td><td colspan="3">자신의 이름이 불리면 듣고 반응한다.</td></tr>
<tr><td>운율이 있는 말 듣기</td><td colspan="4">운율이 있는 짧은 말소리를 관심 있게 듣는다.</td></tr>
<tr><td>말하는 사람을 보기</td><td colspan="2">말하는 사람의 눈을 마주 바라본다.</td><td colspan="2">말하는 사람의 표정, 몸짓을 관심 있게 본다.</td></tr>
<tr><td rowspan="5">말하기</td><td rowspan="3">발성과 발음으로 소리내기</td><td colspan="2" rowspan="2">여러 가지 소리를 내고 옹알이를 한다.</td><td colspan="2">여러 말소리를 즐겁게 내 본다.</td></tr>
<tr><td colspan="2">의미 있는 음절을 내 본다.</td></tr>
<tr><td colspan="2">옹알이와 말소리에 대해 말로 반응해주면 모방하여 소리 낸다.</td><td colspan="2">교사의 말을 모방하여 발음한다.</td></tr>
<tr><td>표정, 몸짓, 말소리로 말하기</td><td>표정과 소리로 의사표현을 한다.</td><td>표정, 몸짓, 소리로 의사 표현을 한다.</td><td colspan="2">표정, 몸짓, 말소리로 의사표현을 한다.</td></tr>
<tr><td>말할 순서 구별하기</td><td colspan="4">말할 순서에 따라 표정, 몸짓, 말소리로 반응한다.</td></tr>
<tr><td rowspan="3">읽기</td><td rowspan="3">그림책과 환경 인쇄물에 관심가지기</td><td colspan="4">다양한 감각 책을 탐색해 본다.</td></tr>
<tr><td colspan="2"></td><td colspan="2">사물과 주변의 친숙한 환경 인쇄물에 관심을 가진다.</td></tr>
<tr><td colspan="4">읽어주는 짧은 그림책에 관심을 가진다.</td></tr>
<tr><td>쓰기</td><td>끼적이기</td><td></td><td colspan="3">끼적이기에 관심을 가진다.</td></tr>
</table>

〈표 10-9〉 사회관계 영역의 세부내용

내용범주	내용	1수준	2수준	3수준	4수준
나를 알고 존중하기	나를 구별하기	거울 속의 나에게 관심을 가진다.		거울 속의 나를 알아본다.	
	나의 것 인식하기	자기 이름을 부르는 소리에 반응한다.			
				친숙한 자기 물건을 안다.	
나와 다른 사람의 감정 알기	나의 감정을 나타내기	나의 욕구와 감정을 나타낸다.			
	다른 사람에게 주의 기울이기	다른 사람의 말과 표정, 몸짓에 주의를 기울인다.		다른 사람이 나타내는 여러 가지 감정에 주의를 기울인다.	
더불어 생활하기	안정적인 애착 형성하기	양육자와 시선을 맞춘다.	양육자에게 적극적으로 관심과 욕구를 표현한다.		
		주변의 친숙한 사람의 얼굴과 목소리를 인식한다.		주변의 친숙한 사람에게 애정을 표현한다.	
	또래에 관심갖기	다른 영아와 함께 지내는 것을 경험한다.			
	자신이 속한 집단 알기	담임교사를 구별한다.		자기 반에서 지내며 안정감을 가진다.	
	사회적 가치를 알기			친숙한 물건의 자리를 안다.	
		만나고 헤어지는 인사를 해본다.			

〈표 10-10〉 예술경험 영역의 세부내용

내용범주	내용	1수준	2수준	3수준	4수준
아름다움 찾아보기	예술적 요소에 호기심 가지기	주변의 소리와 움직임에 호기심을 가진다.			
		주변 환경에서 색, 모양에 호기심을 가진다.			
예술적 표현하기	리듬 있는 소리로 반응하기	리듬 있는 소리에 관심을 가진다.		노래를 부분적으로 따라 부른다.	
		리듬과 노래에 소리로 반응한다.		리듬과 음높이에 맞추어 소리를 낸다.	
	움직임으로 반응하기	손발 흔들기와 몸 움직임으로 반응한다.			
				간단한 도구를 활용하여 움직인다.	
	단순한 미술 경험하기			감각적으로 단순한 미술경험을 한다.	
	모방행동 즐기기	소리나 얼굴 표정, 몸 움직임 등을 모방한다.		단순한 모방 행동을 놀이처럼 즐긴다.	
예술 감상하기	아름다움 경험하기	일상생활에서 반복되는 소리와 노래에 관심을 가진다.		일상생활에서 리듬 있는 소리와 노래를 즐겨 듣는다.	
		일상생활에서 자연이나 사물의 아름다움을 경험한다.			

〈표 10-11〉 자연탐구 영역의 세부내용

<table>
<tr><th>내용범주</th><th>내용</th><th>1수준</th><th>2수준</th><th>3수준</th><th>4수준</th></tr>
<tr><td rowspan="2">탐구하는 태도 기르기</td><td>사물에 관심 가지기</td><td></td><td colspan="3">주변 사물에 관심을 가진다.</td></tr>
<tr><td>탐색 시도하기</td><td>나와 주변 사물을 감각으로 탐색한다.</td><td colspan="3">주변의 사물에 대해 의도적인 탐색을 시도한다.</td></tr>
<tr><td rowspan="5">수학적 탐구하기</td><td>수량 지각하기</td><td></td><td>있고 없는 상황을 지각한다.</td><td>'있다'와 '없다'를 구별한다.</td><td>'한 개'와 '여러 개'를 구별한다.</td></tr>
<tr><td rowspan="2">주변 공간 탐색하기</td><td></td><td colspan="3">도움을 받아 주변의 공간을 탐색한다.</td></tr>
<tr><td colspan="4">주변 사물의 모양을 지각한다.</td></tr>
<tr><td>차이를 지각하기</td><td colspan="2"></td><td colspan="2">주변 사물의 차이를 지각한다.</td></tr>
<tr><td>간단한 규칙성 지각하기</td><td colspan="2"></td><td colspan="2">일상과 놀이에서 간단한 규칙성을 경험한다.</td></tr>
<tr><td rowspan="5">과학적 탐구하기</td><td>물체와 물질 탐색하기</td><td colspan="4">일상생활 주변의 몇 가지 친숙한 것들을 양육자와 함께 탐색한다.</td></tr>
<tr><td>주변 동식물에 관심 가지기</td><td colspan="2"></td><td colspan="2">주변 동식물의 모양, 소리, 움직임에 관심을 가진다.</td></tr>
<tr><td rowspan="2">주변 자연에 관심 가지기</td><td></td><td colspan="3">생활 주변의 자연물을 감각으로 느껴본다.</td></tr>
<tr><td></td><td colspan="3">바람, 햇빛, 비 등을 감각으로 느껴본다.</td></tr>
<tr><td>생활도구 탐색하기</td><td colspan="2"></td><td colspan="2">도움을 받아 생활도구를 탐색한다.</td></tr>
</table>

● 2세 보육과정의 영역별 내용

〈표 10-12〉 기본생활 영역의 세부내용

<table>
<tr><th>내용범주</th><th>내용</th><th>1수준</th><th>2수준</th></tr>
<tr><td rowspan="5">건강하게 생활하기</td><td rowspan="2">몸을 깨끗이 하기</td><td colspan="2">스스로 손과 몸 씻기를 시도한다.</td></tr>
<tr><td colspan="2">스스로 이 닦기를 시도한다.</td></tr>
<tr><td rowspan="3">바르게 먹기</td><td colspan="2">음식을 골고루 먹는다.</td></tr>
<tr><td colspan="2">도구를 사용하여 스스로 먹는다.</td></tr>
<tr><td colspan="2">정해진 자리에서 먹는다.</td></tr>
</table>

<table>
<tr><td rowspan="5"></td><td rowspan="4">건강한 일상생활 하기</td><td colspan="2">일과에 따라 규칙적으로 잠을 잔다.</td></tr>
<tr><td colspan="2">정해진 시간에 알맞게 휴식한다.</td></tr>
<tr><td colspan="2">하루 일과에 즐겁게 참여한다.</td></tr>
<tr><td>정해진 곳에서 배변한다.</td><td>화장실에서 배변한다.</td></tr>
<tr><td>질병에 대해 알기</td><td colspan="2">질병의 위험을 안다.</td></tr>
<tr><td rowspan="6">안전하게 생활하기</td><td rowspan="2">안전하게 놀이하기</td><td colspan="2">놀이기구나 놀잇감을 안전하게 사용한다.</td></tr>
<tr><td colspan="2">안전한 장소에서 놀이한다.</td></tr>
<tr><td>교통안전 알기</td><td>교통수단의 위험을 안다.</td><td>교통수단의 위험을 알고 조심한다.</td></tr>
<tr><td rowspan="2">위험한 상황알기</td><td>위험한 상황과 위험한 것을 안다.</td><td>위험한 상황과 위험한 것을 알고 조심한다.</td></tr>
<tr><td colspan="2">위험한 상황 시 어른의 지시에 따른다.</td></tr>
</table>

〈표 10-13〉 신체운동 영역의 세부내용

<table>
<tr><th>내용범주</th><th>내용</th><th>1수준</th><th>2수준</th></tr>
<tr><td rowspan="4">감각과 신체 인식하기</td><td>감각능력 기르기</td><td colspan="2">다양한 감각적 차이에 반응한다.</td></tr>
<tr><td>감각기관 활용하기</td><td colspan="2">감각기관으로 주변 환경을 탐색한다.</td></tr>
<tr><td rowspan="2">신체를 인식하고 움직이기</td><td colspan="2">신체 각 부분의 명칭을 안다.</td></tr>
<tr><td colspan="2">신체 각 부분의 움직임을 탐색한다.</td></tr>
<tr><td rowspan="5">신체 조절과 기본 운동하기</td><td>신체균형잡기</td><td colspan="2">안정된 자세를 취하려고 시도한다.</td></tr>
<tr><td>대근육 조절하기</td><td colspan="2">팔, 다리, 목, 허리 등 움직임을 조절한다.</td></tr>
<tr><td>소근육 조절하기</td><td colspan="2">눈과 손을 협응하여 소근육을 조절해 본다.</td></tr>
<tr><td rowspan="2">기본운동하기</td><td colspan="2">걷기, 계단 오르기 등 이동운동을 한다.</td></tr>
<tr><td colspan="2">제자리에서 몸을 움직여본다.</td></tr>
<tr><td rowspan="3">신체 활동에 참여하기</td><td>신체활동에 참여하기</td><td colspan="2">신체활동에 자발적으로 참여해 본다.</td></tr>
<tr><td>바깥에서 신체활동하기</td><td colspan="2">규칙적으로 바깥에서 신체활동을 한다.</td></tr>
<tr><td>기구를 이용하여 신체활동하기</td><td colspan="2">간단한 기구를 이용하여 신체활동을 한다.</td></tr>
</table>

〈표 10-14〉 의사소통 영역의 세부내용

<table>
<tr><th>내용범주</th><th>내용</th><th>1수준</th><th>2수준</th></tr>
<tr><td rowspan="6">듣기</td><td rowspan="2">말소리 구분하여 듣고 의미알기</td><td>친숙한 낱말의 발음에 흥미를 보인다.</td><td>친숙한 낱말의 발음에 관심을 가지고 듣는다.</td></tr>
<tr><td colspan="2">다양한 말소리의 차이를 구분한다.</td></tr>
<tr><td rowspan="2">짧은 문장 듣고 알기</td><td>낱말을 듣고 친숙한 사물과 사람을 찾아본다.</td><td>일상생활과 관련된 친숙한 낱말을 듣고 뜻을 이해한다.</td></tr>
<tr><td colspan="2">친숙한 짧은 문장을 듣고 반응한다.</td></tr>
<tr><td>짧은 이야기 듣기</td><td colspan="2">짧은 이야기와 노랫말 등을 즐겁게 듣는다.</td></tr>
<tr><td>말하는 사람을 주의 깊게 보기</td><td colspan="2">말하는 사람의 표정, 몸짓, 억양 등을 주의 깊게 보고 듣는다.</td></tr>
<tr><td rowspan="6">말하기</td><td rowspan="3">낱말과 간단한 문장으로 말하기</td><td>눈앞에 보이는 친숙한 사물의 이름을 발음해 본다.</td><td>친숙한 낱말을 발음해 본다.</td></tr>
<tr><td colspan="2">일상생활에서 경험한 새로운 낱말에 관심을 가진다.</td></tr>
<tr><td colspan="2">일상생활의 반복적인 일이나 친숙한 상황을 한 두 낱말이나 간단한 문장으로 말해 본다.</td></tr>
<tr><td rowspan="2">자신이 원하는 것을 말하기</td><td colspan="2">표정, 몸짓, 말소리로 의사표현을 한다.</td></tr>
<tr><td>자신이 원하는 것을 한 두 낱말로 말해 본다.</td><td>자신이 원하는 것을 낱말이나 짧은 문장으로 말해 본다.</td></tr>
<tr><td>상대방을 바라보며 말하기</td><td colspan="2">말할 순서에 상대방을 바라보며 말을 주고 받는다.</td></tr>
<tr><td rowspan="3">읽기</td><td rowspan="3">그림책과 환경 인쇄물에 흥미 가지기</td><td colspan="2">그림책과 환경 인쇄물에 있는 그림과 내용에 관심을 가진다.</td></tr>
<tr><td colspan="2">친숙한 그림과 환경 인쇄물을 보고 읽는 흉내를 내 본다.</td></tr>
<tr><td colspan="2">선호하는 그림책들을 읽어주면 집중하여 듣는다.</td></tr>
<tr><td rowspan="2">쓰기</td><td rowspan="2">끼적이며 즐기기</td><td colspan="2">의도적으로 끼적인다.</td></tr>
<tr><td colspan="2">자기 이름 끼적이기에 관심을 가진다.</td></tr>
</table>

〈표 10-15〉 사회관계 영역의 세부내용

<table>
<tr><th>내용범주</th><th>내용</th><th>1수준</th><th>2수준</th></tr>
<tr><td rowspan="3">나를 알고 존중하기</td><td>나를 구별하기</td><td colspan="2">나와 다른 사람의 모습을 구별한다.</td></tr>
<tr><td rowspan="2">좋아하는 것 해보기</td><td colspan="2">내가 좋아하는 것을 찾아본다.</td></tr>
<tr><td>좋아하는 놀이나 놀잇감을 선택해 본다.</td><td>스스로 선택한 놀이나 놀잇감을 즐긴다.</td></tr>
</table>

나와 다른 사람의 감정 알기	나의 감정을 나타내기	여러 가지 감정을 말과 행동으로 나타낸다.	
	다른 사람의 감정에 반응하기	다른 사람이 나타내는 여러 가지 감정에 반응을 보인다.	
더불어 생활하기	내 가족 알기	내 가족에게 애정을 표현한다.	내 가족에게 다른 사람과는 구별된 특별한 감정을 갖는다.
	또래와 관계하기	또래에게 관심을 보인다.	또래의 모습과 행동을 모방한다.
		또래의 이름을 안다.	또래가 있는 곳에서 놀이를 한다.
	자신이 속한 집단 알기	자신이 속한 반과 교사를 안다.	자신이 속한 반의 활동에 즐겁게 참여한다.
	사회적 가치를 알기	도움 받아 물건을 정리한다.	스스로 물건을 정리한다.
		자기 순서를 안다.	순서를 기다린다.
		바른 태도로 인사한다.	
		간단한 약속을 지킨다.	

〈표 10-16〉 예술경험 영역의 세부내용

내용범주	내용	1수준	2수준
아름다움 찾아보기	예술적 요소 탐색하기	주변 환경에서 나는 다양한 소리와 움직임을 탐색한다.	
		주변 환경에서 색, 모양을 탐색한다.	
예술적 표현하기	리듬 있는 소리와 노래로 표현하기	친근한 노래를 따라 부른다.	
		신체, 사물, 리듬악기 등을 이용하여 간단한 리듬과 소리를 만든다.	
	움직임으로 표현하기	노래나 리듬에 맞춰 몸으로 표현한다.	
		간단한 도구를 활용하여 몸으로 표현한다.	
	자발적으로 미술활동하기	자발적으로 그리기, 만들기를 한다.	
		간단한 도구와 미술재료를 다룬다.	
	모방과 상상놀이 하기	모방행동을 놀이처럼 즐긴다.	일상생활 경험을 상상놀이로 즐긴다.
예술 감상하기	아름다움 즐기기	자연이나 생활의 소리나, 움직임, 친근한 음악과 춤을 관심 있게 듣거나 본다.	
		일상생활에서 자연과 사물의 아름다움에 관심을 가지고 즐긴다.	
		자신과 또래가 표현한 노래, 춤, 미술품 등에 관심을 가지고 즐긴다.	

〈표 10-17〉 자연탐구 영역의 세부내용

<table>
<tr><th>내용범주</th><th>내용</th><th>1수준</th><th>2수준</th></tr>
<tr><td rowspan="2">탐구하는 태도 기르기</td><td>호기심 가지기</td><td colspan="2">주변 사물과 자연세계에 호기심을 가진다.</td></tr>
<tr><td>반복적 탐색 즐기기</td><td colspan="2">관심 있는 사물을 반복하여 주도적으로 탐색하기를 즐긴다.</td></tr>
<tr><td rowspan="8">수학적 탐구하기</td><td rowspan="3">수량 인식하기</td><td colspan="2">많고 적음을 구별한다.</td></tr>
<tr><td>두 개 가량의 수 이름을 말해 본다.</td><td>세 개 가량의 구체물을 말하며 세어본다.</td></tr>
<tr><td colspan="2">구체물을 일대일로 대응해 본다.</td></tr>
<tr><td rowspan="2">공간과 도형에 관심 가지기</td><td colspan="2">나를 중심으로 익숙한 위치, 장소를 인식한다.</td></tr>
<tr><td colspan="2">주변 사물의 모양에 관심을 가진다.</td></tr>
<tr><td>차이에 관심 가지기</td><td colspan="2">주변 사물의 크기(속성의 차이)에 관심을 가진다.</td></tr>
<tr><td>단순한 규칙성에 관심 가지기</td><td colspan="2">주변에서 단순하게 반복되는 규칙성에 관심을 가진다.</td></tr>
<tr><td>구분하기</td><td colspan="2">주변 사물의 같고 다름에 따라 구분한다.</td></tr>
<tr><td rowspan="6">과학적 탐구하기</td><td>물체와 물질 탐색하기</td><td colspan="2">친숙한 물체와 물질을 능동적으로 탐색한다.</td></tr>
<tr><td>주변 동식물에 관심 가지기</td><td colspan="2">주변 동식물의 모양, 소리, 움직임에 관심을 가진다.</td></tr>
<tr><td rowspan="2">자연을 탐색하기</td><td colspan="2">돌, 물, 모래 등의 자연물을 탐색한다.</td></tr>
<tr><td colspan="2">날씨를 감각으로 느낀다.</td></tr>
<tr><td rowspan="2">생활도구 사용하기</td><td colspan="2">생활 속에서 간단한 도구에 관심을 가진다.</td></tr>
<tr><td colspan="2">간단한 도구를 사용한다.</td></tr>
</table>

찾아보기

[인명]

[내용]

ㄱ

저/자/소/개

■ **김현정**

한국교원대학교 박사
현, 제주한라대학교 유아교육과 교수

■ **서성미**

한국교원대학교 박사
현, 세종가락유치원 원장

■ **홍희주**

경북대학교 박사
현, 계명문화대학교 유아교육과 교수

■ **고정리**

한국교원대학교 박사

■ **변선주**

한국교원대학교 박사
현, 경성대학교 유아교육과 로봇연구소 연구교수

■ **구혜현**

한국교원대학교 박사
현, 대덕대학교 유아교육과 겸임교수

■ **이경혜**

한국교원대학교 박사과정

■ **이가경**

한국교원대학교 박사과정

■ **남현주**

한국교원대학교 석사
현, 호암유치원장

■ **김현애**

서울대학교 박사과정
현, 잠실초등학교 교사

■ **김숙자**

Vanderbilt 대학교 Peabody 대학 박사
현, 한국교원대학교 유아교육과 교수

영유아교육과정

1판 1쇄 인쇄 — 2017년 2월 20일
1판 1쇄 발행 — 2017년 2월 25일

저　　자 - 김현정 · 서성미 · 홍희주 · 고정리 · 변선주 · 구혜현
이경혜 · 이가경 · 남현주 · 김현애 · 김숙자
발 행 인 - 강 철 원
발 행 처 - 양 성 원
주　　소 - 경기도 파주시 검산로 173번길 29-20
전　　화 - 031-946-3861(代)
팩　　스 - 031-946-3864
이 메 일 - tnwpub@naver.com
홈페이지 - tnwpub.co.kr
출판등록 - 2015년 8월 31일 제 2015-000211 호

ISBN 979-11-6126-020-4

정가 17,000원